강압의 과학

Copyright ⓒ 1994 by Christopher Simpson

SCIENCE OF COERCION-Communication, Research and Psychological Warfare, 1945~1960 was originally published in English in 1994. This translation is published by arrangement with Oxford University Press.

Korean translation copyright ⓒ 2006 by SUNIN Korean translation rights arranged with OXFORD PUBLISHING LIMITED through EYA(Eric Yang Agency).

이 책의 한국어 판 저작권은 EYA(에릭양 에이전시)를 통한 OXFORD PUBLISHING LIMITED 사와의 독점계약으로 한국어 판권을 '도서출판 선인'이 소유합니다.
저작권법에 의하여 한국 내에서 보호를 받는 저작물이므로 무단전재와 복제를 금합니다.

강압의 과학

초판 1쇄 발행 2009년 2월 25일

저　자 | 크리스토퍼 심슨
역　자 | 정용욱
발행인 | 윤관백
펴낸곳 | 선인

편　집 | 이경남 · 장인자 · 김민희
표　지 | 정안태
교정교열 | 김은혜 · 이수정
제　작 | 김지학
영　업 | 이주하

인　쇄 | 한성인쇄
제　본 | 광신제책

등록 | 제5-77호(1998.11.4)
주소 | 서울시 마포구 마포동 324-1 곶마루 B/D 1층
전화 | 02)718-6252 / 6257　　팩스 | 02)718-6253
E-mail | sunin72@chol.com
Homepage | www.suninbook.com

정가　19,000원
ISBN　978-89-5933-149-9　　93300

· 잘못된 책은 바꿔 드립니다.

강압의 과학
Science of Coercion

커뮤니케이션 연구와 심리전, 1945~1960

크리스토퍼 심슨 저
정용욱 역

한국어판 서문

『강압의 과학』 한국어판 출간을 환영하며, 또한 저자로서 기쁘게 생각한다. 특히 번역을 맡아준 정용욱 교수에게 감사 드린다. 정교수는 냉전기에 한국에서 수행된 선전과 심리전에 관해서 자료가 충실한 연구를 발표한 바 있다. 그의 연구는 삐라 심리전의 핵심적 선전 주제를 생생하게 보여준다.

『강압의 과학』은 사람들을 당신의 의지에 굴복시키고, 당신의 세계관을 채택하게 만들며, 또는 당신의 제품을 사게 만드는 '방법론' 매뉴얼이 아니다. 몇몇 독자 또는 평자들은 이 사실에 대해서 당혹스러워 할 것이다. 왜냐하면 그런 종류의 '부드러운' 강요는 오늘날 이른바 '국제커뮤니케이션'의 통상적인 내용이기 때문이다. 실제로 오늘날 많은 커뮤니케이션 학자 또는 전문가들이 특히 국제관계에서 커뮤니케이션을 강요행위 이상의 다른 어떤 것으로 생각하지 않는다.

오히려 이 책은 "오늘날의 커뮤니케이션", 그리고 그 연구방법론에 관해 현재 통용되는 전제들의 창출에 선전과 안보기구가 한 역할에 대한 것이다. 그렇게 창출된 개념과 기법들이 오늘날의 지구화된 미디어, 홍보, 설득, 여러 유형의 군사작전, 그리고 정보기관에 의해 이루어지는 비밀공작의 중심에 있다.

이 책은 부분적으로 학계와 학자들이 어떻게 특정 연구 분야에 대한 사고체계로서의 패러다임, 그리고 주장들을 만들어내는가에 관한 지식사회학적 연구다. 따라서 이 책은 커뮤니케이션 연구 분야의 이러한 패러다임들이 사회 전반의 지식·권력의 체계와 밀접히 얽혀 있음을 보여준다.

윌버 슈람의 예를 보자. 그는 오늘날 학계에서 크게 존경받고 있고, 제임스 탠커드가 말했듯이 심지어 "커뮤니케이션 연구 분야를 확립하고, 그 이론을 수립한" 인물로 종종 이야기된다. 그러나 그 밖의 다른 이야기도 사실이다. 슈람의 전체 경력 가운데 대부분의 작업에는 미국 군부, 정보기관, 선전기관이 자금을 제공했다. 그는 시종일관 미국 안보정책의 정치적·이념적 측면의 '과학적' 진보를 강조했다. 가장 중요한 것은 슈람의 사회커뮤니케이션에 대한 견해가 커뮤니케이션 연구와 안보국가에 대한 미국식 해석 양자의 경우에 모두 기본 개념이 되었다는 점이다. 슈람은 단순히 저명한 과학자가 아니었다. 그는 거의 30년간 대학에서나, 매스미디어에서나 이 분야에서 무엇을 말하는 것이 이념적으로 '책임 있는' 행동인가를 규정했다.

그의 영향력은 한국전쟁 기간에 미 공군을 위해 한국에서 수행한 선전연구로부터 비롯되었다. 미국 정부는 그 연구를 『빨갱이들이 점령한 도시』*The Reds Take a City: The Communist Occupation of Seoul* 라는 제목의 책으로 발간하여 시중에 유통시켰고, 그 후 10여 년간 그 책을 각국어로 번역하여 전세계에 학문적 또는 대중적 형태로 수십 종이나 다시 발행했다. 대부분의 전쟁 선전물이 그렇듯이 그 책은 적의 잔학행위를 강조한 반면 관대함의 미덕은 아군 측에 돌렸다. 오늘의 시점에서 되돌아보면, 이 전쟁 선전물은 대중 홍보용으로 완벽하고 또 신뢰할 만했고, 슈람에게도 이 점은 명확했다. 그 시대의 '안보관'에 의하면 예를 들어 거창양민학살, 이승만 정권의 잔인함과 부패, 일본군 성노예('위안부')와 비슷하게 서양 군인들을 위해 젊은 여자들이 봉사해야 했던 사실, 노근리 사건, 그리고 아마 가장 근본적으로 한국전쟁 자체의 복잡한 원인들은 알아서 감추거나 알리지 않는 것이 필요했다. 그 당시에는 슈람의 해석이 과학이자 역사로 통했다.

  그는 계속해서 외견상 민영이나 사실상 미 중앙정보부가 운영한 '자유유럽방송'과 '자유방송', '미국의 소리' 방송, 공보부, 해군연구소, 국제개발청을 위해서 자문 역할을 했다. 그는 국방부 장관의 특수전 자문위원회 의장에 임명되었으며, 그 기구는 전세계에 걸쳐 미국의 선전, 심리전, 그리고 비밀공작을 고안하는 곳이었다. 그는 국방과학위원회라는 영향력 있는 기구의 구성원이었으며, 그의 국제개발청과의 계약은 엘살바도르, 콜롬비아, 그리고 다른 나라들의 미디어 시스템을 개발하기 위한 미국의 전략에서 실질적인 역할을 맡는 것이었다. 슈람이 국제개발청과의 계약을 수행한 나라들은 어느 곳이나 내전에 의해서 갈갈이 찢기고, 수천 수만의 민간인이 살해당한 곳들이다.

  현재의 맥락에서 가장 흥미 있는 것은 슈람의 매스커뮤니케이션, 국제매스커뮤니케이션, 그리고 커뮤니케이션 이론에 관한 교재들이다. 이들 '기초문헌'들은 잭 맥클리어드와 제이 G. 블럼러 같은 학자들이 썼듯이 커뮤니케이션 연구가 "자립적인 학문 분과"로 부상했다는 표식이었다. 커뮤니케이션 학설사를 연구하는 스티븐 채피는 슈람이 활동했던 전 시기를 "슈람의 시대"라고 불렀다. 매스커뮤니케이션과 민주주의에 대한 현재의 개념들의 과학적·

이념적 뿌리를 더 잘 이해하기 위한 방편으로 그 교재들은 읽어볼 가치가 있다. 그 교재들은 미국 공보부의 지원으로 만들어졌고, 정부 비용으로 간행되었으며, 역시 정부 비용으로 번역되어 전세계적으로 유통되었다. 그 책들은 적어도 25년 동안 주요 대학의 교과서로 쓰였으며, 오늘날에도 여전히 많은 도서관에서 발견된다.

두 권의 핵심적 교재, 슈람, 프레드 시버트, 그리고 씨오도어 피터슨 공저의 『언론의 4이론』 *Four Theories of the Press* (1956), 그리고 그 바로 앞에 나온 슈람, 히데야 쿠마타의 『심리전 이론에 관한 4편의 글』 *Four Working Papers on Propaganda Theory* (1955)은 모두 미국의 세계전략을 유지하는 방안에 관해 당시 미국 지식인들 사이에 널리 퍼진 견해의 학문적 기초가 되었다. 간단하게 말하면 두 교재는 '권위주의' 독재가 '전체주의' 독재보다 낫다고 주장한다. 역사적 맥락에서 그것을 읽으면 그 의미의 또 다른 층이 명백하게 드러난다. 받아들일 만한 '권위주의'와 받아들일 수 없는 '전체주의'를 구분하는 가장 빠른 방법은 권위주의 국가들은 스스로 미국 대외정책 목표에 합치하는 동맹이 되고, 전체주의 국가들은 그러지 않는다는 것이다.

또 하나의 매우 영향력 있는 저작인 『매스커뮤니케이션의 과정과 효과』 *The Process and Effects of Mass Communication* (1954)는 명시적으로 제2차 세계대전 말기와 냉전 초기, 그리고 한국전쟁기에 미국에 의해 수행된 선전과 심리전에 초점을 맞춘 글들을 모아서 처음으로 펴낸 것이다. 슈람은 민간인 청중들을 위해서 그 책을 위생처리 했으며, "심리전" 같은 군사적 용어를 사용하면 정치적 의도가 노골적으로 드러나기 때문에 정치적 의제를 약화시키기 위해 그 책을 '과학화'했다. 그 교재는 거의 모든 매스커뮤니케이션이 결코 그렇게 불리지는 않지만 전쟁 선전의 한 형태이고, 초강대국 간의 비전시·비평화 시기의 대중소비사회에 적응해왔다고 주장한다.

더 많은 사례들을 제시할 수 있지만 요점은 명백하다. 슈람은 스스로를 냉전 지식인으로 만들었으며, 그리고 미국에서 커뮤니케이션이라는 학문 분야를 그 자신의 이미지로 주조하는 데 크게 성공했다. 그 분야는 그때나 지금이나 미국과 세계 여러 나라에서 미디어 운영자, 저널리스트, 홍보 요원, 그리고 다른 이념적 노동자들을 훈련시키는 데 중심적인 역할을 하고 있다.

이것은 그들 분야의 대부분의 전문가들이 기꺼이 품으려고 하는 그러한 커뮤니케이션 이미지가 아니다. 이런 것들이 미국 커뮤니케이션 연구의 진정한 뿌리라고 주장한다면 여러 방향으로부터 반박에 부딪히게 될 것이다.

그럼에도 불구하고 현재 그것은 작동하고 있다. 슈람은 명백히 혼자 고립되어 행동하지 않았고, 그는 공상과학영화에서나 볼 수 있는 일종의 악마적 기질을 가진 천재도 아니었다. 오히려 그는 그의 시대에 미국에서 작동한 보다 넓고 깊은 지식·권력 구조를 보여주는 하나의 사례에 불과하다. 그런 지식인들은 그 시대 미국의 새로운 제국적 충동을 정책 입안자와 전문가, 그리고 일반 대중이 존경할 만한 용어, 또는 미국의 신화, 이상과 일치하는 용어로 정교하게 만들 수 있었기 때문에 성공할 수 있었다. 그런 지식인들은 또 전지구적 제국의 운영이라는 임무에 사회과학을 응용할 수 있는 그럴듯한 전술을 제공했다. 1950년대 그리고 좀 더 최근까지 보아왔듯이 그런 전술은 고문, 암살, 그리고 가공할 폭력으로까지 확장되었다.

잘 알려져 있는 것처럼 지식인, 박물군자인 체하는 사람들, 주류

미디어 조직들은 사회가 무엇을 보거나 기억할지, 또는 무엇을 보지 않거나 기억하지 않을지를 결정하는 데 막강한 역할을 한다. 하지만 그럼에도 불구하고 그들의 권력은 상대적이고 유동적인 것이며, 절대적인 것이 아니다. 그것은 과연 사회가 어떻고, 또 그 사회가 어떻게 작동해야 하는지에 대한 우리 자신의 이야기들이 빈번하게 새로운 현실에 더 잘 적응하고 혁신했음을 의미한다. 과거 속으로 사라져가는 큰 실수와 공포에 대한 살아 있는 기억, 그러나 사회는 그러한 큰 실수를 오늘날의 감수성에 보다 알맞게 다시 설명한다. 오늘날 미디어와 커뮤니케이션 분야에서 성공한 사람들 가운데에는 우리가 이곳에 어떻게 도달했는지 깊이 살펴보는 사람들이 많지 않지만, 오늘의 상황에 이르기까지의 실제 경로를 알아보려는 모든 새로운 시도에 강한 호기심을 가진 사람들은 있게 마련이다.

    보아야 할 증거가 그곳에 있고, 그 증거로부터 배우는 것이 희망의 진정한 원천이다.

2009년 2월 워싱턴 디씨에서
크리스토퍼 심슨

감사의 글

이 연구가 진행되는 동안 메릴랜드 대학의 마이클 거레비츠Michael Gurevitch, 제이 블럼러Jay G. Blumler, 마크 레비Mark Levy, 그리고 수잔 코일Susan Coyle이 보여준 통찰과 인내에 대해 특별히 감사의 인사를 전한다. 베른트 그레니어Bernd Grenier와 함부르크 사회연구소, 노암 참스키Noam Chomsky, K. C. 리K. C. Lee, 『커뮤니케이션연구』Journal of Communication의 마샤 시퍼트Marsha Siefert, 빌 솔로몬Bill Solomon과 밥 맥체스니Bob McChesney, 앨런 헌터Allan Hunter와 위스콘신 대학의 헤이븐스 연구소Havens Center, 아메리칸 대학의 샌디 웅가Sandy Ungar와 팻 아우프데어헤이드Pat Aufderheide, 옥스퍼드 대학 출판사의 데이비드 롤David Roll, 브루스와 캐롤라인 심슨Bruce and Caroline Simpson에게 심심한 감사의 말을 전한다. 또 이 연구가 수행되는 동안 시종일관 격려를 보내준 게일 로스Gail Ross에게도 고마움을 전한다.

존스홉킨스 대학의 로버트 스페이글만Robert Speigelman, 존 켈리John Kelly, 크레익 넬슨Craig Nelson, 워싱턴 대학 기록관의 슈리라메스 크리스나머시Sriramesh Krishnamurthy, 미 공보부USIA 도서관의 마틴 매닝Martin Manning에게 감사한다. 이분들은 친절하게도 이 연구에 필수적이지만 절판된 문헌들을 기꺼이 제공해주셨다. L. 존 마틴L. John Martin, W. 필립스 데이비슨W. Philips Davison, 그리고 존 프래도스John Prados는 그들의 기억과 통찰을 내게 나누어 주었다. 찰스 오코넬Charles O'Connell은 그의 하버드 러시아연구소에 대한 연구를 보여주었고, 브렛 게어리Brett Gary는 락크펠러 기록관Rockefeller Archive Center에 관한 그의 저술을 제공하였다. 메릴랜드 대학 도서관의 로렌 브라운Lauren Brown은 사회과학연구소BSSR 기록에 접근하는 것을 도와주었다. 애매한 자료들에 대한 필자의 끝없는 요청에도 불구하고, 아메리칸 대학 문서관의 죠지 아놀드George Arnold와 마크 색슨Mark Saxon, 미국 국립 문서관의 에드워드 리스Edward Reece와 존 테일러John Taylor, 트루먼 대통령도서관의 데니스 빌져Dennis Bilger, 베를린 문서고의 데이비드 마르벨David Marwell, 메릴랜드 대학 컬리지 파크College Park 캠퍼스 맥켈딘 도서관McKeldin Library의 관외대출 사서들과 참고문헌 사서들이 내게 준 도움은 단순한 의무감 이상이었다. 이 모든 분들에게 고마움을 전한다.

   메일링 왕Meiling Wang, 웬디 배빗Wendy Babbitt, 마크 래스킨Mark Raskin, 마크 솔로비Mark Solovey, 마크 패블릭Mark Pavlick, 그리고 낸시 번하드Nancy Bernhard에게 특별히 감사한다. 이들은 이 책의 초고를 읽고 기꺼이 아이디어와 비평을 보내주었다.

1993년 4월 워싱턴 디씨에서
크리스토퍼 심슨

목 차

한국어판 서문 5
감사의 글 11

1장 심리전의 정의 15
2장 세계대전과 초기 커뮤니케이션 연구 37
      '세계관 전쟁'과 제2차 세계대전 47
3장 사회과학자들이 크게 기여하다 67
4장 학계의 지지자들 83
5장 정부의 전초기지들 105
      군과 재단의 연결망 112
6장 병영과 참호 속의 전우들 125
      영구적인 원격조종장치 129
      '확산' 연구에 대한 군부의 지원 144
      CIA와 커뮤니케이션 연구의 창시자들 149
7장 지배 패러다임의 내면화와 강제 185
8장 심리전의 유산 209
문헌해제 231

역자후기 269
찾아보기 283

일러두기

인물, 기관, 단체 이름은 그것이 최초로 나올 때 한글 번역어와 영문 철자를 병기하고, 이후에는 한글 번역어로 표기하는 것을 원칙으로 하였다. 그러나 CIA, NSC, OSS, USIA, VOA 등과 같이 관용적으로 널리 쓰이는 영문 약어들의 경우, 예외적으로 영문 약어를 주로 사용하였다. 본문에 자주 나오는 영문 약어들을 정리한 '주요 영문 약어'를 참고하기 바란다.

주요 영문 약어

AAPOR	미국여론연구협회	American Association for Public Opinion Research
AID	국제개발청	Agency for International Development
BASR	응용사회연구소	Bureau of Applied Social Research at Columbia University
BSSR	사회과학연구소, 아메리칸 대학	Bureau of Social Science Research at American University
CENIS	국제학연구소, MIT	Center for International Studies at MIT
CIA	미 중앙정보부	Central Intelligence Agency
CRR	러시아연구소, 하버드대학	Center for Russian Research
FBI	미 연방수사국	Federal Bureau of Investigation
FBIS	해외방송공보처	Foreign Broadcast Information Service
ISR	사회연구소, 미시건 대학	Institute for Social Research at the University of Michigan
	그 전신은 조사연구소	Survey Research Center(SCR)
IISR	국제사회연구소, 프린스턴 대학	Institute for International Social Research at Princeton University
NORC	전국여론연구소	National Opinion Research Center
NSF	전국과학재단	National Science Foundation
NSC	국가안보위원회	National Security Council
OCI	공보조정국	Office of the Coordinator of Information
ONR	해군연구소	Office of Naval Research
OPC	정책조정국	Office of Policy Coordination
OPOR	여론연구소	Princeton's Office of Public Opinion Research
OSS	전략국	Office of Strategic Services
OWI	전시공보국	Office of War Information
POQ	『계간여론』	*Public Opinion Quarterly*
PSB	심리전전략위원회	Psychological Strategy Board
RFE	자유유럽방송	Radio Free Europe
SSRC	사회과학연구평의회	Social Science Research Council
UN	국제연합	United Nations
USIA	공보부	United States Information Agency
USIS	공보원	United States Information Service
VOA	'미국의 소리' 방송	Voice of America

심리전의 정의

커뮤니케이션 연구communication research는 규모는 작지만 흥미진진한 사회과학의 한 분야다. 상대적으로 새로운 이 전공은 1950년에서 1955년 사이에 비로소 사회학 내에서 별도의 한 분과, 즉 대학의 전공 학부, 독자적인 교과과정, 박사학위를 수여할 수 있는 지적 권위 등을 구비한 하나의 분과학문으로 성립하였다. 이 분과학문은 신문 기자와 방송 기자, 홍보·광고 종사자 등 오늘날 미국사회에서 소위 '이데올로기 노동자'라고 불리는 사람들을 학부 및 대학원 수준에서 훈련시키는 기초가 되고 있다.[1]

정부 심리전 프로그램들은 이 매스커뮤니케이션 연구 분야가 별도의 학문 분야로 형성되는 것을 도왔고, 정치 지도자들이 커뮤니케이션 분야 내의 경쟁적인 과학적 패러다임 중 어떤 것을 재정적으로 지원하고 정교하게 만들어 성장시킬 것인지를 결정하는 데 강력한 영향력을 행사했다. 국가는 보통 어떤 과학자가 말할 수 있고, 어떤 과학자가 말할 수 없는지를 직접 결정하지는 않는다. 그러나 국가는 누가 이 영역에서 '권위 있는' 발언을 할 것인가를 선택하는데 중요한 영향을 미쳤다.

이 책은 세 가지 과제를 다룰 것이다. 첫째, 1945년부터 1960년까지 미국 심리전의 역사를 개괄하고, 이러한 유형의 커뮤니케이션 사업에 관한 기초 이론과 활동, 행정적 구조 등에 대해 논의할 것이다. 둘째, 저명한 매스커뮤니케이션 연구자들과 연구소들이 그 기획에 어떤 기여를 했는지 고찰할 것이다. 셋째, 이들 심리전 프로그램이 커뮤니케이션 연구 분야에서 폭넓게 지속된 선입견에 행사한 영향력을 검토할 것이다.

제2차 세계대전 이래 미국 정부의 국가안보 캠페인은 항상 거대 광고회사들과 미디어 기업들의 상업적인 야망, 대학 경영자들과 교수들의 사업적 열망이 겹쳐져서 수행되었다. 실제로 군, 정보기관, 그리고 국방부나 CIA 같은 선전 기관들은 2차대전 이후 세대의 연구자들이 설득 기법, 여론 측정, 심문, 정치적·군사적 동원, 이데올로기 선전 및 이것들과 관련한 문제들을 연구하는 데 자금을 지원했다. 특히 설득 연구persuasion studies는 현대적 광고와 동기부여 기법을 위한 과학적 토대를 제공했다. 정부의 지원을 받은 커뮤니케이션 연구는 사적 영역의 자금만으로 가능했던 수준을 훨씬 능가하였고, 독특한 실험대상 집단을 구성하던 군인들을 종종 활용하였다.[2]

사실상 2차대전 이후 미국에서 가장 중요한 커뮤니케이션 연구소 가운데 최소한 여섯 개의 연구소가 정부 심리전 프로그램의 부속기관으로서 성장했다. 대부분 공식적인 승인 없이 수년간 지원된 정부 자금의 규모가 연구소 예산의 75% 이상에 달했다. 이에 해당하는 연구소들은 콜롬비아 대학 폴 라자스펠드Paul Lazarsfeld의 응용사회연구소Bureau of Applied Social Research(BASR), 프린스턴 대학 해들리 캔트릴Hadley Cantril의 국제사회연구소Institute for International Social Research (IISR), MIT 대학 이시엘 드 솔라 풀Ithiel de Sola Pool의 국제학연구소 Center for International Studies(CENIS), 그 밖에 여러 유사 기관들이 있다.3) 미국 국무부는 의회에 대한 냉전 로비 캠페인의 일부로서 비밀리에, 그리고 명백히 불법적으로 전국여론연구소National Opinion Research Center(NORC)의 미국 여론연구에 자금을 제공했다. 이렇게 해서 전국여론연구소의 외관상 사적이고, 독립적인 조사가 처음으로 국무부의 재정 지원으로 가능하게 되었다.4) 다른 사례로는 CIA가 은밀히 지원한 사회과학연구소Bureau of Social Science Research(BSSR)의 전쟁포로 고문에 대한 연구가 있다. 고문 연구라는 표현 외에 적절한 어휘를 찾을 수 없는 이 연구에 따르면 포로 심문은 커뮤니케이션 연구를 통해 정교해진 사회심리적 원칙들을 단지 다른 분야에 적용한 것일 뿐이다.5) 종합하면 커뮤니케이션 연구는 만약 미국의 군, 정보기관, 선전기관들로부터 이 분야의 선구자들에 대한 정기적인 자금 수혈이 없었다면 지금과 같은 형태의 중요한 학문 분야가 될 수 없었을 것이다.

이 책은 부분적으로 지식사회학적 연구다. 이 책은 '지식' 생산, 여기에서는 커뮤니케이션과 강압에 대한 선입견 생산과 특정 시기의 사회적·정치적 조건 사이의 관계를 살필 것이다. 커뮤니케이션 분야의 선구적인 학자들은 매스커뮤니케이션의 협소하고 심지어 야만적이기까지 한 속성들을 선진 산업사회의 한 단계에서 나타나는 특성과 동일시했고, 그 후 아래에서 자세히 다루는 매우 한정된 개념들로 커뮤니케이션 개념을 대체했다. 달리 말하자면 커뮤니케이션이라는 개념이 마치 로르샤흐 검사6)와 같은 것이 되었다. 이 검사를 통해 선택된 몇몇 학자들은 자신이 믿는 바대로 세상에 대해 말했고, 결국 경쟁자들을 희생시키며 자신들의 관점을 제도화할 수 있었다.

 필자는 그 과정에서 미국 정부의 심리전 프로그램들이 수행한 역할에 초점을 맞추고자 한다. 왜냐하면 정부 심리전 프로그램들이 학계에 미친 영향에 대한 이야기들이 대부분 잊혀지거나 덮어졌기 때문이다. 그러나 이 책은 매스커뮤니케이션 연구, 또는 그것을 형성한 동력에 대한 완벽한 역사를 정리하려는 의도로 기획된 것은 아니다. 이 책은 단지 새로운 방식으로 이 분야를 살펴보려는 하나의 시도일 뿐이다. 심리전 프로젝트 이외에 적어도 두 개의 서로 다른 중요한 동력이 현대 커뮤니케이션 연구의 발전에 큰 영향을 주었다. 두 가지 힘 중 하나는 엄격한 학문적 발전이었고, 다른 하나는 사적 기업들을 위한 상업적 연구였다. 대학의 여러 학자들이 이미 그 분야의 학문적 역사에 대해 수많은 글을 써왔고, 또 앞으로도 계속 쓸 것임은 의심할 여지가 없다.7) 그런데 폴 라자스펠드와 로버트 머튼Robert Merton이 '상업적 프로젝트들이 이 분야 발전에 결정적이었다'고 언급했음에도 불구하고,8) 대부분의 연구자들은 커뮤니케이션 연구의 지적인 발전에 상업적 연구가 끼친 역할에 대해서 본질적인 논의를 계속 회피해왔다.

 미국 연방정부의 연구 후원이 커뮤니케이션이나 매스미디어에 대한 학문적 선입견이 만들어지는 과정과 어떤 관계를 맺었는지 추적하면 복잡하게 뒤얽힌 문제들이 모습을 드러낸다. 여러 증거들을 통해서 적어도 1945년에서 1960년 사이의 미국 커뮤니케이션 연구에서는 심리전 프로젝트들이 주류였고, 당시로서는 중심 초점이었다는 사실을 알 수 있다. 그렇다면 이 주제에 대한 열렬한 관심이 이 분야의 '통념'과 가정들의 구조를 형성하는 데 어느 정도로 영향을 미쳤을까?

물론 연구에 대한 재정지원은 그 자체만으로 오랜 기간 지속되는 학문적 '시대정신'zeitgeist을 만들어 낼 수 없다.9) 그러나 후원은 선택된 선입견들의 접합이나 그것의 정교화와 발전을 뒷받침하고, 그러한 방식으로 대안적인 학문적 현실을 구축하려는 경쟁자와의 경쟁에서 그들이 우위를 점할 수 있도록 만든다.

미국의 군, 선전 및 정보 기관들은 적어도 그 기관들의 임무와 관련되는 한 '커뮤니케이션이란 무엇인가'에 대한 설명과 그것을 검증할 도구 모두를 제공한 매스커뮤니케이션 연구를 선호했다. 쉽게 말하면, 그들은 매스커뮤니케이션을 '대상 집단을 지배하거나 설득하는 도구'로 보았다. 그들은 '커뮤니케이션'을 일단 그것에 필요한 기술을 통달하면 이데올로기적·정치적·군사적 목표를 달성하는 데 필요한 어떤 유형의 메시지도 실제로 주입할 수 있는 하나의 전달형태로 파악했다. 초기의 자연과학이 페니실린과 전기, 원자폭탄으로 가는 길을 닦았던 것처럼, 이들 '학문 청부업자들'은 그들의 '의뢰인들'로 하여금 매스커뮤니케이션에 대한 과학적 분석과 구성요소들에 대한 측정법이 사회를 관리하는 새롭고도 강력한 도구들을 개발할 수 있을 것이라고 확신하게 만들었다. 정부 후원자들은 수용자와 커뮤니케이션의 효과에 대한 이러한 분석이, 당시 진행 중이던 선전 및 정보 프로그램들을 향상시킬 수 있을 것이라고 믿었다.10)

기업가적인 학자들은 '지배도구로서의 커뮤니케이션'을 실제적으로 적용하는 데 필요한 과학적인 도구들을 만들어 내기 위해 물리학의 성공적 사례들을 모델로 삼았다. 여기서 물리학에서의 성공이란 복잡한 현상을 몇 가지 추상적 요소로 정리하는 실증주의적 환원, 변화를 계량화하여 서술하는 방식의 강조, 그리고 과학적 '진리'를 객관적으로 인식할 수 있다는 주장 등을 말한다. 스티븐 채피Steven Chaffee와 존 호크하이머John Hochheimer가 "시스템의 주변이나 아래로부터 보기보다 위로부터 또는 권력 중심의 관점에서 보는 것이 적합하다"고 말했던 것처럼 그들도 거의 예외 없이 매스커뮤니케이션을 위로부터의 관점에서 보았다.[11]

효과적인 설득과 선전이 비정상적으로 야만적이고 비용이 많이 드는 전통적인 전쟁에 비해 상대적으로 합리적인 대안이라고 보는 관점이 널리 공유되었다. 설득력 있는 매스커뮤니케이션은 희생자를 증가시키지 않고 군사작전을 향상시킬 수 있고, 그것을 옹호하는 사람들은 특히 적이 진퇴양난에 빠졌을 때 싸우다 죽느니 항복을 유도하는 것이 더 낫다고 주장했다. 마찬가지로 병사들의 사기를 고무시키고 그들에 대한 통제력을 강화하는 데 이러한 기법을 사용할 수 있는 사람은 분명히 군사적 이득을 획득할 수 있을 것이라고 주장했다. 미국의 안보기관들은 보다 근본적으로 선전과 심리전을 미군이 직접 통제할 수 있는 영토를 넘어서 미국 정부의 영향력을 확장할 수 있는 수단으로, 그것도 상대적으로 저렴한 비용으로 확장할 수 있는 수단으로 간주했다. 예를 들어 심리전을 오랫동안 옹호해온 진 커크패트릭Jeane Kirkpatrick의 주장처럼 동유럽에 CIA의 라디오 방송을 보내는 것은 '가장 값싸고, 안전하며, 가장 효율적인 미국 외교 정책의 도구'였다.[12]

커뮤니케이션 연구의 발전에서 심리전의 역할은 반드시 1940~1950년대 정치상황의 전개라는 맥락에서 검토되어야 한다. 사실 이

시기 미국 심리전의 최우선적인 목표는 자원이 풍부한 개발도상국에서 빈곤과 종속, 고질적인 부패라는 문제의 해결책을 찾던 급진적인 사회운동의 열망을 좌절시키는 것이었다. 다음 장에서 이란, 이집트, 한국, 필리핀, 과테말라, 베트남 및 다른 나라들에서 일어난 사건들을 논의할 것이다.

그러나 미국의 대다수 사회과학자들은 사태를 다르게 보았다. 그들에게 '진정한' 적은 이란의 민족주의자들이나 필리핀의 후크Huk 게릴라가 아니라 스탈린이었다. 스탈린은 1953년 그가 죽을 때까지 극도로 잔인하게 소련을 통치했다. 그리고 서방세계의 대다수 사람들은 스탈린 시대의 테러를 모든 공산주의 사회의 일반적인 특징으로 간주했다. 미국과 소련은 지정학적으로 민감한 세계 곳곳에서 충돌을 되풀이하였다. 소련은 미국에 대항해서 논리적으로 정교한 심리전 캠페인을 광범위하게 전개했다. 서구의 많은 관찰자들은 세계 혁명을 위해서 맑스·레닌주의 교리가 적용된다고 보았고, 또 공산주의자들이 노동운동과 반식민지운동에 활발하게 참여한다는 사실은 이미 모스크바가 세계 혁명의 음모를 충분히 실현했음을 증명하는 것이라고 보았다. 서구의 많은 사람들은 1949년 소련의 원폭 실험 성공, 마오쩌둥의 중국 장악과 뒤이은 한국전쟁의 발발을 말 그대로 소련이 '세계를 장악'하게 되리라는 경고로 받아들였다.

반대로 소련은 미국을 '팽창주의적인 제국'으로 보았다. 미국은 이미 많은 서유럽 국가들과 한때 유럽 식민지였던 국가들을 달러를 기축으로 삼는 전후 국제경제질서 안으로 흡수했다. 미국은 국제사회에서 소련을 고립시켰고, 무역을 엄격히 제한했으며, 소련과 소련의 위성국가 정부들을 전복시키려는 은밀한 작전에 착수했다. 미국은 공개적으로 한국에 개입했고, 점차 늘어나던 개발도상국들 중 여러 국가들에서 비밀리에 쿠데타를 지원했다. 소련은 미국이 두 번이나 민간인들을 대상으로 원자탄을 사용했고, 소련·중국·한국·베트남에 대해 수차례에 걸쳐 핵공격 위협을 가했다고 지적했다.

이러한 상황에서 미국의 대다수 사회과학자들은 심리전 프로그램을 국제적 갈등을 전면전이 아닌 방식으로 해결하는 계몽적이고 상대적으로 평화적인 방법으로 간주했다. 솔라 풀은 미국 대외정책에 사회과학자들이 주도적으로 활발하게 참여하는 것이 필요하다고 주장했다. 왜냐하면 풀이 정책결정 엘리트들을 찬양하기 위해 만든 용어인 '미래의 만다린들'Mandarins of the Future이 그들 자신의 행동을 난폭하거나 멍청한, 또는 관료적인 것이 아닌 지적이고 인간적인 것으로 만들기 위해서는, 그 자신이 수행한 일의 결과를 확인할 방법을 찾아내야 하기 때문이라는 것이다. 그는 계속해서 "미래에 인도적인 정부를 달성할 수 있는 유일한 희망은 정부에 의한 사회과학의 폭넓은 사용"이라고 주장했다.13)

그러나 미국과 소련의 심리전 프로그램은 주로 도마 위에 오른 제3세계 국가들에서 서로 경쟁적으로 갈등을 부추기는 데 이용되었다. 양측이 '외부의 개입에 대한 방어적 대응'이라고 주장한 서로에 대한 과학적인 조사계획들은 상대방 진영에서 보기에 공격적인 전쟁준비에 다름 아니었다.

현대의 심리전은 근본적인 의미에서 갈등을 진정시키기 위한 것이 아니었고, 실제로는 제국을 경영하는 도구였다. 그것은 대체로 제3세계와 유럽의 자생적인 민주주의 발전이 미국 안보기관이 그리는 상에서 '너무 멀리 벗어나지 않게 하는 것'을 보증하는 수단으로 활용되었다. 그것은 미국 내에서 제국주의적 정책의 도덕성과 정신에 도전하는 반대자들을 포함하여 공인되지 않은 커뮤니케이션이 국민들 사이에서 이루어지는 것을 억압하고 왜곡하는 능력이라는 점에서 일차적인 유용성을 가지고 있다. 실제로 현대의 심리전과 선전은 중장기적 관점에서 폭력에 대한 대안을 제공한 사례가 거의 없다. 그 대신 그것들은 약자의 희생에 의한 강자의 지배라는 관점을 전제하는 전략과 문화의 중요한 일부가 되었다. 그러한 전제 위에서 '커뮤니케이션'으로 가장한 강압과 조작이 그와 다른, 보다 진정한 형태의 이해로 나아갈 수 있는 기회들을 가로막았다. 심리전의 문제는 그것의 개별적 메시지의 내용에 있는 것이 아니다. 오히려 문제는 심리전이 매우 정의롭지 못한 사회구조, 특히 전지구적으로 남북관계를 유지하는 도구로서 일관된 역할을 해왔다는 점이다.

결국 미국의 군과 정보기관들은 2차대전 이후의 커뮤니케이션 연구를 규정한 일련의 개념들을 체계화하고 정교하게 만드는 데 중요한 역할을 하였다. 미국 커뮤니케이션 연구의 학술적이고 상업적인 뿌리가 18세기까지 거슬러 올라갈 수 있다는 것은 사실이다. 그렇지만 냉전기의 심리전 연구는 지배로서의 커뮤니케이션의 가능성을 정교하게 만들고, 그것을 실험하며 공식화하기 위해 고안된 대규모 연구계획들을 선택해서 대대적인 재정 지원을 해주었다. 이 기관들은 또한 그 분야의 학술 출판, 직위와 종신 교수직 임용의 결정, 그리고 학계의 권력관계 등 여러 측면에서 통제력을 갖는 학계 내부의 동조자 네트워크를 만드는 과정에 일조했다. 그럼으로써 이 프로그램들은 오늘날 커뮤니케이션 연구의 주류로 간주되는 것들이 미국 대학 내에서 경쟁자들을 물리치고 중심에 자리

잡는 데에 크게 기여했다.

국무부, 공보부USIA, CIA 등 미국 연방정부 기관들과 그 담당자들은 실질적으로 1945~1960년 사이에 미국 학자들이 수행한 모든 대규모 커뮤니케이션 연구 프로젝트의 자금 대부분을 지원했다.[14] 비록 미국 심리전을 둘러싼 비밀들이 여전히 남아 있지만, 연방정부가 1950년대 초반에 매년 약 10억 달러를 심리전과 선전 활동에 투자했다는 것은 부정할 수 없는 사실이다.[15] 다음 장에서도 논의하겠지만 정부는 커뮤니케이션 관련 사회심리학, 커뮤니케이션 효과 연구, 외국의 커뮤니케이션 시스템에 대한 인류학적 연구, 해외 수용자와 외국 여론 조사, 그리고 매스커뮤니케이션 연구가 독립된 분과로서 자리잡는 데 직·간접적으로 기여한 유사한 프로젝트들을 연구하는 대학과 두뇌집단에 매년 700만 달러에서 1,300만 달러 정도를 지원했다.[16] 카네기 재단Carnegie Corporation과 포드 재단Ford Foundation 같은 주요 재단들은 당시 대규모 커뮤니케이션 연구에서 매우 중요한 2차적 자금원이었는데, 이들은 매스커뮤니케이션 연구를 위한 자금을 할당하는 과정에서 주로 정부의 선전, 정보 프로그램들과 긴밀한 연계를 맺었다.[17]

심리전 프로젝트들이 과학적 정밀함과 학술적 성실함을 필요로 했다는 것은 분명하다. 그러나 이 프로젝트들은 본질적으로 협소하게 정의된 정치·군사적 목표를 달성하기 위해 기획한 응용연구에 불과했다. 정부 기관들은 과학적 데이터를 국내 또는 국외의 대상이 되는 대중들을 조종하는 수단으로만 추구했다. 그들은 다른 대규모 커뮤니케이션 연구를 위해서는 재정 지원이 거의 없었던 바로 그때 기꺼이 지원에 나섰던 것이다.

더욱이 정부의 일부 강력한 기관들, 특히 FBI와 다른 국내 안보

기관들은 커뮤니케이션에 대한 다른 과학적 개념들, 특히 그들이 전복적이라고 간주한 비판적인 사상들을 공격하고 억압했다. 냉전이 조성한 폭압성과 매카시즘McCarthyism의 영향, 그리고 정부의 은밀한 지원을 받아 미국 학자들 사이에서 진행된 강력한 이념 공세 때문에 커뮤니케이션과 이데올로기의 관계에 대해 이단적인 연구를 수행한 학자들은 교수임용 과정의 불이익, FBI의 적대적인 수사, 언론의 공격, 심지어 폭력까지 감수해야 했다.[18] 1940년대와 1950년대에 미국의 공식적인 제도들을 비판한 것으로 해석될 수 있는 사회학적 연구를 수행한 학자들은 늘 심각한 직업상의 위험에 직면해야 했고, 오늘날도 종종 유사한 위험에 노출되곤 한다.

한때 심리전 프로젝트에 불과했던 것들이 오늘날 중요한 미국 주류 매스커뮤니케이션 연구센터들의 생성과 존속에 필수적인 것이 되었다. 이 프로젝트들은 오늘날 커뮤니케이션 연구 분야의 비조鼻祖로 간주되는 많은 남성 지식인들의 전문가적 경력에서 핵심적인 부분을 이룬다. 사실 비조를 선택하고 승인하는 과정은 심리전 응용연구로 시작한 연구계획들에 영구적인 과학적 가치를 부여하는 과정이었다. 다니엘 러너Daniel Lerner의 『전통사회의 소멸』이라는 책은 오늘날 커뮤니케이션 연구에서 발전이론development theory 학파의 기원으로 널리 인식되고 있고, 통상 정치적으로 중립적인 과학적 작업으로 기억된다. 그러나 러너의 작업은 중동에서 추진된 미국의 선전 프로그램을 개선하려는 특정한 목적을 위해 기획되고 수행되었다.[19]

1945년에서 1960년 사이의 미국 심리전 프로그램들은 미국 사회에서 권력을 쥔 집단의 가치와 우선적 고려사항이 어떻게 과학공동체의 '통념'으로 전환될 수 있는지, 그리고 어느 정도는 사회 전체의 '통념'이 될 수 있는지를 보여주는 하나의 사례다. 여기엔 두 가지 측면이 있는데 하나는 정부가 국내외 대상 집단들의 동의를 정치공학적으로 조절하기 위해서 기울인 노력이 성공 또는 실패했는가 하는 것이고, 다른 하나는 그것에 포함된 것으로 이 작업을 위해 고용된 과학자들 사이에서 동의가 이루어진 기제에 대한 것이다. 흥미롭게도 적어도 당시에는 후자의 노력이 전자보다 더 성공적이었다. 심리전에 대한 연구는 부분적으로 권력을 가진 집단들이 어떻게 변화를 다루며, 자신들을 새로운 형태로 재구성하고, 항상 성공적이지는 않았지만 그들이 수용자라고 불렀던 사람들의 의식을 형성하기 위해 분투했는지를 보여준다.

그렇다면 '심리전'psychological warfare이란 무엇인가? 윌리엄 도허티William Daugherty에 따르면 영어에서 이 용어가 처음 등장한 것은 2차 대전 초기 단계인 1941년이었다. 당시 이 용어는 나치스Nazis가 사용한 선전, 제5열 활동, 테러들을 가리키는 말이었다.[20] 미국의 군과 정보 기구들은 2차대전 동안 이 정의를 '전장에서의 선전, 우방국 군대를 위한 이데올로기 교육, 국내에서 사기와 규율 진작과 같은 전시 문제들에 심리학과 사회심리학을 응용하는 것'으로 확대시켰다.[21]

2차대전 이래로 미군과 NATO의 교범은 '심리전'이나 '심리 작전'psychological operation을 선전, 비밀 작전, 게릴라 전쟁, 그리고 최근에는 민간외교public diplomacy에 이르기까지 다양한 전술로 정의하는 것이 일반적이다.[22] 공산주의 이론가들은 이와 유사한 활동들을 늘 '선동과 선전'agitation and propaganda으로 불렀고, 그것들을 보다 폭넓은 개념인 계급투쟁이나 인민전쟁과 연관된 요소로 간주했다.[23] 영국과 나치 독일의 전략·전술은 역사적으로 심리전을 각각 '정치전'political warfare24)과 '세계관 전쟁'Weltanschauungskrieg25)으로 불렀다. 각국에서 심리전의 개념화는 이데올로기적·정치적·군사적 목표를 달성하기 위한 하나의 수단으로서 매스커뮤니케이션과 살인, 사보타지, 암살, 반란과 진압 등 폭력의 선택적 적용을 공공연히 결합시켰다. 이와 같이 서로 겹치는 개념체계들은 그것을 낳은 사회체제의 정치·문화적 특징을 그대로 유지하면서 다른 사회의 개념체계 발전에 기여했다.

현재의 맥락에서 심리전은 대상 청중의 문화심리적 성격과 커뮤니케이션 시스템을 이용하여 주로 정부나 정치적 운동과 같은 후원조직의 이데올로기적·정치적·군사적 목적을 달성하기 위해 고안된 전략과 전술의 집합이라고 이해하는 것이 가장 적절할 것이다. 다시 말하면, 심리전은 근대적 사회갈등에 매스커뮤니케이션을 적용하는 것이다. 그것은 정치·군사적인 목표를 달성하기 위해 폭력을 좀 더 전통적인 커뮤니케이션 형태와 결합하여 사용하는 것에 초점을 둔다.

심리전에 대한 미국 정부의 시각을 좀 더 완벽하게 보여주는 예는 냉전 초기의 전쟁 기획에서 미국 육군이 사용한 정의에서 찾아볼 수 있다. 육군의 정의는 그것이 공표된 1948년 초에 일급비밀로 분류되었고, 정보공개법Freedom of Information Acts에 의하여 필자가 초기의 심리전 기획 문서들을 얻게 된 1980년대 후반까지 공식적으로 비밀로 남아 있었다. 이 문서들 중 하나는 아래와 같은 내용을 담고 있다.

> 심리전은 전통적인 군사작전과 달리 모든 정신적이고 물질적인 수단을 사용하며, 다음과 같은 의도를 갖고 있다.

a. 적의 전투 의지와 역량을 파괴한다.
　b. 적에 대한 동맹국과 중립국의 지원을 제거한다.
　c. 아군과 동맹국의 승리에 대한 의지를 증대시킨다.
　심리전은 적의 마음에 영향을 미칠 수 있는 **어떤** 무기라도 사용한다. 그 무기들은 그 무기들 자체의 특성 때문이 아니라 그것들이 만들어내는 **효과**의 측면에서 '심리적'이다. 이러한 관점에서 공개(백색) 선전, 비밀(흑색) 선전, 그리고 회색 선전, 전복, 사보타지, 특수작전, 게릴라전, 스파이 활동, 정치, 문화, 경제, 인종적 압력이 모두 효과적인 무기들이다. 그것들이 선전의 정신이나 심리전 기관으로부터 비롯되었기 때문이 아니라, 그것들이 적의 마음에 불화, 불신, 공포, 무력감을 만들어내기 때문에 효과적인 것이다.26) (강조는 필자)

여기서 사용된 '특수작전'이라는 어휘는 다른 문서에서 아래와 같이 정의되었다.

　동맹군이나 아군에 의해 적 후방에서 수행되는 적에 대한 대항 활동들……심리전(흑색), 비밀작전, 전복, 사보타지, 그리고 요인 암살과 생포, 추락 조종사 생환 작전 등을 포함한다.27)

육군의 연구는 방금 개괄한 이른바 백색·흑색·회색 선전으로 알려진 가장 기본적인 세 가지 설득 전술을 요약하고 있다. '백색선전'은 주로 '단순성, 명료성 그리고 반복'을 강조한다. 그것은 청중들에게 믿음직하고, 균형 있고, 사실적인 것으로 인식되게끔 고안되었다. 미국 정부는 이러한 유형의 공보활동을 '미국의 소리'Voice of America(VOA) 방송과 같은 매체를 통해 추진하고 있음을 공식적으로 인정한다. 이와 반대로 '흑색선전'은 '**갈등과 혼란, 공포**'를 강조한다.28) '흑색선전' 전술은 다양한데 적의 문서를 위조하는 것에서부터 그것을 적의 힘을 불신하게 하는 수단으로 대상 청중에게 퍼뜨리는 것까지를 모두 포함한다. 미국 정부는 흑색선전을 하고 있다는 것을 공식적으로는 부인하고 있지만 실제로는 흑색선전이 이미 오랜 기간 동안 미국 외교와 국내 정책에서 없어서는 안될 중요한 부분을 차지해왔다. '회색선전'은 이름에서 드러나듯, '백색'과 '흑색' 사이에 존재하며, 적군에 관한 잘못된 정보를 미국 정부로부터 독립적이라고 주장하는 뉴스 매체에 싣는 것을 포함한다.[29]

동일한 시기에 생산된 미 육군과 국가안보위원회NSC의 문서는 당시 미국 심리전 전략의 세 가지 추가적인 특성을 강조했다. 사실은 미국 정부에 의해 만들어진 '흑색' 선전임에도 불구하고 정부가 그 책임을 부인하는 데 사용하는 '그럴듯한 부인'plausible deniability,[30] 중립 국가들을 의식적으로 '친미'나 '반미' 진영으로 양극화시키는 정책,[31] 심리전 작전을 위해 외국뿐만 아니라 미국의 대중들을 대상으로 삼는 은밀한 작전[32] 등이 그것이다.

이 책 전체를 통해서 심리전과 심리작전은 육군과 NSC에서 구체화한 일련의 행위들을 포함한다. 특히 몇 가지를 강조하고 싶다. 첫째, 미국은 심리전이라는 개념 아래 게릴라전, 암살, 사보타지, 그리고 보다 근본적으로는 해외의 미국에 의존하는 국가들에서 명백히 야만적인 정권을 유지하는 등의 광범위한 폭력을 행사해왔다. 둘째, 그것은 공개적인 백색 뉴스 보도에서 은밀한 흑색 선전에 이르는 다양한 선전 또는 미디어 작업을 모두 포괄해왔다. 셋째, 미국 심리전의 대상은 '적' 뿐만이 아니라, 미국과 동맹국의 국민들도 포함한다.

이하에서 먼저 1945년 이전 미국의 심리전에 대해 논의하고자 하는데, 여기에서는 해롤드 라스웰Harold Lasswell, 월터 리프만Walter Lippmann 같은 커뮤니케이션 이론가들의 초기 작업, 그리고 록펠러 재단Rockefeller Foundation에 의해 지원을 받은 선구적인 연구 업적들에 무게를 둘 것이다. 다음에는 2차대전 기간에 심리전 프로젝트에 고용되었던 커뮤니케이션 연구자들이 이후에 형성한 비공식적인 사회적 네트워크의 출현에 대해 다룰 것이다.

그런 다음 전후시기로 넘어가서 냉전기 심리전과 커뮤니케이션 연구의 독립적인 발전을 추적할 것이다. 특히 커뮤니케이션 연구의 주류 학술잡지 중에서 오랫동안 그 명성을 유지해온『계간여론』 Public Opinion Quarterly(POQ)을 살펴봄으로써 커뮤니케이션의 정의, 대상, 방법에 대한 학문적 개념들의 형성과정에 심리전 프로그램이 미친 영향을 밀도 있게 다룰 것이다.

마지막 장에서는 1945년에서 1960년 사이에 미국 정부가 체결한 심리전 연구계획이 남긴 과학적 유산을 재검토하고, 그 프로그램들이 미국 사회에서 커뮤니케이션과 이데올로기, 그리고 해당 학문에 대한 선입견들에 어떤 영향을 미쳤는지 몇 가지 통찰들을 요약적으로 제시할 것이다.

주註

1) 이데올로기 노동자에 대해 말하자면, 매스커뮤니케이션 연구의 다양한 분야 중 어느 한 분야의 선진 기법을 흡수하기 위해서 오늘도 TV와 라디오의 초급 기자를 채용한 고용주, 신문과 잡지의 편집자와 작가, 여러 유형의 광고 전문가, 홍보 종사자들(또는 오늘날의 용어로 '공공 커뮤니케이션' 전문가들)은 신규 채용을 필요로 한다. W. W. Schwed, "Hiring, Promotion, Salary, Longevity Trends Charted at Dailies", *Newspaper Research Journal* (October 1981) ; Lee Becker, J. W. Fruit and S. L. Caudill, *The Training and Hiring of Journalists* (Norwood, NJ: Ablex, 1987)를 참고.

2) Albert Biderman and Elizabeth Crawford, *The Political Economics of Social Research: The Case of Sociology* (Springfield, VA: Clearinghouse for Federal Scientific and Technological Information, 1968)

3) BASR에 대해서는, Jean Converse, *Survey Research in the United States* (Berkeley: University of California Press, 1987), pp.269, 275~276, 506~507 각주 37과 42를 보시오. 캔트릴의 IISR에 대해서는 John Crewdson and Joseph Treaster, "The CIA's 3-Decade Effort to Mold the World's Views", *New York Times*, 1977년 12월 25, 26, 27일자를 보시오. 캔트릴과 IISR에 대한 논의는 12월 26일자 참고. 그의 자금원을 숨기려는 캔트릴 자신의 설명은 Hadley Cantril, *The Human Dimension: Experiences in Policy Research* (New Brunswick, NJ: Rutgers University Press, 1967)를 참고. CENIS에 대해서는 MIT, Center for International Studies, *The Center for International Studies: A Description*, (Cambridge: MIT, July 1955) ; U.S. Department of State, Foreign Service Institute, *Problems of Development and Internal Defense*, Report of a Country Team Seminar, June 11~July 13, 1962 (Washington, DC: Foreign Service Institute, 1962); Ithiel de Sola Pool, "The Necessity for Social Scientists Doing Research for Governments", *Background* 10, no. 2 (August 1966), pp.111~122를 보시오. 미국 정부의 심리전 기관에 재정적으로 크게 의존한 다른 주요 커뮤니케이션 연구 사업들로는 전국여론연구소National Opinion Research Center, 조사연구소Survey Research Center(이젠 사회조사연구소Institute for Social Research로 이름이 바뀌었다), 사회과학연구소Bureau of Social Science Research 등이 있다. 이 기관들에 대해서는 뒤에서 자세히 다룰 것이다.

4) 1957년에 폭로되어 스캔들을 일으킨 국무부 계약의 상세한 내용에 대해서는 House Committee on Governmental Operations, *State Department Opinion Polls*, 85차 회기, 1차 회의, 1957년 6월~7월 (Washington, DC: GPO, 1957) 참고.

5) Albert Biderman, "Social-Psychological Needs and 'Involuntary' Behavior as Illustrated by Compliance in Interrogation," *Sociometry* 23, no. 2 (June 1960), pp.120~147 ; Louis Gottschalk, *The Use of Drugs in Information-Seeking Interviews*, BSSR report 332, December 1958, BSSR Archives, series Ⅱ, box 11, the University of Maryland Libraries Special Collections, College Park ; Albert Biederman, Barbara Heller, and Paula Epstein, *A Selected Bibliography on Captivity Behavior*, BSSR report 339-1, December 1961, BSSR Archives, series Ⅱ, box 14, the University of Maryland. 나중에 비더만은 CIA의 재정 지원을 받는 통로로 알려진 인간생태기금Human Ecology Fund과 미 공군 계약 AF 49(638)727이 이 작업의 자금원이었다는 점을 인정했다. CIA가 인간 생태 조사를 위해 인간생태기금과 관련 단체를 이용한 것에 관해서는 John Marks, *The Search for the "Manchurian Candidate" : The CIA and Mind Control* (New York: Times Books, 1979), pp.147~163 참고.
6) 로르샤흐 검사Rorschach test는 스위스의 정신의학자 H. 로르샤흐가 1921년에 발표한 인격진단검사로 투영법投影法의 대표적인 방법이다. 이 검사는 10장의 원도판原圖版 잉크무늬를 사용한다. 좌우대칭으로 된 것을 한 장씩 피검자에게 보여 어떻게 보이는가를 묻는다. 그 대답이 얼룩 전체에 대한 상상인가 아니면 부분적인 대답인가, 또 그 상상의 주체가 얼룩의 형태인가, 색채인가, 얼룩이 움직여 보이는가 등등을 다각도로 분석한다. 색채에 대한 반응은 개인의 정동情動 특성을, 농담濃淡에 대한 반응은 불안을, 운동에 대한 반응은 공상이나 타인과의 공감성共感性을, 형체에 대한 반응은 지적 특성을 추측하는 데 활용할 수 있다. 이 기록을 가지고 피험자의 성격을 기술하며 때로는 기록을 일정한 기준과 비교하기도 한다. (역자주)
7) Jesse Delia, "Communication Research : A History," in Charles Berger and Steven Chaffee (eds.) *Handbook of Communication Science* (Newbury Park, CA: Sage, 1987), pp.20~98.
8) Robert Merton, *Social Theory and Social Structure* (New York: Free Press, 1968), pp.504~505에서 머튼은 라자스펠드와 자신의 견해에 대해 논하였다. 이 점에 대해서는 또 Theodore Adorno, "Scientific Experiences of a European Scholar in America," in Donald Fleming and Bernard Bailyn (eds.), *The Intellectual Migration: Europe and America 1930~1960* (Cambridge, MA: Havard University Press, 1969), p.343, 그리고 Willard Rowland, *The Politics of TV Violence* (Beverly Hills, CA: Sage, 1983) 참고.
9) Thomas Khun, *The Structure of Scientific Revolutions*, 2nd ed. (Chicago: University of Chicago Press, 1972), p.10.
10) Biderman and Elisabeth Crawford, *The Political Economics of Social Research*.

이와 관련하여 사회과학 연구의 정치, 경제적 측면에 대해서는 1969년 9월 미국 사회학회American Sociological Association에서 발표한 Albert Biderman and Elisabeth Crawford, "The Basis of Allocation to Social Scientific Work," 참고. 현재 BSSR Archives, series Ⅴ, box 3, University of Maryland Libraries Special Collections, College Park 소장. 또 Albert Biderman and Elisabeth Crawford, "Paper Money: Trends of Research Sponsorship in American Sociology Journals," *Social Sciences Information* (Paris), 9, no. 1 (February 1970), pp.51~77 ; Elisabeth Crawford and Gene Lyons, "Foreign Area Research: A Background Statement," *American Behavioral Scientist* 10 (June 1967), pp.3~7 ; Elisabeth Crawford and Albert Biderman, *Social Science and International Affairs* (New York: Wiley, 1969) ; James McCartney, "On Being Scientific: Changing Styles of Presentation of Sociological Research," *American Sociologist* (February 1970), pp.30~35 ; Pool, "The Necessity for Social Scientists Doing Research for Governments" ; Gene M. Lyons, *The Uneasy Partnership; Social Science and the Federal Government in the Twentieth Century* (New York: Russel Sage Foundation, 1969) ; House Committee on Government Operations, *The Use of Social Research in Federal Domestic Programs*, 4 vols., 90th Cong. 1st sess. January~December 1967 (Washington, DC: GPO, 1967) 참고. 보다 최근의 분석으로는 Richard Nathan, *Social Science Foundation, 1945~1991* (New Brunswick, NJ: Transaction, 1992)이 있다. 이 문제에 대한 더 비판적인 글들로는 Ralph Beals, *Politics of Social Research* (Chcago: Aldine, 1969) ; Irving Louis Horowitz and James Everett Katz, *Social Science and Public Policy in the United States* (New York: Prager, 1975) ; Irving Louis Horowitz (ed.), *The Use and Abuse of Social Science* (New Brunswick, NJ: Transaction, 1971) ; Irene Gendzier, *Managing Political Change: Social Scientists and the Third World* (Boulder, CO.: Westview Press, 1985) 등이 있다.

11) Steven Chaffee and John Hochheimer, "The Beginnings of Political Communications Research in the United States: Origins of the 'Limited Effects' Model." in Michael Gurevitch and Mark Levy (eds.), *Mass Communication Yearbook*, Vol. 5 (Beverly Hills, CA: Sage, 1985), pp.75~104, 인용은 77쪽.

12) John Hughes, "Free Radio's for China," *Christian Science Monitor*, July 30, 1992로부터 재인용.

13) Pool, "The Necessity for Social Scientists Doing Research for Governments."

14) National Science Foundation, *Federal Funds for Science* (Washington, DC: GPO, 1953), pp.35~48 ; "The Federal Government in Behavioral Science," *The American Behavioral Scientist* 7, no. 9 특집 (May 1964), William Ellis(연

구 책임자)

15) James Burnham, *Containment or Liberation?* (New York: John Day, 1953), p.188. 단편적이지만 이를 증명하는 자료가 Comptroller General of the United States(일반 회계국), *U.S. Government Monies Provided to Radio Free Europe and Radio Liberty* (Washington, DC: GPO, 1972)에 들어 있다. 이 책은 정보공개법으로 공개된 비밀 등급 문서들이 첨부되어 있다. Sig Mikelson, *America's Other Voice: The Story of Radio Free Europe and Radio Liberty* (New York: Praeger, 1983) ; Larry D. Collins, "The Free Europe Committee: American Weapon of the Cold War." (Ph.D diss., Carlton University, 1975), Canadian Thesis on Microfilm Service call no. TC20090 ; James R. Price, *Radio Free Europe: A Survey and Analysis* (Washington, DC: Congressional Research Service Document No. JX 1710 U.S.B, March 1972) ; Joseph Whelan, *Radio Liberty: A Study of Its Origins, Structure, Policy, Programming and Effectiveness* (Washington, DC: Congressional Research Service, 1972).

16) National Science Foundation, *Federal Funds for Science*, and *American Behavioral Scientist*.

17) Biderman and Crawford, *Political Economics of Social Research*, pp.20~26. 포드 재단과 카네기 재단의 역할에 대한 상세한 논의는 4장을 참고.

18) Paul Lazarsfeld and Wagner Thielens, *The Academic Mind: Social Scientists in a Time of Crisis* (Glencoe, IL: Free Press, 1958) 또는 Ellen Schrecker, *No Ivory Tower: McCarthvism and the Universities* (New York: Oxford University Press, 1986) 참고.

19) Daniel Lerner and Lucille Pevsner, *The Passing of Traditional Society* (Glencoe, IL: Free Press, 1958).

20) William Daugherty and Morris Janowitz (eds.), *A Psychological Warfare Casebook* (Baltimore: Johns Hopkins [for U.S. Army Operations Research Office], 1958), p.12. 이 책이 이용한 전거는 Ladislas Farago, *German Psychological Warfare* (New York: Putnam, 1941).

21) Daugherty and Janowitz, *A Psychological Warfare Casebook*, pp.12~35.

22) North Atlantic Treaty Organization, Military Agency for Standardization, *NATO Glossary of Terms and Definitions for Military Use* (Belgium: NATO, 1976), pp.2~206, Appendix J-1. '민간외교'에 대해서는 Robert Parry and Peter Kornbluh, "Iran-Contra's Untold Story," *Foreign Policy* 72 (Fall 1988), pp.3~30.

23) V. I. Lenin, *What Is to Be Done?* (1902; rpt. Peking: Foreign Languages Press, 1978), pp.199~211 ; Mao Tse Tung (Mao Zedong), *Mao Tse Tung on Literature and Art* (Peking: Foreign Languages Press, 1967), pp.1~44, 142~162.

24) 예를 들어, 2차 세계대전 동안 영국의 가장 중요한 심리전 기관은 정치전 위원회Political Warfare Executives라고 불렸다. Robert H. Bruce Lockhardt, "Political Warfare," *Journal of the Royal United Service Institution* (London, May 1950) ; Harold D. Lasswell, "Political and Psychological Warfare," in Daniel Lerner (ed.), *Propaganda in War and Crisis* (New York: George Stewart, 1951), pp.261~266.

25) Adolf Hitler, *Mein Kampf*, John Chamberlain 번역 (New York: Reynal & Hitchcock, 1939) 혹은 Arno Mayer, *Why Did the Heavens Not Darken? The Final Solution in History* (New York: Pantheon, 1988), pp.95~103도 참조.

26) U.S. Department of the Army General Staff, Plans and Operations, *Psychological Warfare Study for Guidance in Strategic Planning* (원래는 일급비밀이었으나 현재 해제됨), 1948년 3월 11일, U.S. Army P&O 091.42 TS (1부, 사례 1~7), RG 319, 미국 National Archives, Washington, DC.

27) U.S. Department of the Army, Joint Strategic Plans Committee, *JSPC862/3* (일급비밀이었으나 해제됨), 1948년 8월 2일. 부록 C, P&O 352 TS (1부, 사례 1), RG 319, 미국 National Archives, Washington, DC.

28) Ibid. 강조는 원문 그대로.

29) U.S. Department of the Army General Staff, *Psychological Warfare Study for Guidance in Strategic Planning*.

30) U.S. National Security Council, *NSC 10/2: Office of Special Projects* (원래는 일급비밀이었으나 이제 비밀 해제됨), 1948년 6월 15일. RG 273, U.S. National Archives, Washington, DC.

31) U.S. Department of the Army General Staff, *Psychological Warfare Study for Guidance in Strategic Planning*.

32) Ibid. 같은 현상에 대한 보다 최근의 사례는 Parry and Kornbluh, "Iran-Contra's Untold Story."

세계대전과 초기 커뮤니케이션 연구

　심리전이라는 개념은 물론 새로운 것이 아니다. 그것은 매우 오래된 방식들이 현대적으로 결합하고 발전한 것이다. 인류의 가장 오래된 몇몇 문명권들에서는 상징이나 가면, 토템을 권력의 도구로 사용하였으며,1) 고대 중국의 군사전략가인 손자孫子, Sun Tzu는 기원전 5세기에 벌써 전쟁과 민정民政 양쪽 모두에 사용한 비교적 복잡한 심리전에 대해 저술했다.2) 보다 가까이는 북아메리카 원주민들이 부족의 사기를 북돋고, 훨씬 드문 경우였지만 상대방에게 두려움을 주기 위해 상징물과 의식을 이용하는 강고한 전통을 가졌는데, 이러한 전통은 유럽의 침략 이전에 확립되었다.3) 이와 유사하게 유럽에서 이주한 미국인 정착민들도 영국에 대항한 봉기4) 및 멕시코 전쟁,5) 남북전쟁,6) 그리고 원주민들에게서 대륙의 통제권을 탈취한 기나긴 싸움 등에서 다양한 청중들의 구미에 맞추어 선전이라든가 게릴라전 및 테러 등을 광범하게 이용하였다.

그러나 미국 정부가 현대적 의미의 심리전을 확립하고 수행한 것은 제1차 세계대전부터다. 1917년에 대통령 우드로우 윌슨Woodrow Wilson은 조지 크릴George Creel에게 미 육군부 장관, 해군부 장관 및 국무부 장관으로 구성된 공보위원회Committee of Public Information를 통솔하도록 지시하였다. 해롤드 라스웰에 따르면 크릴의 새로운 직위는 "국내외를 막론하고 선전 관련 업무의 모든 것을 책임지는…… 오로지 선전만을 위한 하나의 독립된 각료의 임명에 상응하는 것"이었다.7) 윌슨대통령은 크릴의 작전 제안서들을 검토하고 심지어 배포에 앞서서 선전 팜플렛들을 손수 교정함으로써 그의 시대에 미국 심리작전의 고안에 개인적으로 매우 큰 역할을 했다.8) 그러는 사이 미 육군부War Department에는 참모부 정보부 내에 작은 규모의 심리전과를 만들었고, 동시에 미 유럽원정군총사령부 휘하에 그에 상응하는 선전 부서를 만들었다.9)

그러나 심리전을 위한 관료적 계기의 대부분이 전쟁이 끝나자 사라져버렸다. 1918년 연합군의 승리 직후 미국 육군부는 심리전 및 선전 관련 부서들을 해체했다. 크릴위원회는 1919년에 해체되었으며, 이로써 이후 20년 동안 미국에서 해외선전의 노력 및 그에 상응하는 어떠한 공식적인 행위도 사실상 끝나게 되었다. 1941년 미국이 2차대전에 참전할 때 육군부 참모부 내에서 심리전 경험을 가진 장교는 단 한 명뿐이었다.10)

미국에서 1차대전기 심리전 프로젝트는 학계, 특히 아직 태동기였던 커뮤니케이션 연구 분야에 강렬한 유산을 남겼다. 해롤드 라스웰은 1926년 작성한 "세계대전에서 선전 기술"이라는 제목의 연구보고서에서 정치적 커뮤니케이션 전략이나 청중 심리학 및 상징 조작 등과 같은 광범한 개념들을 탐구하였고, 이를 통해 교전국들의 선전 프로그램들을 설득커뮤니케이션의 사례연구로서 고찰하였다.11) 이와 유사한 경우로는 월터 리프만이 있다. 그의 두 핵심 저작인 『여론』(1922)12)과 『실체 없는 군중』(1925)13)은 주로 전쟁기 미 원정군 소속 선전부대의 전단 제작 및 편집 책임자로서, 그리고 또 윌슨대통령이 파리의 미국 협상팀을 보조하기 위해 조직하였고, 미 정보기관의 원형이라고 할 수 있는 '조사국'The Inquiry 비서관으로 근무했던 자신의 경험에 기반했다.14)

이상의 두 연구 모두 진정한 의미의 매스커뮤니케이션이라는 새로운 사회현상이 서구 산업사회에 끼친 영향을 조사하였다. 둘 다 매스커뮤니케이션과 민주주의의 공인된 가치들 사이의 복잡하고 때로는 모순된 관계를 드러내 주었다. 라스웰과 리프만은 정치에서 소외된 수많은 사람들이 교통·통신의 새로운 기술들로 인해 자신의 공장이나 마을 밖의 세계에 눈을 뜨게 되었지만, 19세기의 삶을 규정한 전통적인 경제·정치·사회구조들이 그 자리에 그대로 남아 있다고 주장했다. 그리고 그들은 이것이 장래에 1917년의 볼셰비키 혁명이나 1차대전 이후 유럽과 미국을 휩쓴 노동자 봉기의 물결 등과 같은 폭발로 귀결되었다고 보았다.

그 기간 리프만의 경력은 2차대전 이후 보다 일반화된 사회현상의 한 사례를 보여준다. 그는 전쟁기간에는 심리전 전략을 고안했으며, 전쟁의 총성이 멎은 이후 그 경험을 사회과학에 적용하는 데 이바지했다. 이를테면 그가 제시해서 학문적으로 큰 영향력을 가지게 된 '고정관념'stereotype이라는 개념은 새로운 교통·통신 기술의 등장으로 "도달할 수도 없고 볼 수도 없으며 생각 밖의 영역에 있지만, 우리가 정치적으로 상대하지 않을 수 없는 하나의 세계"가 형성되었다는 것이 그 골자다. "우리들의 뇌리에 그려진 이 세계에 대한 그림", 곧 고정관념은 "집단을 이룬 인간들 또는 집단의 이름으로 행동하는 개인들의 영향을 받는다."15) 리프만은 이 새로운 세계가 복잡다단하고 변화의 속도가 빠르며, 또 고정관념이 정치적 목적을 위해 쉽게 조작될 수 있을 것이라고 전망했다. 이로부터 그는 "대의제 정부에서는 이 새로운 세계의 보이지 않는 사실들을 결정해야 하는 이들을 이해시킬 수 있는 독립된 전문가 조직이 존재하지 않는 한 그 정부가 아무리 선거에 기반한다고 해도 성공적으로 작동할 수 없다"는 결론에 도달했다.16) 그의 견해에 따르면 이러한 명제의 역逆은 결정권자가 사회적 능률과 보다 큰 공익을 위하여 '여론의 불완전성'을 수선할 책무가 있다는 것이다. 이러한 개념들은 『여론』에 처음 소개되었고, 선전가와 정보 전문가로서 리프만의 전쟁경험이 이 책 전체에 걸쳐서 잘 나타난다.

정치에서 소외된 광범한 대중들을 대상으로 한 설득커뮤니케이션은 내정 및 국제관계를 위한 리프만의 전략에서 중심적 위치를 차지하였다. 그는 매스커뮤니케이션을 현대적 위기의 주된 근원으로 보았고, 또 관리자 입장에 있는 모든 엘리트들에게는 필수적인 도구로 보았다. 그는 사회과학이 그것이 없었다면 매우 불안정한 사회 구조물에 불과한 것들을 비교적 합리적이고 효과적인 상태로 관리할 수 있는 도구들을 제공한다고 주장했다. 산업사회에서 관리·감독의 주된 방식이 여전히 총이나 경찰관의 곤봉에 의존하던 시대였기에, 수많은 학자들과 지식인들이 리프만의 통찰을 문명화되고 인간적인 것이라고 찬양하였다.17)

라스웰은 마키아벨리적인 왜곡을 통해 이러한 아이디어를 확장시켰다. 그는 정치에서 소외된 사람들과 의사소통하고 그들을 관리하는 수단으로 설득 미디어를 사용하면서 동시에 선택적으로 암살, 폭력이나 다른 강제력을 이용할 것을 강조하였다. 그는 곤봉을 쓰는 전법 따위와는 대조적인 설득의 '과학적 적용'이나 정밀한 폭력을 옹호하였다. 라스웰은 1933년의 저술에서 "선전은 폭력이나 뇌물 및 여타 어떤 실행 가능한 통제기술들보다 값싸게 먹히는 대중동원의 수단으로서 탁월한 위치를 차지한다"고 하였다. 또 "사회적·정치적 지배를 성공적으로 수행하기 위해서 종종 뇌물 등을 포함한 경제적 유인책이나 외교적 협상 및 여타 기술들을 배합하는 것처럼 폭력적 또는 비폭력적인 억압과 선전을 적절하게 조화시킬 필요가 있다"고 덧붙였다.[18] "효과적인 선전을 위해서는 선전가들이 정보활동과 정탐활동의 조화를 통해서 선전의 재료를 제공받을 수 있어야 하고, 또 선전작업의 진척도를 보고받을 수 있어야 한다. 그러한 선전은 외교적·군사적·경제적 압력들과 효과적으로 연결될 수 있으며, 그것은 제1차 세계대전에서 충분히 입증되었다."[19]

라스웰은 커뮤니케이션이 사회질서와 밀접하게 얽혀 있다는 사실을 이해했다. 변증법적으로 보면 인간의 커뮤니케이션과 다양한 형태의 사회질서는 서로를 규정하며 동시에 서로의 경계를 분명히 하니, 따라서 이들은 서로 고립된 채로 존재할 수 없다. 이러한 의미에서 커뮤니케이션은 인간의 문화와 의식이 흘러가는 통로이자 동시에 그 실제적 요체로 이해할 수 있다.

'커뮤니케이션'communication이라는 용어 및 그 개념은 모두 리프만과 라스웰이 제시한 난해한 모델들보다는 훨씬 오래된 전통으로부터 진화했다. 어원학자들은 이 단어가 14세기 전후에 영어에 편입되었다고 보는데, 그 어원은 라틴어의 'com'('함께'라는 의미)과 'munia'('의무')로서, '부담을 나눈다'는 뜻이다.[20] 이러한 전통적 관점에서 '커뮤니케이션'이라는 말을 살펴보면 적어도 단어의 구성만을 놓고 보는 한 어떤 특정한 사회적 맥락 안에서 문화적 상호교환이나 의례, 통상通商 등을 통해서 타인과 함께 부담을 나누는 과정으로 볼 수 있다. 이것은 오늘날 커뮤니케이션이 일차적으로 방향 제시의 수단으로 쓰이는 것과 뚜렷이 구별된다. 커뮤니케이션의 어원적 의미를 이런 식으로 이해하는 것은 관련된 여타의 용어들, 즉 community, commune, communion 등에서도 마찬가지다. 어떤 사회에서 그 '부담'을 나누는 방식은 당연히 사회마다 다양한 편차가 있을 수 있으며, 그 '공유'가 반드시 공평하고 정당하게 이루어진다고 단언하기도 어렵다. 그러나 커뮤니케이션의 집단적·상호작용적 속성과 주어진 사회질서의 속성 사이의 변증법적 연결고리는 상이한 사회들에서조차 변하지 않고 남아있다.

그런데 리프만과 라스웰은 커뮤니케이션을 본래의 의미가 아닌 매우 협소한 시각에서 바라보았다. 그들은 커뮤니케이션의 여러 의미 중 한 가지 표현, 그것도 계급제도를 가진 산업국가들이 주로 표방한 의미를 채택하였고, 그것을 단정적인 어조로 이야기했다. 이를 개략적으로 말한다면 그들은 커뮤니케이션의 본질이 한 사람의 의지를 타인들, 특히 다수의 대중에게 강요하는 도구로서의 유용성이라고 주장하였다. 커뮤니케이션에 대한 이러한 도구주의적 개념은 그들 자신의 전쟁 경험이나 당시 새롭게 부상하기 시작한 매스커뮤니케이션 기술들과 일치하였다. 그리고 이 기술들은 기성의 사회질서를 반영하였고, 어느 정도까지는 그것을 구현했다.

라스웰은 모든 사회적 커뮤니케이션 연구를 "누가, 누구에게, 무엇을, 어떤 효과를 위해 말하는가?"라는 질문으로 요약할 수 있다고 했는데, 이 금언은 실제로 커뮤니케이션을 학문의 한 분야로 다루는 미국 대학들의 정문 입구 바위에 아로새겨 있다. 이는 겉보기에는 커뮤니케이션 분석에서 단순하고 논리적인 접근처럼 보이나 다양한 의미를 일소하는 역할을 수행한다. 리프만과 라스웰이 '지배의 커뮤니케이션'을 명료하게 말한 것은 실증주의적인 과학의 방법을 사회적 커뮤니케이션 연구에 적용한 의미 있는 진전이었다. 실증주의는 원래 복잡하고 측정 불가능한 현상들을 채택하여 그것들을 여러 부분으로 분해하고, 그 부분들을 측정한 뒤 그 현상 전반에 대해 객관적이라고 할 수 있는 이해를 조금씩 구축해 가는 방식이다. 미국에서 이 실증주의를 초기에 선구적으로 사회과학에 적용한 것은 시카고 대학, 콜롬비아 대학 등이었다.

그러나 이러한 새로운 측정 기술은 간혹 학문의 세계를 벗어나 사회에 실제적인 영향력을 행사하기도 했다. 라스웰의 경우 그의 공식이 미국 사회 내에서 경제적·정치적 세력이 부상하는 상황과 너무도 잘 들어맞은 나머지 그의 슬로건이 그야말로 하룻밤 사이에 미국 사회과학자들 사이에서 보편적인 진리가 되어버렸다. 커뮤니케이션을 라스웰이 제시한 모델인 "누가 무엇을 말하는가?" 등으로 축소함으로써 커뮤니케이션을 이루는 요소 중 미국 사회의 세력 있는 집단들과 가장 연관성이 큰 측면들만 체계적으로 분리시켜 측정하는 것이 처음으로 가능해졌다.

라스웰의 모델 및 그것의 수많은 파생물이 가진 힘은 상업적으로 경쟁력 있는 제품과 서비스의 창출에 도움을 줄 수 있는 그 능력에서 비롯된다. 하지만 그것은 거기에서 더 나아가 사회적 커뮤니케이션이 제공해야 하고, 또 그렇게 할 수 있는 전망들 가운데 대립 관계에 있는 것들을 밀어내고 그 자리를 대신하며 때로는 억압하기까지 한다. 어떻게 하여 그렇게 되는지가 이하의 서술이다. 대량소비사회가 스스로를 확립하고 유지하기 위해서는 미디어가 광고주들에게 시청자 대중들의 관심을 끌 수 있는 능력을 가지고 있다는 것을 보여줘야 하며, 광고주들은 이러한 시청자들의 관심을 상품과 서비스의 판매 촉진에 이용한다. 미디어 조직들은 이것을 성공적으로 수행하기 위해서 '대중의 관심'과 유사한 지표들을 측정하는 수단들을 가져야 하고, 그 목적은 미래의 잠재적 광고주들에게 그들의 서비스를 효과적으로 파는 것이다. 라스웰의 모델과 그의 방법론적 혁신들은 이 문제와 관련이 있고, 프랭크 스탠튼Frank Stanton, 폴 라자스펠드, 해들리 캔트릴 및 여타의 인물들[21]이 그의 모델과 방법론적 혁신들을 도입하여 미디어가 그들의 고객들에게 판매하는 서비스를 측정하는 데 필요한 개념적 토대를 제공했다.

하지만 광고주들의 입장에서 보면 상품이나 서비스의 단순한 판매만으로는 불충분했다. 그들이 대규모 시장에서 상업적으로 성공하려면 예전부터 시청자들이 경쟁자의 세계관의 영향을 받아서 계속 유지해온 기성의 가치·세계관을 그들의 것으로 대체시키는 능력이 절실히 필요했다. 이를테면 자동차 시장의 경우 그들은 그들의 제품이 단순히 교통수단으로 유용하다는 것만을 선전하지 않는다. 그들은 고객들이 그 제품을 소유하고 사용함으로써 자신의 개인적 목표, 자부심, 그리고 가치를 명확하게 할 수 있다는 확신을 심어주고자 노력한다. 대량소비사회에서 수많은 고객들은 단순히 상품을 구매하기만 하는 것이 아니다. 대신에 그들은 마침내 글자 그대로의 의미이건 비유적이건 간에 '상품'이 되어버린다.

달리 말하면 보통 사람들은 상품 선택 이외에 다른 어떤 방면에서도 자기 목소리를 내지 못하게 되었는데, 현대 초기의 커뮤니케이션 연구들은 종종 이러한 속성이 마치 커뮤니케이션의 본질인 것처럼 표현했다. '펩시 세대'Pepsi Generation라든가 '미국의 심장박동'Heartbeat of America, 그리고 '네가 나를 위해 해주는 것이라면 뭐든지 좋아'I Love What You Do For Me 등의 문구들은 단순한 광고 구호 이상이었다. 그것들은 광고주의 입장에서는 생활양식을 규정한다는 차원에서 성공적이었다.

따라서 매스미디어의 메시지들과 그것들이 유발하는 반응들을 측정하는 능력은 보다 큰 사회적 흐름, 그 안에서 현대의 소비문화가 기성의 사회형태들을 바꾸어 놓는 그런 흐름에서 필수적인 요소가 되었다. 더구나 '근대' 세계가 고유의 문화와 사람들을 압도하게 됨에 따라 그 과정은 시종일관 엄청나게 폭력적이라는 특징을 띠게 되었고, 빈번하게 인종청소까지 포함하였다.

미국 커뮤니케이션 연구의 주류 패러다임, 즉 그 기술이나 지식의 집합, 제도적 구조 등은 일반적으로 현대 소비사회와 상호 공생하면서 진화했는데, 특히 미디어 산업 및 대규모 시장에 가장 크게 의존하는 경제 부문들과는 더더욱 그러했다.[22] 미국에서 커뮤니케이션 연구는 단순히 미디어 행위를 관찰하는 데 그치지 않고, 커뮤니케이션과 사회질서라는 문제에서 경쟁 관계에 있는 전망들의 병합·억압을 촉진시키는 방법을 찾는 데까지 나아감으로써 스스로의 위상을 역사적으로 증명하였다.

확실히 사회적 커뮤니케이션은 필연적으로 서로 반목하는 세력 간의 균형을 수반한다. 결국 하나의 공동체는 일정한 형태의 사회질서가 없으면 존속할 수 없으며, 이를 다른 말로 표현하면 질서가 부담을 나누는 가능한 수단을 규정한다. 하지만 라스웰과 리프만이 옹호한 것은 추상적인 의미의 질서라기보다 미국과 세계에서 강력한 엘리트들이 자신의 이해관계에 따라 보다 큰 공익을 지배하는 식의 특정한 사회질서다. 미국식의 소비자 민주주의가 상대적으로 관대했던 것은 다만 엘리트들의 권위에 대한 대중의 동의를 조종하기 위해 그랬을 뿐이고, 따라서 그것은 일반 대중들이 '잘못된' 결론에 도달할 경우 폐기처분될 수도 있다. 라스웰은 그의 글에서 문자해독의 확산에 대해 다음과 같이 언급했다.

> 문자 해독의 확산은 대중들을 무지와 미신에서 벗어나게 한 것이 아니라 이 양자의 본질을 바꾸었고, 완전히 새로운 통제 기술의 발전을 강제하였으며, 그것은 대부분 선전을 통해 이루어졌다. 사람들에 대한 선전가의 관심은 인간이 스스로의 이익을 가장 잘 판단할 수 있다는 민주주의의 독단에 있지 않다. 심리학자들과 마찬가지로 현대의 선전가들은 인간이 종종 스스로의 이익을 제대로 판단하지 못한다는 사실을 인식하고 있다.……권력을 가진 이들은 적당한 상징을 제공할 때 대중들이 맹목적이고 신속하게 동원될 수 있도록 동기의 집중에 더욱 민감해져야 한다.……선전가는 달변가라기보다는 공공연히 행위를 선동하는 사람이다.[23]

라스웰과 리프만은 엘리트의 규율이 민주주의의 취약성을 예방해주는 상대적으로 관용적·다원적인 사회, 말하자면 현대적 형태의 노블리스 오블리제가 존재하는 사회를 선호하였다. 하지만 '지배로서의 커뮤니케이션'이라는 시대정신이 잠재적으로 적용된 사회는 그들이 개인적으로 허용하였음직한 한도를 훨씬 초과하여 확장되었다. 독일의 나치스 지식인들은 1930년대 커뮤니케이션 연구에 많은 도움을 준 것으로 평가받는다. 이것은 그들 스스로가 성공적인 기술혁신가였기 때문이었지만 동시에 나치스가 선전에서 거둔 명백한 승리를 무력화시키려는 의도로 독일 밖에서 진행된 커뮤니케이션 연구에 자극을 주었다는 점에서도 그러했다. 요제프 괴벨스Josef Goebbels의 라디오, 영화 및 여타 미디어들을 이용한 사회 조작은 잘 알려져 있다.24) 보다 아카데믹한 수준에서는 총명하고 젊은 안보기관 요원인 오토 올렌도르프Otto Ohlendorf가 히틀러 치하의 독일에서 누가, 무엇을, 누구에게, 어떤 효과를 위해 말하는가를 결정할 때 여론조사와 같은 새로운 수단을 도입하기 위해 1939년 '독일의 생활공간'Deutsche Lebensgebiete이라는 연구소를 세웠다. 그는 그곳에서 대체로 성공을 거두었고, 그곳에서의 성공으로 이후 코카서스Caucasus에 있는 '나치 친위대 출동부대 D'SS Einsatzgruppe D의 사령관으로 근무하게 되었다. 그곳에서 그는 9만 명을 학살했는데 그 대부분은 유태인 여성과 어린이들이었다.25) 올렌도르프의 주요한 후원자이자 조언자로는 나치 친위대를 주도한 지식인으로 베를린 대학 국가연구소에서 일한 라인하르트 횐Reinhard Hoehn 박사가 있다. 그는 전후 독일에서 여론조사 설문과 국가 이론 분야에서 가장 탁월한 전문가로 부상했다.26) 그 밖에 독일의 여러 매스커뮤니케이션 및 여론 전문가들이 그들의 기술로 나치스의 선전과 여론 통제 계획에 도움을 주었다. 그들 중 주목할 만한 이는 엘리자베스 노엘 노이만Elisabeth Noelle-Neumann이다. 그녀는 괴벨스의 지식인 잡지인 『제국』Das Reich에서 경력을 쌓기 시작하였으며, 마침내 유럽의 가장 유명한 커뮤니케이션 이론가로 부상했다.27)

'세계관 전쟁'과 제2차 세계대전

1930년대 후반 록펠러 재단은 당시 미국에서 진행 중인 가장 혁신적인 커뮤니케이션 연구 대부분의 비용을 부담하였다. 당시에는 사회과학에 대한 연방정부 차원의 지원은 사실상 없었으며, 그 분야에 대한 기업체의 지원은 통상 부동산 마케팅 연구에 국한되었다. 하지만 브렛 게어리Brett Gary의 보고서28)에 따르면 록펠러 재단 운영자들은 매스미디어가 현대 사회에서 유일무이하게 강력한 권력을 구축할 것이라고 믿었으며, 따라서 이와 관련한 새로운 연구계획들, 예컨대 의회도서관에서 해롤드 라스웰이 수행한 내용분석에 관한 새 연구계획, 프린스턴 대학에서 해들리 캔트릴이 수행한 여론 연구계획, 프린스턴 대학의 『계간여론』 창간, 시카고 대학에서 더글러스 와플즈Douglas Waples가 지휘한 신문과 독서에 대한 연구, 콜롬비아 대학에서 폴 라자스펠드가 개설한 라디오 연구소Office of Radio Research의 연구 등을 재정적으로 지원했다.

전쟁이 다가옴에 따라 록펠러 재단은 미국에 거주하는 수많은 이민자들로 하여금 소련 및 2차대전 추축국들의 선전에 면역성을 갖도록 만드는 '민주주의적 예방책'을 찾는 노력을 지지했다. 1939년 록펠러 재단은 커뮤니케이션 학계를 주도하는 학자들과 일련의 비밀 세미나를 개최했다. 그 목적은 나치스 독일에 대항하는 전쟁에 찬성하게끔 미국 내의 여론을 통합하는 노력에 그들을 동원하는 것이었다. 이러한 논쟁적 제안에 대해 수많은 보수주의자들과 종교 지도자들, 그리고 자유주의자들이 반대했다. 그 세미나는 동시에 새롭게 부상하는 커뮤니케이션 연구 분야를 위해서 일련의 합리적이고 명료한 이데올로기적·방법론적 전제들을 마련하기 위한 것이었다.29)

해롤드 라스웰은 록펠러 재단 운영자인 존 마샬John Marshall을 통해 그 회합 소식을 들었으며, 그 후 2년에 걸쳐 자신의 이론에 대한 지원을 얻어냈다. 그의 이론은 미국 사회를 인도하는 민주주의적 가치들과 대중의 동의를 조작하기 위한 책략들의 기저에 있는 조작·속임수 따위 사이에서 종종 벌어지는 충돌을 해소할 수 있을 것으로 보였다. 간단히 말해 미국 사회의 엘리트들, 라스웰의 노골적인 설명으로는 '연구를 지원할 돈을 가진 이들'은 나치 독일이나 소련과 같은 전체주의 사회들의 위협으로부터 민주주의를 보전하기 위해 대중의 여론을 체계적으로 교묘하게 조종할 필요가 있다는 것이다.

당시 록펠러 재단이 개최한 세미나에 참석한 도날드 슬레신저 Donald Slesinger(전 시카고 대학 사회과학대 학장)는 라스웰의 주장이 새로운 형태의 전체주의적 목표와 수단을 암묵적으로 수용하기 위해 민주주의적 겉치레를 이용한 것에 불과하다고 맹공을 퍼부었다. 슬레신저는 "우리는 아무 생각 없이 대중들을 전쟁에 대한 자극으로 내몰기 위해서 진실과 인간의 개성 양자를 모두 기꺼이 희생시키려 하고 있다. 우리는 강요에 의한 독재체제에 맞서 싸우기 위해 조작에 의한 독재체제를 수립하려고 한다"고 주장하였다.30) 몇몇 참석자들이 슬레신저의 주장을 지지했는데, 그중 조셉 윌리츠 Joseph Willits는 라스웰의 주장은 전체주의, 심지어 파시즘적이기까지 한 측면이 있다고 비판했다. 그러나 그러한 저항에도 불구하고 다가오는 전쟁이 조성한 사회적인 양극화로 라스웰은 강력한 지지를 받았으며, 결국 그는 재단으로부터 전폭적인 새로운 자금 조달과 인력 확충이라는 호의까지 제공받았다. 반면 슬레신저는 록펠러 재단이 개최하는 세미나들에서 소외되었으며, 커뮤니케이션 학계에서 급속도로 영향력을 상실했다.

2차대전은 심리전이 응용 커뮤니케이션 연구에서 특히 전도유망한 새로운 분야로 등장하는 계기가 되었다. 2차대전 중 미국의 사회과학, 특히 커뮤니케이션 연구자들과 사회심리학자들 사이에 확립된 개인적·사회적·과학적 네트워크들은 전후 미국 사회학의 진화 내지는 '사회 건설'에서 중심적인 역할을 하였다. 제2차 세계대전기 미국 심리작전들에 대한 세부적 논의는 당연히 이 책이 다루는 범위 밖이다. 그 주제에 대해서는 방대한 저작들이 있으며, 이 책 말미의 서지 목록에서 간략하게 언급하였다. 그러나 몇몇 논점들은 1945년 이후의 심리작전이나 커뮤니케이션 연구에서 두드러진 역할을 담당하게 될 인물 및 개념을 소개한다는 차원에서 언급해 둘 가치가 있다.

'심리전'psychological warfare이라는 용어는 1941년에 나치스 용어인 'Weltanschauungskrieg'(글자 그대로의 의미는 '세계관 전쟁')를 번역하여 모방한 것이 시초가 되어 처음으로 영어에 편입되었다고 보고 있는데, 이는 적에 대한 이데올로기적 승리를 담보하는 수단으로서 선전, 테러 및 국가의 강제력을 과학적으로 응용하는 것을 의미한다.31) 당시 새로 설립된 미국 정보기관인 전략국Office of Strategic Services(OSS) 국장 윌리엄 도노반William Donovan('Wild Bill'은 그의 별명)은 나치스의 심리작전에 대한 이해를 수많은 유사 전략들을 '미국화'시키는 데 필요한 아이디어의 매우 중요한 원천으로 삼았다. 이 새로운 용어는 미국의 정보기관들에 신속하게 퍼져나갔다. 도노반은 심리전의 향후 지위가 육군, 해군, 공군에 필적하는 미군의 정규 무기가 될 것으로 보았다.32)

도노반은 미국에서 최초로 어느 정도 통합된 심리전 이론을 전개한 이들 중 하나다. 그는 평화 시 선전 캠페인에 이용되는 '동의를 조작하는 기술'이 개전開戰에도 매우 효과적으로 적용될 수 있다고 보았다. 도노반은 연합군을 지지하는 선전이 미국 경제를 전시경제로 재편하는 데 필수적이고, 유럽의 전쟁에 개입하기 위하여 국내 대중의 지지를 창출하는 데에도 필수불가결하다고 믿었다. 그는 정보의 원천으로서, 또 추축국의 지배를 받고 있는 국민들의 사기를 고취시키기 위해서라면 스파이 활동도 수행할 수 있을 것이라고 보았다. 그는 사보타주나 전복활동, 특공대의 기습 및 게릴라 활동 따위를 의미하는 '특수작전'이 재래식의 군사적 공격에 앞서 목표물의 저항력을 약화시키는 데 유용하다고 보았다. 미국 육군전쟁대학의 이 분야 전문가인 알프레드 패독Alfred Paddock 대령에 따르면, "도노반의 심리전 개념은 모든 것을 포괄했다. 그가 가졌던 몽상은 재래식 군사작전들을 보완하는 이러한 기능들을 통합해서 '전쟁의 새로운 수단'을 창조해 내는 것이었다."[33]

월스트리트의 탁월한 변호사이자 프랭클린 루스벨트Franklin Roosevelt 대통령과 친구관계인 도노반은 해외 정보를 수집하고 전쟁관련 정보 분석을 통합 조정하며 국내외를 망라한 선전 및 은밀한 작전들을 수행할 중앙의 민간 정보기구를 설립하도록 루스벨트를 설득했다. 1941년 7월에 루스벨트는 공보조정국Office of the Coordinator of Information(OCI)을 만들고 도노반을 책임자로 앉혔다.[34]

하지만 워싱턴에 있는 관료기구상의 경쟁자들이 이 야심찬 계획을 좌초시켰다. 1942년 초 백악관은 '백색(공식)' 선전 기능들을 새로운 기관으로 분산시켰는데, 그 기관은 결국 전시공보국Office of War Information(OWI)이 되었다. 반면 도노반은 정보, 비밀 활동, 그리고 '흑색(공식적으로 인정할 수 없는)' 선전 기능들을 OSS처럼 보다 은밀한 비밀주의 기관 휘하로 재편시켰다. 공식적으로 새로운 OSS는 합동참모본부Joint Chiefs of Staff(JCS)의 군사적 지휘 아래 종속되었지만 군 소속의 OSS와 민간인 OSS 간의 관계는 결코 순탄하지 않았다. 도노반은 종종 루스벨트와의 개인적인 관계를 이용하여 OSS의 점증하는 영향력을 제지하려는 군의 노력들을 무위로 만들곤 했다.35)

유사한 쇄신조치들이 여타 군사 분과들로 퍼져나갔다. 이는 주로 언론이나 경제 계통에서 온 창조적인 외부인들이 시작한 것으로, 이들은 대체로 '심리적인' 기술들을 군의 뿌리 깊은 관료주의를 회피하고 군사적 실행능력을 향상시키는 수단으로 보았다. 도노반과 오랜 기간 월스트리트의 동료였던 육군부 차관 존 맥클로이John J. McCloy는 육군부 참모부의 G-2(정보참모부) 조직 내부에 소규모 비밀조직인 심리과Psychologic Branch를 설립했다. 오늘날 맥클로이는 그 이후 독일주재 미 고등판무관, 체이스 은행Chase Bank 행장, 그리고 워렌 위원단Warren Commission 위원 및 관련 직위를 역임한 경력들로 더 잘 알려져 있을 것이다.36) 맥클로이의 심리과는 여러 차례 재조직되었고, 잠시 OSS로 통합되었다가 다시 군 통제 아래로 옮겼으며, 최소한 두 차례 이상 이름이 바뀌었다. 그러는 동안 합동참모본부도 야전에서 미군의 심리작전들을 통합 조정하기 위한 목적으로 관련기구들로 구성된 일련의 고위 부처간 위원회들을 설치했는데, 여기에는 각 전구戰區의 미군 사령부에 참모부로 배속된 비교적 소규모의 심리전과Psychological Warfare Branch들도 포함된다. 이렇게 운영 구조가 혼란스러웠음에도 불구하고, 유럽의 아이젠하워 사령부에 배속된 심리전과는 곧 총원 460명의 남녀 직원들로 구성된 심리전부Psychological Warfare Division로 발전하였다.37)

이러한 프로젝트들은 전쟁이 끝난 뒤에도 오래도록 미국의 사회과학 및 매스커뮤니케이션 연구에 영향을 주었다. 사실상 1950년대 매스커뮤니케이션 연구 분야의 지도자로 떠오른 과학자 단체들이 모두 그 분야의 응용 연구에 종사하며 전쟁기간을 보냈다. 그 연구 분야는 미국과 외국의 선전, 연합국 군대의 사기, 국내외 여론, 그리고 OSS의 비밀 작전들이나 또는 당시 각광받으며 떠오르던 기술로 신문, 잡지, 라디오 방송, 그리고 우편 검열을 통해서 유용한 정보를 추출하는 기술 등이었다.

미국 심리전 전문가들의 전시 일상업무는 매우 다양했다. 전쟁 이전 프린스턴 대학에서 안식년을 보내는 동안 『계간여론』을 창간했으며, 전쟁 중에는 국무부에서 반공 선전 전문가로 활약한 드윗 풀Dewitt Poole은 OSS 해외국적과의 우두머리가 되었다. 거기서 그는 미국 내의 이주민 사회에서 적합한 요원들을 새로 뽑고, 민간의 사기를 감시하며, 중요한 정보를 얻기 위해서 외국어 출판물을 분석하는 활동을 했다. 그곳에서는 알렉산더 레이튼Alexander Leighton이나 마가렛 미드Margaret Mead와 같은 사회학자·인류학자들이 미국의 대아시아 라디오 방송에 이용하기 위해 일본 문화에 균열이 있는지 확인하는 작업에 열중했다. 반면 사무엘 스투퍼Samuel Stouffer의 미 육군 연구과Research Branch는 미국 군대의 정훈교육을 특화해서 연구했다. 한편 해들리 캔트릴은 미군의 북아프리카 상륙 준비처럼 은밀한 정보 수집 작업에 조사연구survey research[38] 기법을 적용하기도 하였다.[39]

전쟁기간 미국에는 6개의 심리전 및 관련 학문들의 연구기관이 있었다. 이들 중 전쟁 와중에 이름이 바뀌거나 재조직된 경우도 더러 있지만 대략 다음과 같이 정리할 수 있다.

(1) 사무엘 스투퍼가 이끄는 미 육군 군기부Division of Morale 연구과
(2) 엘머 데이비스Elmer Davis가 지휘하는 OWI와 휘하의 엘모 윌슨Elmo Wilson이 이끄는 조사부

(3) 로버트 맥클루어Robert McClure 준장이 지휘하는 미 육군 심리전부
(4) 윌리엄 도노반이 이끄는 OSS
(5) 렌시스 리커트Rensis Likert가 이끄는 미 농무부Department of Agriculture 휘하의 계획조사부Division of Program Surveys. 이 기구는 육군, OWI, 재무부 및 여타 정부 기관들에게 미국 내 현지조사 인력을 제공했다.
(6) 의회도서관에 있는 해롤드 라스웰의 전시커뮤니케이션부War Communication Division

수많은 저명한 사회과학자들이 이러한 조직을 매개로 전쟁에 참여했는데, 전쟁 과정에서 두 개 또는 그 이상의 기구들에 근무하는 경우도 있었다. 이를테면 OWI는 엘모 로퍼Elmo Roper(로퍼Roper 조사 기구 소속), 레너드 둡Leonard Doob(예일 대학), 윌버 슈람Wilbur Schramm(일리노이 대학과 스탠포드 대학), 알렉산더 레이튼(코넬 대학), 레오 로웬탈Leo Lowenthal(사회연구소Institut für Sozialforschung와 캘리포니아 대학), 한스 스페이어Hans Speier(랜드연구소RAND Corporation), 네이산 레이테스Nathan Leites(랜드연구소), 에드워드 배럿Edward Barrett(콜롬비아 대학), 그리고 클라이드 클럭혼Clyde Kluckhohn(하버드 대학) 및 여타 인물들을 고용했다.40) 괄호 안의 기관들은 단순히 이들이 속한 가장 유명한 기관을 표시했을 뿐이다. OWI는 이와 동시에 폴 라자스펠드와 해들리 캔트릴, 프랭크 스탠튼, 조지 갤럽George Gallup 및 농무부의 렌시스 리커트가 이끄는 팀 등과 커뮤니케이션 연구 및 컨설팅을 위해 계약 기간을 연장했다.41) OWI는 또한 당시 새로 건립된 전국여론연구소 재정의 대부분을 제공하였다.42)

네이산 레이테스는 자신의 OWI 업무에 더하여 하인즈 율라우Heinz Eulau(스탠포드 대학)처럼 의회도서관 프로젝트에서 라스웰의 선임 연구 조수로 근무하기도 했다.43) 그 밖에 라스웰 프로젝트에

지대한 공헌을 한 인물로 어빙 재니스Irving Janis(예일 대학)와 더불어 소장 인사인 이시엘 드 솔라 풀을 들 수 있다. 그는 레이테스와 함께 전쟁이 끝나기 한참 전에 이미 공산주의 저작물의 내용을 체계적으로 분석하기 시작했다.44) 라스웰의 의회도서관 프로젝트는 미국에서 진정한 체계적 내용분석content analysis의 초석을 놓은 것으로 널리 알려져 있다.45)

육군 심리전부의 탁월한 요원들로는 윌리엄 팔리William S. Paley (CBS), 잭슨C. D. Jackson(『타임』Time/『라이프』Life), 필립스 데이비슨Phillips W. Davison(랜드연구소와 콜롬비아 대학), 사울 패도버Saul Padover(New School for Social Research), 존 라일리John W. Riley(Rutgers 대학), 모리스 자노위츠Morris Janowitz(사회연구소와 미시건 대학), 다니엘 러너 (MIT와 스탠포드 대학), 에드워드 실즈Edward Shils (시카고 대학), 그리고 뉴욕의 지방검사인 머레이 거페인Murray Gurfein (나중에 자노위츠와 공저) 및 여타 인물을 들 수 있다.46) 이들 중에서 데이비슨과 패도버, 자노위츠, 그리고 거페인은 커뮤니케이션 및 독일 사회심리학 관련 전문 지식을 활용하기 위하여 심리전부로 배속 임명된 OSS 장교들이었다.47) 그 밖에 이후 사회과학에 이바지한 OSS의 탁월한 장교들로는 하워드 베커Howard Becker (위스콘신 대학), 알렉스 인켈레스Alex Inkeles(하버드 대학), 월터 랑거Walter Langer(위스콘신 대학), 더글러스 케이터Douglas Cater(Aspen Institute), 그리고 당연히 허버트 마르쿠제Herbert Marcuse(사회연구소와 New School for Social Research)를 들 수 있다.48) 전쟁 중 OSS가 정부 이외의 기구와 계약을 체결하고 연구비를 지원한 경우로는 스탠포드 대학과 캘리포니아의 버클리 대학, 콜롬비아 대학, 프린스턴 대학, 예일 대학의 인간관계연구소Institute of Human Relations, 그리고 당시 덴버Denver 대학에 있던 전국여론연구소 등과 맺은 사회과학 연구 협정을 들 수 있다.49) 엇비슷한 사회과학자들과 학자들의 이름을 정부의 각 연구소들이 전쟁기간 커뮤니케이션과 여론 관련 연구로 계약을 체결한 사람들의 명단에서 발견할 수 있다.50)

사무엘 스투퍼의 연구과 동료였던 사회심리학자 존 클로젠John A. Clausen이 이러한 사회적 연결망이 가지는 실질적인 의미를 연구한 적이 있다. 클로젠은 1980년대 초반 여론 연구나 사회학, 또는 심리학 등 여러 분야들로 흩어진 그의 과거 동료들의 전쟁 이후 경력을 체계적으로 살펴보았다.51) 연락 가능한 27명의 동료들 가운데 25명이 그의 설문에 응했고, 그들 중 24명이 그들이 전쟁기에 수행한 작업과 '지속적인 관계'를 가졌으며, '이후 경력에 중요한 영향을 끼쳤다'고 답했다. 클로젠이 인용한 심리학자 네이산 맥코비 Nathan Maccoby(스탠포드 대학)의 회신에 따르면 "연구과는 최고의 동창관계를 확립시켜 주었을 뿐만 아니라, 연구과 동창생들 대부분에게 관련 직업 및 경력에 관한 문호가 개방되었다. 우리들은 정말 운이 좋았다." 클로젠은 응답자 중 3/5 정도가 연구과 경험이 전후 십년간 그들 직업의 성격이나 방향 선택에 중대한 영향을 끼쳤다고 진술했고, 나머지 가운데 3명이 실질적인 영향을 주었다고 하였으며, 전체적으로 볼 때 거의 3/4이 연구과 경험이 대체로 그들의 경력에 매우 중요한 영향을 미쳤다고 전해온 사실을 밝혔다.52)

응답자들은 이렇게 영향력이 지속되는 이유로 두 가지를 강조하였다. 첫째, 전쟁기 경험이 젊은 학자들로 하여금 폴 라자스펠드나 루이스 거트만Louis Guttman, 그리고 로버트 머튼과 같은 민간인 고문들은 물론 사무엘 스투퍼, 레너드 커트렐Leonard Cottrell, 또는 칼 호블랜드Carl Hovland 같이 해당 분야를 주도하는 지도자들과 함께 긴밀하게 일할 수 있는 경험을 제공했다. 그 결과 미 육군 연구과는 '학생'들과 노련한 경험을 쌓은 '교수'들 모두에게 학문적으로 명백히 이득을 가져다주는 특별한 대학원을 만들어주었다.

둘째, 조사에 응한 응답자들 거의 대부분이 그들의 후속 경력에서 매우 소중하다고 느끼는 직업상의 연결망이 공통의 경험으로 인해 형성되었다는 점이다. 클로젠에 따르면 그들은 훗날 이러한 연결망을 직업을 얻을 기회나 프로젝트를 위한 자금 조달을 위해 이용하였다. 클로젠은 이 점과 관련하여 아래와 같이 적고 있다.

> 아마도 가장 흥미 깊은 것은 우리 멤버들 중 재단의 임원이 된 숫자일 것이다. 찰스 돌라드Charles Dollard는 카네기 재단의 의장이 되었다. 도날드 영Donald Young은 사회과학연구평의회Social Science Research Council (SSRC)의 의장에서 러셀 세이즈 재단Russell Sage Foundation의 의장으로 옮겼는데, 거기서 그가 채용한 이가 레너드 커트렐이었다. 르랜드 드비니 Leland DeVinney는 하버드 대학에서 록펠러 재단으로 이직하였다. 윌리엄 맥피크William McPeak는······포드 재단 설립에 기여하였고, 재단의 부의장 직을 맡았다. 故 라일 스펜서Lyle Spencer(과학연구협회Science Research Associates)는······재단을 설립하여 기부하였는데, 이 재단은 현재 사회과학 연구의 상당부분을 지원한다.53)

OWI 선전 프로젝트 출신 동료들에게서도 유사한 계량사회학적 효과를 볼 수 있다. OWI의 해외 담당자였던 에드워드 배럿이 지적했다시피 심리전이라는 공통의 전쟁기 경험에 기반한 동료들의 연결망은 사회과학의 범위를 넘어서 확장되었다. 1953년에 그가 쓴 글에 따르면,

> OWI 출신 동창생들 가운데 *Time*, *Look*, *Fortune*과 여러 일간신문의 발행인들, *Holiday*나 *Coronet*, *Parade*, 그리고 *Saturday Review*와 같은 잡

지의 편집인들, *Denver Post*, 뉴올리언즈 지역의 *Times-Picayune* 및 여타 편집인들, Viking Press, Harper & Brothers, 그리고 Farrar, Straus and Young 과 같은 출판사의 사장들, 두 명의 헐리우드 오스카상 수상자들, 퓰리처 상 2회 수상자, CBS의 회장 및 수십 명의 미디어 회사 중역들, 아이젠하 워 대통령의 수석 연설문 작성자, *Reader's Digest* 해외판 편집인, 최소한 6명 이상의 대형 광고업체 경영자들과 수십 명의 저명한 사회과학자들 이 배출되었다.[54]

배럿 자신은 1950~1952년에 미 연방정부의 공개 심리전 책임자 역할을 맡았으며, 이후 콜롬비아 대학 언론대학원장 및 학술지 *Columbia Journalism Review*의 창간인을 역임했다.[55] 물론 이러한 네트워크들의 정치적 의미는 신중하게 평가하는 것이 현명하다. 분명히 허버트 마르쿠제가 자신의 경험에서 해롤드 라스웰과 전혀 다른 정치적 결론을 도출했으며, 미국에 이민 와서 '사회연구소' 에서 함께 근무하며 한때 서로 가까운 사이였던 동료들 중 일부와 냉전기에 정치적 문제로 격렬하게 충돌한 사실은 익히 알려져 있다.[56] 그럼에도 불구하고 전쟁기 심리전 작업의 공통 경험은 사회 과학 각 방면의 지도자들이 사회에 대한 그들만의 특유한 해석을 촉진하기 위해 서로 암묵적인 동맹관계를 맺는 과정에서 하나의 발판이 되었다는 의미를 갖는다. 그들의 전쟁기 경험은 매스커뮤니 케이션 연구에서 중요한 여러 개념들을 공유하는 이들이 매우 강고한 집단을 형성하는 데 실제적으로 기여했다. 그들은 매스커뮤니 케이션을 사회를 관리·경영하는 도구이자 사회적 갈등을 해결하는 무기로 보았다. 또 그들은 계량적 연구의 유용성에 관해 공통의 가정을 표명했다. 특히 실험효과 또는 유사실험 효과 연구, 설문 조사, 계량적인 내용분석 등이 커뮤니케이션의 본질을 드러내는 수단이자 사회 관리·경영에 대한 적용을 개선시켜주는 수단이라고 보았다. 그들은 정부를 위한 응용 사회 연구를 수행할 때 부딪히는 본질적인 윤리문제들 중 몇 가지에 대해서도 공통된 태도를 보였다. 클로젠의 연구가 강력하게 시사하는 것은 적어도 스투퍼의 연구과에서 수행된 2차대전기 심리전 작업이 전후 정부와 자금 지원 기관, 그리고 전문가 집단들 내부에서 중요한 사회적 연결망을 구축했다는 사실이다. 그리고 심리전부에 대한 배럿의 언급은 그곳 역시 유사한 상황이었음을 암시한다. 다음 장에서 보다 심도 있게 다루겠지만 전쟁 기간 중 사회과학자들의 다양한 연구들, 항상 정부가 비용을 부담하고 종종 인간 연구의 예기치 못한 주제들에 대한 접근을 포함했던 연구들은 또한 사회에 대한 정보의 새롭고 방대한 데이터베이스를 창출하였으며, 이는 전후에 일련의 영향력 있는 사회과학 업적들을 형성하는데 원재료가 되었다.

주註

1) Margaret Mead, "Continuities in Communication from Early Man to Modern Times," in Harold Lasswell, Daniel Lerner, and Hans Speier (eds.), *Propaganda and Communication in World History*, 3 vols. (Honolulu: University of Hawaii Press, 1980), Vol. 1, pp.21~49.
2) Sun Tzu, *The Art of War*, Samuel Griffith 번역 (London: Oxford University Press, 1971), pp.63~84.
3) Josephina Oliva de Coll, *Resistencia Indígena ante la Conguista*, 4th de. (Mexico City: Siglo Vientiuno Editores, 1983).
4) L. H. Butterfield, "Psychological Warfare in 1776: The Jefferson-Franklin Plan," in William Daugherty and Morris Janowitz (eds.) *A Psychological Warfare Casebook* (Baltimore: Johns Hopkins [for U.S. Army Operations Research Office], 1958), pp.62~72.
5) M. Andrews, "Psychological Warfare in the Mexican War", in Daugherty and Moriwitz, *Psychological Warfare Casebook*, pp.72~73.
6) Morris Janowitz, "The Emancipation Proclamation as an Instrument of Psychological Warfare," pp.73~79와 B. J. Hendrick, "Propaganda of the Confederacy," pp.79~84 참고. 둘 다 Daugherty and Janowitz, *Psychological Warfare Casebook*에 수록.
7) Harold Lasswell, *Propaganda Technique in the World War* (1927; rpt. Cambridge: MIT Press, 1971), pp.14~26, 인용은 18쪽.
8) Ibid., p.xxxi.
9) Alfred Paddock, U.S. *Army Special Warfare: Its Origins* (Washington, DC: National Defense University Press, 1982), p.8.
10) Ibid.
11) Lasswell, *Propaganda Technique in the World War*, p.xxxii.
12) Walter Lippmann, *Public Opinion* (New York: Harcourt, Brace, 1922).
13) Walter Lippmann, *The Phantom Pubic* (New York: Harcourt, Brace, 1925).
14) Lasswell, *Propaganda Technique in the World War*, p.xxxii ; D. Steven Blum, *Walter Lippmann Ithaca* (NY: Cornell University Press, 1984), pp.49~64.
15) Lippmann, *Public Opinion*, p.29.
16) Ibid., pp.31~32.

17) 이를테면 다음을 참고. Book review by J. M. Lee, *Yale Review* 12 (January 23, 1922) p.418 ; R. E. Park, *American Journal of Sociology* vol. 28 (September 1922), p.232 ; W. C. Ford, *Atlantic* (June 1922) 또는 C. E. Merriam, *International Journal of Ethics* (January 1923), p.210. 이러한 평가와 대조적으로 존 듀이John Dewey는 리프만의 글쓰기 방식이 대단히 노련하기 때문에 "그의 책을 읽는 독자들은 마지막까지 그 책이 지금까지 받아들여지고 또 쓰인 민주주의에 대한 가장 효과적인 공격임을 깨닫지 못한다"고 하였다. *New Republic* 30 (May 3, 1922), p.286. 마이어스W. S. Myers는 리프만이 "본질적으로 선전가이며, 모든 주제에 대한 이러한 특징적인 접근 태도가 그의 연구성과에 영향을 주었다"고 논평했다(55 *Bookmark* (June 1922), p.418).

18) Harold Lasswell, Ralph Casey, and Bruce Lannes Smith, *Propaganda and Promotional Activities: An Annotated Bibliography* (1935; rpt. Chicago: University of Chicago Press, 1969), p.43.

19) Harold Lasswell, "Propaganda." *Encyclopedia of the Social Sciences*, Vol. 11 (New York: Macmillan, 1937), pp.524~525. 또한 Harold Lasswell, "Political and Psychological Warfare," in Daugherty and Janowitz, *Psychological Warfare Casebook*, pp.21~40을 참고. 사회통제 이론가로서 라스웰의 중요성은 이미 오래 전부터 인지되었지만, 근래 들어 미국에서 대중의 관심을 환기한 것은 노암 촘스키Noam Chomsky의 미디어 연구였다. Noam Chomsky, *Intellectuals and the State* (Leiden, Netherlands: John Huizinga-lezing, 1977), pp.9~10 및 "Democracy and the Media," in *Necessary Illusions: Thought Control in Democratic Societies* (Boston: South End Press, 1989) 참고.

20) Robert Barnhart (de.), *The Barnhart Dictionary of Etmymology* (New York: Wilson, 1988), p.195.

21) William Rowland, *Politics of TV Violence* (Beverly Hills, CA: Sage, 1983), pp.53~59.

22) "Mass Media: Tools of Domination or Instruments of Liberation? Aspects of the Frankfurt School's Communication Analysis," *New German Critique* (Spring 1978), pp.61~79 중 특히 61쪽에서 Oskar Negt가 Horkheimer와 Adorno에 대해 논의한 내용이 이 점에 관한 내 생각에 영감을 주었다.

23) Chomsky, *Intellectuals and the State*, pp.9~10.

24) Joseph Goebbels, *Goebbels-Reden*, 1932~1945, 2 vols. (Düsseldorf: Drost, 1972) 및 Joseph Goebbels, *Tagebuecher von Joseph Goebbels, Saemtliche Fragments*, 4 vols., edited by Elke Froehlich (Munich: K. G. Saur, 1987). 마이크로필름 모음인 Goebbels' Reichministerium für Volksaufklärung und Propaganda에 대한 개관으로는 다음을 참조할 것. U.S. National Archives,

Records of the Reich Ministry for Public Enlightenment and Propaganda, No. 22 in the *Guide to German Records series* (Washington, DC: National Archives and Records Service, 1960).

25) L. D. Stokes, "The Sicherheitsdienst (SD) of the Reichsführer SS and German Public Opinion, 1939~1941," (Ph.D. diss., Johns Hopkins University, 1972) ; Aryeh Unger, "The Public Opinion Reports of the Nazi Party," *POQ* 29, no. 4 (Winter 1965~1966), pp.565~582 ; Arthur Smith, Jr., "Life in Wartime Germany: Colonel Ohlendorf's Opinion Service," *POQ* 36, no. 1 (Spring 1972), p.72 ; Heinz Boberach, "Chancen eines Umstrurzes in Spiegel der Berichte des Sicherheitsdienstes," in Juergen Schmaedeke and Peter Steinback (eds.), *Der Widerstand gegen den Nationalsozialismus* (Munich: Piper, 1989). 올렌도르프의 프로젝트 중에서 노획한 보고서의 방대한 모음집으로는 다음을 참고. Sicherheitspolizei des SD, *Meldungen aus dem Reich*, in U.S. National Archives microfilm of captured German records No. T-71, reel 5.

26) Carsten Klingemann, "Angewandte Soziologie im Nationalsozialismus" 1999: *Zeischrift für Sozialgeshichte des 20. und 21. Jahrhunderts* (January 1989), p.25 ; Christoph Cobet (ed.), *Einführung in Fragen an die Soziologie in Deutschland nach Hitler, 1945~1950* (Frankfurt am Main: Verlag Christoph Cobet, 1988). 동시기 독일의 지리학 연구와 연계된 문제들은 어떤 측면에서 커뮤니케이션 연구와 중복되기도 했다. 그것을 조사한 것으로는 Mechtild Roessler, *Wissenschaft und Lebensraum: Geographische Ostforschung in Nationalsozialismus* (Berlin: Dietrich Reimer Verlag, 1990)를 참고.

27) Chris Raymond, "Professor Is Accused of Promulgating Anti-Semitic Views as Journalist in Germany and U.S. in World War II," *Chronicle of Higher Education*, 38, no. 16 (December 11, 1991), P. A-10. 1939년에 노엘 스스로 자신과 나치즘의 관계를 기술한 것으로는 다음을 참고. Elisabeth Noelle, "Fragebogen zur Bearbeitung des Ausnahmeanttrages für die Reichsschrifttumskammer," May 15, 1939, in the collection of the Berlin Document Center.

28) Brett Gary, "Mass Communications Research, the Rockefeller Foundation and the Imperatives of War 1939~1945," *Research Reports from the Rockfeller Archive Center* (North Tarrytown, NY, Spring 1991), p.3 및 Brett Gary, "American Liberalism and the Problem of Propaganda," (Ph.D. diss., University of Pennsylvania, 1992). 내가 아는 한 게리의 업적은 커뮤니케이션 연구의 패러다임을 구체화시키는 데 록펠러 재단이 수행한 중요한 역할을 철저히 연구한 최초의 사례다.

29) John Marshall (ed.), "Needed Research in Communication" (1940), folder 2677, box 224, Rockfeller Archives, Pocantico Hills, NY, cited in Gary, *American*

Liberalism.
30) Gary, "American Liberalism and the Problem of Propaganda."
31) Ladislas Farago, *German Psychological Warfare* (New York: Putnam, 1941). 용어의 기원 및 그 역사에 대해서는 William Daugherty, "Changing Concepts," in Daugherty and Janowitz, *Psychological Warfare Casebook*, p.12를 참고.
32) Paddock, *U.S. Army Special Warfare*, pp.5~8, 23~37.
33) Ibid., p.6.
34) Anthony Cave Brown (ed.), *The Secret War Report of the OSS* (New York: Berkeley, 1976), pp.42~63. OSS에 대해서는 많은 저작들이 있다. OSS에 대한 개괄적 연구로는 Richard Harris Smith, *OSS* (Berkeley: University of California Press, 1972)가 있는데, 이 책은 이 기관의 활동은 물론 그 설립 경위, 수뇌부 관련 기초 정보까지 망라한 신뢰할만한 성과다.
35) Paddock, *U.S. Army Special Warfare*, pp.7~14 및 Edward Lilly, "The Psychological Strategy Board and Its Predecessors: Foreign Policy Coordination 1938~1953," in Gaetano Vincitorio (ed.), *Studies in Modern History* (New York: St. Johns University Press, 1968), p.346.
36) Kai Bird, *The Chairman: John J. McCloy* (New York: Simon & Schuster, 1992).
37) Paddock, *U.S. Army Special Warfare*, pp.8~18. 추가적인 논의로는 Daniel Lerner, *Sykewar: Psychological Warfare Against Germany, D-Day to VE-Day* (New York: George Stewart, 1948)을 참고.
38) 표적대상을 면담하여 정보를 입수하는 연구방법. (역자주)
39) 풀Poole이 『계간여론』 창간에서 한 역할에 대해서는 Harwood Childs, "The First Editor Looks Back," *POQ*, 21, no. 1 (Spring 1957), pp.7~13 참고. OSS 해외국적과에서 풀의 업적에 대해서는 Anthony Cave Brown (ed.), *Secret War Report of the OSS* (New York: Berkley, 1976), 2장을 참고할 것. 레이튼에 대해서는 Alexander Leighton, *Human Relations in a Changing World* (New York: Dutton, 1949) 참고. 미드에 대해서는 Carleton Mabee, "Margaret Mead and Behavioral Scientists in World War II: Problems of Responsibility, Truth and Effectiveness," *Journal of the History of the Behavioral Sciences* 23 (January 1987) 참고. 스투퍼에 대해서는 뒤의 각주 50 참고. 캔트릴에 관해서는 다음을 참고. Hadley Cantril, "Evaluating the Probable Reactions to the Landing in North Africa in 1942: A Case Study," *POQ*, 29, no. 3 (Fall 1965), pp.400~410.
40) 로퍼와 엘모 윌슨, 그리고 로퍼 기구에 대해서는 Jean Converse, *Survey Research in the United States* (Berkeley: University of California Press, 1987), pp.171~172 참고. 둡과 레이테스에 대해서는 Daniel Lerner (ed.),

Propaganda in War and Crisis (New York: George Stewart, 1951), pp.vii~viii. 클럭혼, 라이튼 및 로웬탈, 그리고 슈람에 대해서는 Daugherty and Janowitz, *Psychological Warfare Casebook*, pp.xiii~xiv를 참고. 스페이어에 대해서는 *Contemporary Authors*, Vol. 21~24, p.829 참고. 배렛에 대해서는 Edward Barrett, *Truth Is Our Weapon* (New York: Funk & Wagnalls, 1953), pp.31~32를 참고할 것. 배렛은 비록 그 생전의 자전적 저술에서 OSS에 소속된 적이 있었다는 사실을 밝히지 않았지만, 그의 사후 미 연합통신사Associated Press가 이를 확인했다. "Edward W. Barret Dies: Started Columbia Journalism Review," *Washington Post* (October 26, 1989) 참고. OWI에 대해서 추가로 다음을 참고할 것. Allan Winkler, *The Politics of Propaganda: The Office of War Information 1942~1945* (New Haven: Yale University Press, 1978) 및 Leonard Doob, "Utilization of Social Scientists in the Overseas Branch of the Office of War Information," *American Political Science Review*, 41, no. 4 (August 1947), pp.649~667.

41) Converse, *Survey Research in the United States*, pp.163, 172.
42) Ibid., p.309.
43) 레이테스와 율라우에 대해서는 다음을 참고. Wilbur Schramm, "The Beginnings of Communication Study in the United States," in Everett Rogers and Francis Balle (eds.), *The Media Revolution in America and Western Europe* (Norwood, NJ: Ablex, 1985), p.205 및 Harold Lasswell and Nathan Leites, *Language of politics* (New York: George Stewart, 1949), p.298.
44) Nathan Leites and Ithiel de Sola Pool, "The Response of Communist Propaganda," in Lasswell and Leites, *Language of politics*, pp.153, 334.
45) Roger Wimmer and Joseph Dominick, *Mass Media Research* (Belmont, CA: Wadsworth, 1987), p.165.
46) 팔리, 잭슨, 패도버, 라일리, 자노위츠, 러너, 그리고 거페인에 대해서는 Lerner, *Sykewar*, pp.439~443 참고. 데이비슨에 대해서는 Daugherty and Janowitz, *Psychological Warfare Casebook*, p.xii 참고. 쉴즈에 대해서는 Lerner, *Propaganda in War*, p.viii 참고.
47) 데이비슨과 패도버에 대해서는 Daugherty and Janowitz, *Psychological Warfare Casebook*, pp.xii~xiii 참고. 거페인과 자노위츠에 대해서는 Smith, *OSS*, pp.86, 217 참고.
48) 랑거, 케이터 및 마르쿠제에 대해서는 Smith, *OSS*, pp.17, 23, 25, 217을 참고. 배렛에 대해서는 "Edward W. Barret Dies; Started Columbia Journalism Review"를 참고. 베커와 인켈레스에 대해서는 Daugherty and Janowitz, *Psychological Warfare Casebook*, pp.xi~xii 참고. 심리학·사회심리학이 OSS의 훈련 및 작전에서 수행한 역할에 대한 주목할 만한 회고록으로 William

Morgan, *The OSS and I* (New York: Norton, 1957) 참고.
49) Robin Winks, *Cloak and Gown: Scholars in the Secret War, 1939~1961* (New York: Morrow, 1987), pp.43~44, 79.
50) 사무엘 스투퍼의 군기부에 대해서는 Samuel Stouffer, Arthur Lumsdaine, Marion Lumsdaine, Robin Williams, M. Brewster Smith, Irving Janis, Shirley Star, and Leonard Cottrell, *The American Soldier* (Princeton, NJ: Princeton Univenity Press, 1949), pp.3~53 및 John Clausen, "Reseafch on the American Soldier as a Career Contingency," *Social Psychology Quarterly* 47, no. 2 (1984), pp.207~213 참고. OSS에 대해서는 Barry Katz, *Foreign Intelligence: Research and Analysis in the Office of Strategic Services, 1942~1945* (Cambridge, MA: Harvard University Press, 1989) 및 Bernard David Rifkind, "OSS and Franco-American Relations 1942~1945" (Ph.D. diss., George Washington University, 1983), pp.318~336 참고. 태평양 전장의 심리작전에 대해서는 Leighton, *Human Relations in a Changing World*를 참고.
51) Clausen, "Research on the American Soldier"
52) Ibid., p.210.
53) Ibid., p.212.
54) Barrett, *Truth*, p.31fn.
55) "Edward W. Barrett Dies; Started Columbia Journalism Review."
56) Martin Jay, *The Dialectical Imagination: A History of the Frankfurt School and the Institute for Social Research, 1923~1950* (Boston: Little, Brown, 1973) 및 Katz, *Foreign Intelligence*, pp.29ff.

사회과학자들이 크게 기여하다

　제1차 세계대전이 끝나자 미국 정부는 베르사이유 조약에 서명했다. 이후 미국은 3개월 내에 선전 및 해외정보 기구들을 폐쇄했다. 이와는 반대로 제2차 세계대전 이후 트루먼과 아이젠하워 정부는 이러한 기구들을 제도화했고, 이들이 광범위 권력을 획득할 수 있도록 도와주었다. 이러한 정책은 미국 사회과학에 상당한 영향을 미쳤다. 왜냐하면 이러한 기구들의 수장들이 빈번히 사회과학을 그들 임무의 필수적 요소로 인식했기 때문이다.

　이와 동시에 '심리전'이라는 개념이 이 장에서 개괄할 중요한 방법론들을 통해 발전하기 시작했다. 2차대전에서 미국은 명백한 적에 대해 전쟁을 선포했고, 헌신적으로 개입했으며, 그리고 심리전은 이 전쟁에 기여했다. 2차대전 후 전쟁은 확실히 다른 양상으로 전개되었다. 한국전쟁이나 베트남전쟁과 같은 장기전조차 전통적 형식의 '선전포고'가 없었다. 전선, 분쟁지역, 심지어 적까지 언제나 모호했다. 각각의 경우에 주요 국제진영은 왜, 어떻게 분쟁이 일어났는지 그 이유와 방법에 대해 일상적으로 자기 국민들과 세계를 속였다.

이러한 상황에서 '심리전'과 '심리작전' 같은 개념들은 완곡한 설명과 꾸며낸 이야기cover stories라는 새로운 층위를 획득한다. 후술하겠지만 이러한 신화들은 정부 기구들이 해외에서 은밀한 정치공작을 추진할 수 있는 근거를 제공했고, 그들이 저지른 모든 행위에 대한 과실 해명의 책임을 사실상 회피하면서 중간 규모의 전쟁을 치를 수 있는 근거까지 부여했다. 보통의 미국인들과 마찬가지로 대부분의 미국 사회과학자들은 국가안보의 핵심관료들이 결정을 내릴 때 소외되었다.

그러나 예외는 있었다. 냉전의 모호성 덕분에 해외에서 미국 정부의 전술을 세련되게 하는 데 필요한 통찰력을 지녔거나, 미국 정부와 연관성을 가진 학자들은 중요한 직업적 기회를 획득했다. 미국 정부는 평화 시기 초기에 사회과학 전문가들, 특히 외국 전문가들에 대한 열렬한 고객이었다. 이런 현상은 당시 빠르게 성장하던 정보관련 분야에서 특히 그러했다.

1945년 11월 초 OSS의 존 매그루더John Magruder 준장은 미 상원 청문회에서 "전쟁을 완벽히 수행하고, 평화를 확실하게 유지하기 위한 모든 정보활동에서 사회과학자들이 크게 기여했다"고 증언했다.[1] 그는 정치, 경제, 지리, 심리적 요소들이 전후 정보관련 업무에서 '특히 중요한' 역할을 담당했다고 말했다.

> 미국 정부는 사회과학 분야의 지식 발전을 진흥하는 데 최대한 힘쓰라는 조언을 자주 들었다. 만약 우리가 사회과학자들의 부족을 방치한

다면, 평화기와 전쟁기의 정책 결정에 공헌하는 모든 국가 정보기구들이 바로 장애에 부딪힐 것이다. 사회과학자들의 연구는 평화기와 전쟁기 국가정보 업무의 건전한 발전에 필수적인 요소다.[2]

매그루더는 적어도 두 가지 측면에서 OSS 지도부의 시각을 보여주는 그림표(〈그림 1〉)를 상원에 제출했다. OSS 지도부는 전쟁기와 평화기의 작전을 명백히 연속적인 것으로 파악했다. 상황에 따라 다른 전술이 사용될 수 있지만, 미국의 이익은 전쟁기 또는 평

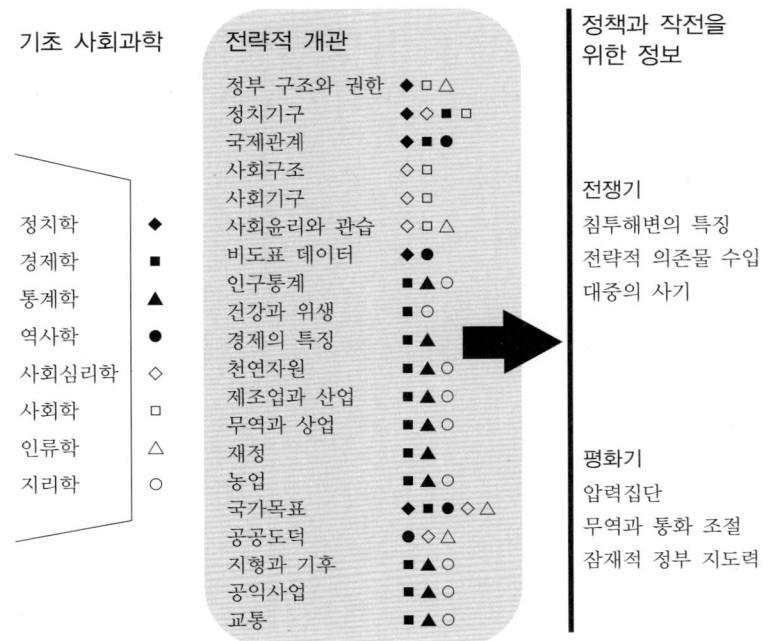

〈그림 1〉

화기라는 시기적 특성과 무관하게 경쟁세력을 지배함으로써 가장 잘 성취될 수 있다는 것이 정보기구의 기본적 시각이었다.3) 매그루더는 미국의 목표에 동의하도록 만드는 평화적 수단을 매우 바람직한 것으로 간주했지만, 국가적 목표를 위해 폭력을 사용하는 것 또한 필수적인 요소로 남겨두었다. 게다가 〈그림 1〉의 설명처럼 OSS는 사실상 전후 정보업무의 모든 측면에 사회학과 사회심리학 양자를 모두 활용해야 한다고 생각했다.

OSS 지도부의 야심에도 불구하고 열전에서 냉전으로 전환, 그것을 뒤따른 초창기 커뮤니케이션 연구의 제도화는 1945년 이후 순조롭게 전개되기 시작한다. OSS 수장 도노반은 루스벨트가 오랫동안 선호한 인물이었지만, 루스벨트의 후임인 트루먼과 하원의원들은 그를 신임하지 않았다. 트루먼은 1945년 말 OSS의 해산을 명령했고, 정보수집과 심리전 담당 직원들을 대부분 국무부로 이전시켰다.4)

2차대전 심리전 담당 기구 가운데 두 번째로 중요한 OWI는 이미 하원의 공화당 의원들에 의해 폐지된 상태였다. 공화당 의원들은 OWI의 전쟁기 미국 내 선전업무가 루스벨트의 지도력을 칭찬함으로써 1944년 그의 재선운동을 후원했다고 생각했다. OWI는 전쟁기에 군대와 군수공장 내 인종통합을 선전했고, 이것은 루스벨트 시기 수많은 정부 선전프로그램 중 진보적 안건의 일례에 불과했지만 의회의 남부 출신 민주당 의원들은 그 선전에 대해 불쾌해했고, 따라서 그들 또한 이 기구의 해체에 찬성표를 던졌다.5) 육군 내 스투퍼 연구과는 전후시기에도 계속 유지되었지만 지도부가 바뀌었을 뿐만 아니라 현격히 줄어든 자금으로 운영되었다.6)

이러한 변화에도 불구하고, 전후 심리작전의 제도화와 확장 경향이 1946년 1월경부터 등장하기 시작했다. 1월에 트루먼은 행정부 내의 정치적 동료인 육군 항공대의 호이트 반덴버그Hoyt Vandenberg 장군의 지휘하에 중앙정보부CIA의 직접적 전신인 중앙정보단Central Intelligence Group(CIG)을 설치했다.7) CIG의 설립강령은 기구의 임무를 정보 분석으로 한정했다. 그럼에도 불구하고 CIG는 심리전 경험을 지닌 다수의 OSS 요원들을 위한 조직적 보호망을 제공했다. CIG가 없었다면 이들은 모두 평범한 민간인으로 돌아갔을 것이다. 트루먼은 채 2년도 지나지 않아 CIG를 CIA로 개편했고, '은밀한 전쟁'8)과 '흑색' 선전을 비롯한 여타의 심리작전을 위해 향후 10년 동안 대량의 예산이 제공될 예정이었다.9)

해외 공산주의운동에 대한 국내의 반감을 상호 연결하고, 소련에 대항하며, 쇠퇴하는 유럽제국을 재통합하기 위해서 해외 간섭을 추구하는 경향이 미국 정보기구 전반에 걸쳐 부상했다. 1946년 1월 미 육군 지상군 정보참모부장 와이먼W. G. Wyman 소장은 미국 정부가 직면한 이데올로기적 위협들과 이에 대처하기 위해 필요한 수단들에 대해서 그의 의견을 반영한 긴 분석을 준비했다. 그는 미군 병사들, 독일지역 점령군, 가정에 있는 민간인들 모두 맑스주의와 관련하여 심각한 '심적 혼란'을 겪고 있다고 말했다.

> 오늘날 우리나라에 긴급히 필요한 건전한 사고를 보장하기 위해 우리의 허술한 사고에 적용할 수 있는 정신적 페니실린은 어디에 있는가?……오늘날의 문제점들, 노동, 동원해제, 불만에 찬 군인들은 무자비한 공산주의자들을 먹이고 살찌게 만드는 종기와 같은 존재들이다.

이어서 와이먼은 그의 해결책을 제시했다.

이 문제에 관심을 가질 수 있는 몇몇 기구와 집단이 군대의 안팎에 있어야만 한다. 우리의 중추에 은밀하게 영향을 끼치는 근대문명의 암으로부터 우리 자신을 방어할 수 있는 무기가 틀림없이 있을 것이다. ……새로운 정부정책은 이러한 심리적 노력이 절실하게 필요하다. 우리는 우리 한 가운데에 있는 이 섬뜩한 그림자와 싸워야만 한다.[10]

와이먼의 제안은 미국에서 공식적으로 채택되지는 않았다. 이는 부분적으로 민간정치에 대한 군의 개입을 꺼려하는 미국의 문화적 장벽 때문이었다. 그러나 미군은 군 내부적으로 와이먼이 주장한 이데올로기 캠페인에 착수했을 뿐만 아니라, 독일·일본·오스트리아의 일부지역과 같은 미군 점령지에서 민간인들을 대상으로 이러한 캠페인을 실시했다. 그곳에서 전후 2차대전기의 육군 심리전부PWD를 계승한 육군 민정부Civil Affairs Division의 일부가 미군의 이념적 통일성을 강화하고, 과거 적국 국민들의 태도를 개조하기 위한 대규모 캠페인을 시작했다.

이들의 활동은 민주사회에서 행해진 의도적 커뮤니케이션의 가장 큰 사례 중 하나임에 틀림없다. 전쟁기 심리전부 부장 로버트 맥클루어 준장은 외국의 청중들과 미군 병사들을 주요 대상으로 한 군의 선전 기재 목록을 제공했다. 맥클루어의 목록은 동유럽에 방송된 베를린 RIAS 라디오방송으로부터, 일간지 『성조기』Stars and Stripes, 전세계를 향해 VOA 방송보다 더 광범하게 전송될 라디오 방송, 유럽과 극동에서 정훈교육 계획(스투퍼의 연구와 업무의 유산), 매년 50편에서 75편까지 생산된 새로운 다큐멘터리 영화, 매주 3개국 언어로 작성한 최신 뉴스필름의 생산, 점령지에서 상영된 미국 상업영화의 통제, 미국 관할 지역의 모든 신문·잡지·출판물의 출판 허가와 우편 검열, 60개 도시에서 문화센터 운영, 외국인 독자들을 대상으로 제작한 다섯 개의 그럴듯한 외국어 잡지 출판(맥클루어는 미 국무부의 경우 이러한 잡지를 단 하나만 제작했다고 만족스럽게 지적했다), 말 그대로 수억 장의 교육용 팜플렛과 삐라의 인쇄, 3개국에서 미군정 일간신문 편찬 등 다양한 내용을 수록하였다.11) 맥클루어의 목록에는 없지만 현재 시점에서 주목할 만한 것으로 대규모 여론조사 활동을 지적할 수 있다. 독일에서는 여론조사 전문가 프레드릭 윌리암스Frederick W. Williams와 레오 크레스피Leo Crespi가 지휘하였고, 일본에서는 인류학자 허버트 패신Herbert Passin과 존 베넷John W. Bennett의 감독 아래 실시하였다. 양자 모두 미국의 해외 여론조사 기술 발전에 핵심적 역할을 했다.12)

  미국은 1945년 이후 군의 상당부분을 동원 해제할 때, 해외주둔 미군 빈자리의 일부를 선전과 심리작전으로 대체했다. 1940년대 말 다수의 정책입안자들은 이러한 노력을 완벽하진 않지만 매우 성공적인 것으로 평가했다. 오늘날 이 계획의 효율성에 대해 평가하는 것은 사실상 불가능하다. 여러 사회요소들로부터 커뮤니케이션 효과를 판별해내는 시도의 어려움, 시간의 경과 등이 주된 이유다. 그러나 여기에서 중요한 사항은 미국 안보기구의 중요한 파벌들이 선전과 심리전이 미국의 국가안보에 필수적이라는 것을 깨달았다는 점이며, 이 계획에 수천만 달러를 기꺼이 퍼붓고자 했다는 점이다. 이 캠페인의 성공은 소련 및 그 위성국들뿐만 아니라 동요하는 유럽 지역 주민들과 개발도상국 주민을 대상으로 심리작전을 확대해야 한다는 정부 내 주장을 강화시켰다.

  '흑색' 선전과 '회색' 선전, 은밀 작전, 그리고 기타 심리전의 민감한 영역에서도 비슷하게 사태가 전개되었다. 1946~1950년 트루먼 정부는 비밀공작을 수행하기 위해서 수백만 달러를 들여 비밀 관료조직을 만들었다. 향후 30여 년 동안 이 조직의 존재는 반복적으로 부인되었다.

미국이 전후 유럽과 아시아 지역에서 행한 은밀작전의 상당부분은 비밀로 분류된 문서더미에 묻혀 있으며, 사실상 정보자유법 Freedom of Information Act이나 통상의 기밀해제를 통해서는 공개되지 않은 채 법적으로 보호받고 있다.13) 그러나 이 조직의 기본 구조가 워터게이트 사건 이후 의회 조사과정에서 최초로 드러났다. 1946년 여름 육군부 장관 로버트 패터슨Robert Patterson은 전쟁기간 동안 나치가 점령한 프랑스와 유고슬라비아에서 게릴라전투를 도왔던 OSS팀과 같은 공수수색대Airborne Reconnaissance Units의 설치를 군에 명령했다.14) 그 조직 명칭에도 불구하고 이 부대는 일상적 용법의 '수색'과 무관한 파괴활동과 준군사작전 전문부대였다. 이듬해 봄, 당시 최상위급의 정·군협의체인 국무·육군·해군·공군 사부조정위원회State-Army-Navy-Air Force Coordinating Committee(SANACC)는 특별연구·평가소위원회Special Studies and Evaluation Subcommittee라는 완곡한 이름의 정예 관계기관 합동소위원회를 창설했다. 이 소위원회는 "심리전 기술을 유지하기 위한 조직이었고……비상사태가 발생할 경우 그 기술을 다룰 수 있는 핵심 인사들을 확보하기 위한 곳이었다."15)

그해 여름, 의회는 미국 보안기구의 전면적 개혁을 규정한 국가안보법National Security Act을 통과시켰다. 그 법은 CIG를 개편하여 CIA를 설치했고, 국내외 정치·군사전략을 대통령에게 조언하기 위한 NSC를 설립했다.16) 새로 창설된 CIA가 직면한 첫 번째 문제는 비밀심리작전의 합법성에 대한 것이었다. 기관 수립 후 수 주 이내에 CIA의 첫 번째 부장인 로스코 힐렌코터Roscoe Hillenkoetter 제독은 기관의 법률고문에게 1947년 법이 평화시기 '비밀선전과 준군사작전'의 권한을 부여하고 있는지 공식적으로 법적 조언을 구했다.

CIA의 법률고문인 로렌스 휴스턴Lawrence Houston은 부정적 의견을 제시했다. 휴스턴에 의하면 기구의 설립강령은 사실의 수집과 검토를 의미하는 정보수집·분석만을 허가했다. 은밀 작전과 비밀선전 작전은 의회에 의해 승인된 적이 없었고, 허가되지 않은 활동에 CIA가 납세자의 돈을 지출하는 것은 불법행위였다. 비록 대통령이 직접적으로 첩보작전을 명령한다 할지라도 이는 법적 수행 이전에 의회의 개별적 승인을 거쳐야만 했다.17)

휴스턴의 근심은 결국 1947년 12월 9일 NSC의 두 가지 결정으로 이어졌다. 이는 평화시기 미국의 은밀 작전을 위한 최초의 공식적 근거가 되었다. 이 결정들은 시작단계부터 미국의 심리전이 지니는 꾸며낸 이야기, 책략, 심지어 정부 비밀위원회 내에서도 사용되는 완곡어법 등의 복합성·다층성을 보여준다. 이 경우 NSC는 서로 상충하는 두 개의 층위를 동시에 만들어냈다.

먼저 NSC는 "해외정보수단의 조정"Coordination of Foreign Information Measures이라는 제목이 붙은, 상대적으로 평범한 정책문서인 'NSC 4'를 승인했다. NSC 4는 "반미선전에 대응하기 위해, 미국 정부의 모든 해외정보수단을 즉각적으로 강화하고 조정할" 책임을 국무부 공보 차관보에게 위임했다.18) 중요한 것은 NSC 4가 정부 비밀등급에서 가장 낮은 단계인 3급비밀confidential로 분류되었다는 점이다. 수만 명의 정부 직원들이 3급비밀 정보에 접근 가능했다. 보안허가가 없는 이에게 3급비밀 문서를 건네주는 행위는 불법이었다. 그러나 그 문서의 존재와 성격은 언론관계자들과도 공공연하게 이야기할 수 있었다. 이는 실질적으로 3급비밀 문서의 내용이 수일 내에 NSC의 '비밀결정'으로 언론에 공개될 수 있음을 의미했다.

이런 현상이 정확히 재현됐다. 얼마 지나지 않아 NSC 4에 근거하여 VOA 방송, 학자교환 프로그램, '미국의 집'America House 해외문화센터 운영, 비슷한 공개선전 프로그램 등에 재정지원을 허가하는 일련의 공식적 결정들이 이루어졌다. 이러한 조치들에 대한 미국 정부의 공식적 정책은 이후 그 분야를 책임진 인물인 에드워드 배럿이 말했듯이 "진실은 우리의 무기"라는 것이었다. 널리 홍보된 배럿의 정책에 의하면 미국은 국제적 논쟁에 대한 자신의 견해를 공개적으로 제시했고, 자신의 관점에 대한 신뢰를 얻기 위해 미국 사회의 장단점에 대해 솔직하게 논의했다. 배럿은 이는 부정적 의미의 '선전'이 아니라 '진실'이라고 주장했다.[19]

그러나 현실에서 NSC는 NSC 4 조치가 완료되자마자 두 번째 조치인 NSC 4-A를 채택했다. 이는 훨씬 더 엄격한 보안등급인 '1급비밀'top secret로 분류되었다. 1급비밀 문서의 법적 유포는 그 내용을 알 필요가 있는 공인된 사람들로 제한되었다. 1급비밀 결정은 외부인에게 그 존재 자체를 발설하는 것조차 금지하였다. NSC는 NSC 4-A를 통해 새롭게 승인된 공개선전 프로그램이 "비밀심리작전에 의해 보충되어야만 한다"고 지시했다. NSC의 결정은 CIA가 NSC 4 아래 승인된 공보프로그램이라는 '3급비밀' 프로그램과 상이한 경로를 통해 공식적으로는 존재하지 않는 프로그램을 추진·집행할 것을 은밀하게 허가해준 것이다.[20]

NSC의 조치는 해외 심리전 수행 여부에 대한 미국 의회와 대중의 논쟁 가능성을 사전에 제거해버렸다. NSC는 작전 자체에 대해 '부인할 수 있도록' 계획할 것을 명령했다. 이는 미국 정부가 "작전 자체에 대해 어떤 명백한 책임도 지지 않도록 조치하며, 만약 발견될 경우 미국 정부는 모든 책임을 적절히 부인할 수 있도록 계

획하고 실행하였음"을 의미했다.21)

겉보기에 자기모순적이고 다층적인 접근법은 완곡한 관료적 특수언어의 수립을 도왔다. 이는 국가안보의 은밀한 분야를 시작한 사람들이 정치적 필요에 따라 이 프로젝트의 존재 자체를 부인할 수 있는 여지를 주었고, 대상에 따라 특수성의 정도를 변화시켜야 하는 심리작전과 비밀공작에 대해 논의할 수 있는 여지도 제공했다. 그러한 현상은 그 후 그 분야에서 미국 사회과학자들이 한 역할을 이해하고자 할 때 중요하다. 다시 한 번 비비꼬아서 NSC 4는 대중적 논의에서 '심리적 조치' 또는 '심리전'이라고 언급되는 '해외정보수단'을 공식적으로 3급비밀로 분류하였으나, 이는 사실상 공개적인 프로그램이었다. 이 모순적 구조는 소련이 속임수, 선전, 은밀한 폭력 등에 의존해서 냉전을 수행한 반면, 미국은 민주주의 이상에 부합하는 진솔한 방식으로 세계에 접근한다는 신화를 유지할 수 있도록 도와주었다.22)

6개월도 지나지 않아 NSC는 NSC 10/2로 알려진 보다 광범위한 정책으로 NSC 4-A를 대체했다. NSC 10/2는 CIA에게 비밀공작에서 여전히 큰 권한을 보장했다. NSC 10/2는 CIA 산하에 예산과 인원은 물론 그 존재 자체를 비밀로 하는 정책조정국Office of Policy Coordination(OPC)이라는 새로운 정부기구를 만들어주었다. 수립 후 첫 수 주 동안 이 새로운 조직은 특수계획국Office for Special Projects으로 불렸다. 그러나 '특수계획'이라는 완곡어법이 전쟁기 OSS의 비밀활동과 연관되었기 때문에 이 새로운 조직명은 너무 노골적인 것으로 간주되었다. 그래서 그 조직은 정책이나 조정과는 무관한 작전기구였음에도 불구하고 이름을 정책조정국으로 바꾸었다.23) OSS에서 두드러진 활약을 펼쳤던 명석한 월스트리트 변호사 프랭크 위즈너

Frank Wisner가 우두머리가 되었다.24)

OPC는 행정적으로 CIA의 하급기구였지만 국무부로부터 재정지원을 받았고, 정책과 관련해 국무부 정책기획실장인 조지 케난George F. Kennan의 지휘를 받았다.25) 사실상 이는 역동적인 위즈너에게 상당한 정도의 자율성을 부여한 조치였다. 위즈너의 OPC는 1952년까지 미국과 해외의 40개 현장에서 6천여 명의 직원을 채용했다. OPC의 1년 예산은 공식적으로 공개된 적이 없기 때문에 역사학자들 사이에 여전히 논쟁적인 부분으로 남아있다. 1950년 연간 8천 2백만 달러였다는 추측에서부터 그 세 배에 달하는 액수까지 다양한 예측이 존재한다.26) 사실상 이 모든 자금이 '흑색' 심리전에 사용되었다.

NSC는 OPC를 미국의 '심리전 조직'이라고 불렀다. 이와 같이 '심리전'이라는 호칭 자체는 비록 어감이 강하지만 설득 또는 미디어라는 함축적 의미와 함께 대부분의 정부들이 전쟁행위로 간주했던 비밀활동을 숨기기 위한 완곡어법이 되었다. OPC의 강령에 드러나듯이 이 기구는 "선전, 경제전 ; 사보타주·반사보타주·파괴·소개疏開와 같은 예방적 직접행동 ; 지하저항활동과 게릴라, 난민해방단체에 대한 원조, 그리고 자유세계에 위협이 되는 국가 내부의 토착적 반공주의 요소에 대한 지원을 포함한 적대적 국가 전복" 등의 임무를 포함했다.27) 동시에 OPC는 미국 정보조직을 배신한 것으로 의심되는 이중간첩들뿐만 아니라, 미국에 '적대적인 사람들'을 납치·암살하는 특수기구를 조직했다.28)

1976년 미 상원 청문회를 위해 OPC의 기원을 조사했던 전직 정보관리 윌리엄 코슨William Corson은 보다 평이하게, 그러나 아마도 보다 선명하게 그러한 개념을 간파했다.

3장 사회과학자들이 크게 기여하다   79

　NSC가 '더러운 속임수'의 허용을 만장일치로 승인하고 또 지원한 것에 대한 정보기구들의 반응은 신속했다. 그들에게 어떤 장애물도 존재하지 않는 듯했다. NSC 10/2 결정은 대통령뿐만 아니라 모든 고위층 인사들이 그들에게 격투기용 강철 손가락지를 끼고 일하러 가도록 명령한 것으로 널리 해석되었다. NSC 10/2의 내용들이 정보기구의 일선 직원들에게 조금씩 알려지자 그것은 의회 결의와 별반 차이가 없는 전쟁선포를 의미하는 것으로 해석되었다.29)

　이러한 맥락에서 '심리전'이라는 어휘는 이를 사용하는 사람들에 따라 다층적이고 종종 모순적 의미를 지니는 어휘로 사용되었고, 청중들은 이 공식적으로 존재하지 않는 미국 정책의 일면으로부터 가르침을 받았다. 대중은 이 어휘를 기본적으로 공개적이고 강력한 선전과 대중매체 활동을 함축한 것으로 이해했다. 국가안보 및 심리전 전문가들에게 이 동일한 어휘는 폭력의 선택적 활용으로 그 의미가 확장되었다. 그러나 심지어 1급비밀 문서도 정확히 어느 정도의 폭력을 사용할 것인가를 정의하는 것은 부차적 문제로 간주하였다. 그러는 동안 미국 정부는 구체적 폭력행위에 대한 어떤 책임에 대해서도 체계적으로 부인했다. 미국 정부는 미국이 후원한 비밀공작에 대한 뉴스 보도를 공산주의 선동가들의 날조라고 비난했다.30) 트루먼과 아이젠하워 정부는 이런 식으로 실제 발생한 사건들에 대한 해명을 회피하는 동시에 사회과학자들과 기타 학문영역을 포함해서 광범한 유권자들이 미국의 심리전 프로그램을 지지하도록 몰아갔다.

주 註

1) Senate Committee on Military Affairs, *Hearings on Science Legislation (S. 1297)*, 79th Cong. 1st Sess., (October-November 1945), Part 4, pp.899~902.
2) Ibid.
3) Ibid. 특히 은밀작전covert operations과 심리전의 측면에서 열전과 냉전을 연속체로 간주하는 미국 정보기구 지도자들의 시각에 대해서는, 알렌 덜레스Allen Dulles, 존 그롬바크John V. Grombach, 토마스 잉글리스Thomas Inglis 해군소장, 헤이즈 크로너Hayes Kroner 준장, 호이트 반덴버그Hoyt S. Vandenberg, 피터 비스처Peter Vischer 등의 증언을 참고하시오. House Committee on Expenditures in Executive Departments, *National Security act of 1947* (June 27, 1947) ; Published by the Permanent Select Committee on Intelligence (Washington, DC: GPO, 1982).
4) Anthony Cave Brown, *The Last Hero: Wild Bill Donovan* (New York: Vintage, 1982), pp.775~784.
5) Jean Converse, *Survey Research in the United States* (Berkeley: University of California Press, 1987), pp.180~182.
6) Ibid., pp.175~185 ; Samuel Stouffer et al., *The American Soldier* (Princeton, NJ: Princeton University Press, 1949), pp.28~29.
7) Alfred Paddock, US Army Special Warfare: Its Origins (Washington DC: National Defense University Press, 1982), p.40.
8) 필자는 이 장에서 '은밀한 전쟁'covert warfare, '은밀작전'隱密作戰, covert operations, '비밀공작'秘密工作, clandestine operation 등의 용어를 혼용하고 있는데, 군사적으로 엄밀하게 말하면 이 용어들 사이에는 의미의 차이가 있다. '비밀공작'은 정보기관이 어떤 목적하에 주어진 목표에 대하여 계획적으로 수행하는 비공식적인 행위를 말하고, '은밀작전'은 배후의 정체를 은폐 또는 배후에서 적절히 부인하도록 계획하고 수행하는 작전을 말한다. 이것은 작전의 은폐보다 오히려 배후의 정체를 은폐하는 데 중점을 두고 있는 점이 '비밀공작'과 다르다. 합동참모본부, 『합동·연합작전 군사용어사전』, 합동참고교범 10-2, 2003.12, pp.201, 310. (역자주)
9) John Prados, interview with author (December 12, 1989).
10) Maj. Gen. W. G. Wyman, letter to Asst. Chief of Staff G-2, War Department General Staff, "Project to Combat Subversive Activities [in the] United States," January 15, 1946, US Army P&O 091.412 (section IA, case 7), RG 319, U.S. National Archives, Washington, DC ; Paddock, *U.S. Army Special Warfare*,

3장 사회과학자들이 크게 기여하다

pp.42~43도 참고.
11) Paddock, *U.S. Army Special Warfare*, pp.55~56.
12) Converse, *Survey Research in the United States*, p.182. 점령지 독일에서 행해진 연합국 여론조사의 배경에 대해서는 다음의 글들을 참고. Anna J. Merritt and Richard L. Merritt (eds.), *Public Opinion in Occupied Germany* (Urbana: University of Illinois Press, 1970) ; Anna J. Merritt and Richard L. Merritt (eds.), *Public Opinion in Semisovereign Germany* (Urbana: University of Illinois Press, 1980).
13) Allan Robert Adler, *Litigation under the Federal Freedom of Information Act and Privacy Act* (Washington, DC: American Civil Liberties Foundation, 1990), pp.42~44.
14) Paddock, *U.S. Army Special Warfare*, pp.69~71.
15) Ibid., pp.46~47.
16) John Prados, *Presidents' Secret Wars* (New York: Morrow, 1986), pp.20~21.
17) Ibid., pp.20, 27~29.
18) U.S. National Security Councill, *NSC 4: Coordination of Foreign Information Measures* (confidential), December 9, 1947, RG 273, U.S. National Archives, Washington, DC.
19) Edward Barrett, *Truth is our weapon* (New York: Morrow, 1986), pp.20~21.
20) U.S. National Security Council, *NSC 4-A: Psychological Operations* (top secret), December 9, 1947, RG 273, U.S. National Archives, Washington, DC.
21) U.S. National Security Council, *NSC 10/2: Office of Special Projects* (originally top secret, now declassified), June 18, 1948, RG 273, U.S. National Archives, Washington, DC.
22) 이러한 형태의 복잡하면서도 겉보기에 모순적인 개념구조는 국가업무에서 훨씬 일반적으로 관찰된다. 아마 이러한 특징은 근대 정치커뮤니케이션 구조의 본질적 성격일 것이다. 이러한 예 중 특히 괴이한 사례를 유대인 학살을 위해 나치가 사용한 특수언어에서 찾아볼 수 있다. 나치는 유대인 재산몰수, '사소한', 즉 치명적이지 않은 차별대우, 강제이송을 위한 일제검거 등과 같은 학대 작전에 독일 관료와 대중을 동원하기 위해 대대적인 공보활동을 이용했다. 이송자들이 살해될 것이라는 '진실'은 이송자들이 노역장으로 이송된다고 주장한 나치 공보기관에 의해 강하게 부인되었다.
그러나 그러한 부인에도 불구하고 소규모 군 부대가 필요했다. 그 군인들이 실제로 학살수용소를 운영했고, 유대인들을 철도에 실어 날랐으며, 강제노역소의 치명적 실험으로부터 추출된 자료들을 활용했다. 그들은 수용자들이 살아있을 뿐만 아니라 오히려 잘 지내고 있다는 공식적 주장과 직접적으로 충돌하지 않도록 그들이 하고 있는 일을 논의하기 위해 완곡어법과 정당화라는 복잡하고 특수한 어휘들을 발전시켰다.

시간이 흐르자 독일 사회에는 학살에 대한 이야기들이 소문, 농담, 외국 라디오방송, 또 대규모 사업에 흔한 우연적 폭로 등을 통해 퍼져나갔다. 그 결과 히틀러 정부의 학살에 대한 소식이 널리 퍼져나감과 동시에 정확하게 그것에 대한 구조적이고 내부적인 부인 양자가 모두 나타났다. 다수의 독일인들에게 이러한 신념구조는 장식적이면서도 탄력적인 것으로 입증되었다.

비슷한 심리적·언어적 구조가 제1차 세계대전 시기에 터키 이티하드 Ittyhad의 아르메니아인 학살, 스탈린 지배하의 소련에서 일어난 잔학행위, 미국 정보기관의 전 나치요원 활용 등에서 일정한 역할을 한 것 같다. 물론 잔학행위의 심리적·언어적 동학과 심리전의 그것 사이에는 명백한 차이가 있다. 그럼에도 불구하고 완곡하게 '꾸며낸 이야기'가 근대 정치커뮤니케이션의 필수적 요소임을 암시하는 유사성이 충분히 존재한다.

23) U.S. National Security Council, *NSC 10/2*. 집단범죄에서 완곡어법의 중요성에 대해서는 다음의 글을 참고하시오. Raul Hilberg, *The Destruction of the European Jews* (New York: Harper, 1961), pp.216, 566, 652.

24) Prados, *Preseidents Secret Wars*, p.33.

25) Senate Select Committee to Study Governmental Operations with Respect to Intellligence Activities, *Supplementary Detailed Staff Reports on Foreign and Military Intelligence*, 94th Cong. 2nd sess., Part 4 (Washington, DC: GPO, 1976), pp.29~31. 이하 Senate Select Committee로 표기한다.

26) Ibid., pp.29~36 ; Paros, *Presidents' Secret Wars*, p.81.

27) Col. S. F. Griffin, "Memorandum to the Record: NSC 10 (Psychological Warfare Organization)" (top secret), June 3, 1948 ; 그 임무에 대해서는 U.S. National Security Council, *NSC 10/2*를 참고하시오.

28) Senate Select Committee, pp.128~132.

29) Paddock, *U.S. Army Special Warfare*, p.75에서 인용.

30) 다음 글을 참고하시오. "U.S. Rejects Charges of Anti-Polish Acts," *Department of State Bulletin* (February 23, 1953), pp.304~305.

학계의 지지자들

 워터게이트 사건 관련 조사에서 드러난 사실과 깨달음으로 돌아볼 때, 2차대전 이후 10년간 『계간여론』 지면들은 1945년 이후 출현한 학계의 청부업자들과 정부 심리전 기구들 사이에 맺어진 동맹관계의 중요한 특징들을 보여준다. 『계간여론』은 1937년 당시 미 국무부 동유럽부 Division Responsible for Eastern European Affairs에 근무하다가 장기연수 중에 있던 드윗 풀에 의해 프린스턴 대학교에서 창간되었다.

 전후 『계간여론』의 활동은 풀의 관심사를 반영하여 미국의 선전과 비밀공작에서 나타나는 3가지 특징을 보여준다. 첫째, 그 학술지의 많은 논문들이 명시적으로 미국의 심리전 경험을 논의하였고, 관련 연구 결과를 소개하거나 그런 형식의 미국 계획들을 확장하는 것을 옹호하였다. 비교적 명백한 특성을 보여주는 이러한 류의 논문들은 『계간여론』 연간 색인에서 '심리전'이나 '선전'이라는

분류 용어 또는 양자 모두로 쉽게 찾을 수 있다.[1)]

둘째, 논문들의 상당수가 일반적으로 보다 미묘하게 미국의 해외 개입의 타당성, 냉전의 출현, 그리고 이와 관련한 매스커뮤니케이션 연구 전문가들의 적절한 역할 등에 관해서 이를 『계간여론』 독자들에게 설득하는 것을 목표로 하였다. 이런 기사들은 종종 대외관계를 다룬 책에 대한 서평 형식을 취했다.[2)]

마지막으로 잡지 편집자들과 기고자들 다수가 국무부, CIA, 그리고 군부에서 수행하는 미국 심리전의 은밀하고도 '부인된' 부분들과 매우 밀접한 관계를 유지하였다. 실제로 『계간여론』 편집위원회의 적어도 1/3은 심리전 계약에 재정적으로 의존했다는 사실이 오늘날 확인된다.[3)]

『계간여론』의 심리전에 관한 노골적인 논문들은 그 논문에서 사용된 언어와 그 논문의 주제로 쉽게 알아볼 수 있다. 예를 들어 1945년 『계간여론』은 사이판 섬의 군사정보를 획득하는 데 필요한 여론조사 기술에 관한 보고서,[4)] 주요한 미국 내 선전기구인 OWI의 활동에 대한 평가,[5)] 효과적인 선전 주제를 결정하기 위해 일본인을 대상으로 한 여론조사를 활용하는 법,[6)] 라틴아메리카에서 공산주의에 대항하는 미국의 선전을 강화할 것을 옹호하는 주장[7)] 등을 실었다. 유사한 패턴은 이후 1940년대 후반에도 지속되었다. 『계간여론』에 실린 심리전 관련 기사들의 전체 목록은 장황하지만 1945~1949년 사이에 실린 대표적 사례들만을 꼽으면 다음과 같다. OWI에 대한 심층연구 2편,[8)] 2차대전 동안 독일 민간인·군인의 사기와 그것에 영향을 끼친 연합군의 시도에 관한 보고서 7편,[9)] 선전 수단으로서 전단과 엽서 이용에 관한 사례연구 3편,[10)] 미군의 사기와 훈련 프로그램과 관련된 평론 6편,[11)] 전시 선전과 심리전에 관한 적어도 12편의 서평들,12) 그리고 미국과 소련의 선전과 심리전 캠페인의 여러 양상에 관한 15편 이상의 연구들 등이 그 대표적 예다.13)

이렇게 많은 사례가 있고, 또 『계간여론』의 주요 기사 제목과 본문 안에서 '선전'과 '심리전'이라는 용어가 빈번하게 사용되었음에도 불구하고, 이 학술지의 기고자들은 이 단어들을 명확하게 정의하지 못했다. 커뮤니케이션, 선전, 심리전과 같은 용어들은 그 분야의 전문가들 사이에서조차 제각각으로 이해되었다.

이는 브루스 라네스 스미스Bruce Lannes Smith, 해롤드 라스웰, 그리고 랄프 케이시Ralph Casey가 함께 쓴『선전, 커뮤니케이션, 여론』 Propaganda, Communication and Public Opinion: A Comprehensive Reference Guide에 대한 레오 크레스피의 1946년 서평에서 잘 드러난다. 크레스피는 "선전은 논쟁적인 이슈에 관한 대중들의 태도에 영향을 끼치기 위해……대규모 군중들을 목표로 한 언어다. 반면 교육은 태도가 아니라 주로 기술 또는 통찰을 전달하는 것과 관련되어 있다"는 라스웰의 주장을 비판하였다. 대조적으로 크레스피는 "사리를 잘 아는 교육가라면 교육의 특별한 관심이 '논쟁적인 주제에 관한 대중들의 태도에 영향을 주는 것'에 있다"는 사실에 동의할 것이며, "라스웰의 구별 짓는 시도는 실패할 것"이라고 보았다.14) 이와 같이 선전과 심리전이 자주 논의되는 주제였지만 이 분야의 권위자들은 그 용어가 무엇을 의미하고, 다른 커뮤니케이션 형식들과 어떻게 구별될 수 있는지에 대해서 여전히 많은 논쟁을 벌였다.

잡지가 몇 호 발행된 뒤, 학계의 둘째가는 연구자인 랜드연구소의 한스 스페이어가 논의를 한 걸음 더 전진시키기 위해 "심리전의 미래"라는 글에서 논의를 확대하였다. 그는 이 글에서 '선전'과

'심리전'을 완전히 호환할 수 있는 용어로 사용했다.15) 『계간여론』의 연간 색인도 이와 유사하게 '선전'과 '심리전'을 겹쳐놓은 색인 표제어 아래 논문제목들을 열거하였다. 이는 서로를 구별해줄 수 있는 중요한 지표를 거의 제공하지 않는 특이한 방식이었다.16)

이 잡지가 명확한 정의를 회피했음에도 불구하고, 2차대전 이후 첫 5년 동안 심리전과 관련하여 제기된 지배적인 주장들을 확인하는 것은 가능하다. 이러한 지배적인 주장들은 도날드 맥그라나한 Donald McGranahan과 한스 스페이어가 각각 쓴 심리전에 관한 2편의 이론적인 논문들을 검토함으로써 가장 편리하게 정리할 수 있다. 1946년 가을호에 편집자에게 보낸 편지 형식으로 실린 맥그라나한의 "미국의 심리전 정책"은17) 특정 집단에 대해 강압적인 전술을 사용할 때, 그 집단의 사회심리학적이고 인류학적인 특성들에 관한 정보를 어떻게 잘 이용할 수 있을 것인가에 초점을 맞추었다. 이는 결국 맥그라나한이 지적한 것과 같이 '심리적 정보와 심리전 정책 사이의 관계'에 대한 문제였다. 그는 당시까지 미국의 심리전 전술이 '광고 콤플렉스'advertising complex 때문에 어려움을 겪었고, 너무 많은 제약들이 상업광고와 홍보의 원칙을 따라다녔다고 주장했다. "대중 또는 대중이 중시하는 특정 부분을 공격하지 않도록 주의하고, 오로지 가장 많은 청중과 그들 사이의 최소 공분모, 즉 모두가 공유하는 가장 핵심적인 가치에 관심을 두어야 했다." 그는 2차대전에서 미국이 한때 많은 독일 군인들에게 히틀러에 대한 충성심이 남아있음을 알게 되자, 그들의 믿음에 대한 공격이 그들의 저항 의지를 고취할 것을 우려하여 독일인들을 대상으로 한 방송에서 히틀러를 직접 비난하는 데 지나치게 신중했다고 주장했다.18)

맥그라나한은 상대 이데올로기에 대한 '정면공격'이 보다 효과적이라고 주장했다. 이교도에 대한 직접공격을 포함한 '근본주의적 선전'이 기독교를 효과적으로 전파시켰으며, '상대의 정치체제뿐만 아니라 상대의 지도력을 거칠게 공격'하는 소련의 기술이 소련 정부가 목표로 삼았던 대중들의 내부적 불만들을 결집시켰다는 것이다. 미국은 "자신의 특별한 목표에 적합하고, 삶에 대한 우리의 민주적 철학에 기반한" 선전과 심리전 기술들을 통해 이러한 통찰을 이용해야 한다. 요컨대 미국의 심리전은 목표로 삼은 국가를 실질적으로 전복하는 캠페인이 되어야 한다. 미국의 계획들이 효과를 거두고자 한다면 우선 상대방 정부를 공격할 때 모든 것을 걸 각오가 되어 있는 토착세력과 불만집단들을 목표로 삼아야 하며, 그 다음에 대상 주민들의 '최소공분모'에 호소해야 한다는 것이다.[19]

맥그라나한의 주장은 일부 미국적 전통에 편승하여 반향을 일으켰고, 미국이 상대 정권을 반드시 패배시켜야 할 전시 상황에서는 쉽게 적용될 수 있는 것처럼 보였다. 그러나 그것은 전후 심리전 작전에서 제기된 보다 어려운 문제들을 회피하였다. 즉, 이러한 '혁명적인' 전술이 공식적으로 미국과 화평 상태에 있는 정권들에게도 사용될 수 있는가? 그리고 전복을 위한 군사행동에 대한 후원이 그것의 성공을 위해 비밀리에 이루어져야 한다는 점을 고려할 때, 민주 사회에서 군사행동의 적절성과 수행범위를 얼마나 정확하게 결정할 수 있겠는가?

"심리전의 미래"에 관한 한스 스페이어의 기사는 1948년 봄호에 권두논문으로 실렸다. 이것과 관련해서 역사적 맥락에 대한 이해가 필요하다. 트루먼 대통령은 1년 전 그리스와 터키의 인민혁명에 대하여 '선을 그었고'(트루먼 독트린: 역자주), 미국과 소련의 관계는

1948년 베를린 위기로 상징되는 분수령을 향해, 비록 아직 도달하지는 않았지만, 치달았다. 미국 정부 안에서 NSC는 1947년 12월 은밀히 수행되는 선전, 사보타주, 전복 캠페인을 공식적으로 허가하는 NSC 4와 NSC 4-A를 비밀리에 통과시켰다. 프랭크 위즈너는 정부 내에서 NSC 4와 NSC 4-A에 대한 가장 중요한 주창자들 가운데 한 사람이었다. 그는 1947년 12월 국무부 점령지역부The Occupied Areas Division(OAD) 국장이었는데 몇 달 후 은밀한 전쟁의 수행기구인 OPC 책임자로 임명되었다. 위즈너가 NSC 4-A 통과를 위해 노력하는 동안 국무부에서 그를 보좌했던 사람이 바로 한스 스페이어였다.20)

스페이어의 논문이 봄호에 실렸을 때, 그는 정부를 떠나 뉴욕의 뉴스쿨New School for Social Research에 임시로 머물렀다. 『계간여론』은 스페이어의 글을 정부 관리의 것이라기보다는 학자 개인의 것으로 독자들에게 소개하였다. 하지만 스페이어의 논평은 최소한 부분적으로는 독일과 오스트리아의 미국 점령 지역에서 주민 재교육을 위해 사회학과 사회심리학을 전문적으로 연구했던 그의 정부 활동 중에 만들어진 것이었다. 『계간여론』에 실린 논문에서 스페이어는 미국이 1945년 이래로 심리전 무기들을 '폐기하기 시작'했지만 지금은 그것들을 다시 개발해야 한다고 주장했다. 그는 이 분야의 전문가들이 정부 안에서 그들이 마땅히 받아야 할 대접을 받지 못하고 있으며, 이는 주로 그들의 이전 노력이 2차대전이 시작된 이후 임시변통적인 기반 위에서 이루어졌기 때문이라고 주장했다. 그러나 현 시점에서 "미국은 정치적이고 심리적인 전쟁에 대한 무관심을 지속할 여유가 없으며", "전쟁을 피할 수 없다면 또다시 즉흥적인 계획에 의지"하는 것도 불가능했다.21) 스페이어는 개발도상국 내의 민족주의적 반란세력과 소련에 대한 비밀 전복활동은 확장되고 가속화되어야 한다고 보았다.

그는 만약 필요하다면 미국 정부가 "패배주의·혼란·무질서 등을 방지하기 위하여 미국 내 계엄령 선포"를 즉시 준비해야 한다고 주장했다. 스페이어가 보기에 더 긴급한 것은 상대 정권들을 전복시키기 위해 만들어진 강력한 '공세적' 계획의 활성화였다. 스페이어는 '전복은 전략적 선전의 목표'라고 썼다. "미국은……특별히 정치 영역에서 소비에트 독재 정권에 대항하는 정치적 전복 선전을 진정으로 감행할 수 있어야 한다……미래 전쟁에서 수행할 전략적 선전에 대한 계획과 준비를 지금 당장 시작해야 한다."22)

이처럼 1940년대 말까지 스페이어, 맥그라나한 그리고 다른 저명한 커뮤니케이션 연구 전문가들이 '미래' 전쟁에서 특정 외국 정부의 전복을 용이하게 해주는 최고수준의 기술들을 사용할 것, 그리고 즉시 그 준비를 시작할 것을 미국 안보기관에 요구하기 위하여 『계간여론』 지면을 이용하였다. 스페이어의 계획은 미국 대중들의 협력을 확실하게 하기 위해 계엄령과 같은 강압 수단들까지 포함하였다. 스페이어는 제안의 형식으로 그의 주장을 제시하였다. 그러나 오늘날 기밀 해제된 NSC 보고서에 의하면 그가 제안한 많은 방안들이 그의 논문이 게재되었을 당시 실제로 진행 중이었다는 사실이 밝혀졌다.23)

『계간여론』에 나타나는 심리전과 관련한 좀 더 미묘한 두 번째 문제를 살펴보자. 『계간여론』에 실린 많은 논문들은 경쟁국에서 수행하는 냉전 작전과 이를 위한 매스커뮤니케이션 연구 전문가들의 적절한 역할에 대한 미국의 정책에 관해 이 잡지의 독자들을 설득하는 것을 목표로 하였다. 이들 논문의 내용은 스페이어와 맥그라나한의 방식으로 심리전 캠페인들을 지지하지는 않았다. 대신 미국 정부 내 강력한 '국제주의자들'internationalist의 대외정책 주도권과 선전 주제들을 강화할 수 있는 방식으로 논의를 전개했다. 앞에서도 지적했지만 이러한 현상은 대외관계의 다양한 국면을 다룬 책들에 관한 『계간여론』의 서평에서 발견할 수 있다. 여론 연구와 거의 관련이 없는 책들까지 포함한 이들 서평은 트루먼 행정부의 대외정책 이니셔티브에 대한 서평자, 그리고 아마도 서평 게재를 허락했을 편집자의 강력한 지지를 보여주었다. 예를 들어 1946년 겨울호부터 1947년까지 『계간여론』은 27편의 서평을 실었다. 그중 6편(22%)은 소련 관련 책에 대한 서평이었다. 6편의 서평 모두 워렌 월쉬Warren Walsh라는 사람이 썼다. 그는 동·서 냉전은 필연적인 것이며 갈등은 소련에 의해 유발되었다는 결론을 내리기 위해 그의 논평들을 이용하였다.24) 모든 정치적 글쓰기는 어떤 방식으로든 여론을 반영한다는 평범한 상식과는 달리 월쉬의 서평들은 여론이나 커뮤니케이션 연구를 전혀 다루지 않았다.

중요한 것은 월쉬의 의견이 가진 장점이 아니다. 그 서평들을 통해 확인할 수 있는 것은 당시 가장 논쟁이 되었던 주제들에 대해 단색의 그림을 확산시키려고 했던 『계간여론』의 의지다. 단일한 기고자와 단일한 관점의 이용은 이 잡지가 동·서 관계에 대해 편집상의 '노선'을 가지고 있으며, 반대되는 관점은 허용하지 않았다는 사실을 보여준다.

이 잡지에 실린 다른 국제 문제에 관한 기사들도 비슷한 경향을 보여준다. 예를 들어 이탈리아에서 실시된 여론조사를 다룬 『계간여론』의 글이 P. 루자토 페기즈P. Luzzatto Fegiz의 연구 "이탈리아인들의 여론"이 실린 1947년 봄호부터 시작되었다.25) "이탈리아인들의 여론"은 이탈리아 공산당CPI의 득표력에 초점을 맞추었다. 페기즈는 이탈리아 유권자들이 공산당에 공감하는 정도를 측정할 수 있는 자신의 방법에 대해 설명하고, 이탈리아가 곧 '러시아가 지배하는 동유럽의 일부분이 될 것'이라고 결론을 내렸다. 이러한 우려는 1947년 겨울호에 두 번째 특집 기사로 실린 펠릭스 오펜하임Felix Oppenheim의 "이탈리아 민주주의의 전망"이라는 글에서도 계속 이어졌다.26) 그는 같은 주제를 다룬 많은 글들을 발표하였는데 1949년과 1950년 『계간여론』에 실린 이탈리아 여론에 관한 2편의 글은 1948년 선거 운동 중 사용된 선전 기술들을 보도한 것이었다.27)

다시 역사적인 배경에 주목해 보자. 이탈리아 공산당은 1940년대 후반 서유럽에서 가장 강력한 공산당 조직이었다. 트루먼 행정부의 NSC는 이탈리아 유권자들이 사회당과 공산당의 연합정부를 민주적으로 선출함으로써 이탈리아가 철의 장막 뒤로 넘어갈 가능성을 깊이 우려했다. NSC 4와 NSC 4-A의 첫 번째 은밀한 심리전 계획은 1948년 선거에서 이탈리아 공산당을 패배시키기 위해 수단을 가리지 않는 캠페인을 실행하는 것이었다. 그것은 이탈리아와 미국의 대중들을 목표로 하면서 수억 달러가 소요되는 '부인 가능한' 선전 계획들을 포함하였다.28)

이탈리아에 대해 보도할 때, 『계간여론』의 기고자들은 심리전 그 자체에 관한 기사보다는 표면상 이탈리아에 관한 기사를 통해서 미국 정부의 주요한 심리전 주제들을 지속적이고 분명하게 표현하였다. 다시 한 번 강조하지만 여기서 중요한 것은 『계간여론』입장의 장점도 아니고, 또 이탈리아 선거에 대해 미국의 여론을 조작하려고 한 정부의 노력에 『계간여론』이 적극적으로 참여했다고 가정할 필요도 없다. 중요한 것은 『계간여론』과 같은 학술 잡지가 이러한 정치적인 문제들을 바라보는 단일한 관점만을 조장했고, 반대의 관점들을 전혀 발표하지 않았다는 사실이 명백히 드러났다는 점이다.

『계간여론』의 기사내용 중에서 이러한 '선전적' 측면을 반대한 경우는 드물었지만 분명히 존재했다. 알프레드 맥클렁 리Alfred McClung Lee의 항의가 그중 하나다. 그는 1947년 봄호에 조지 카운츠George Counts의 1946년 논문 "미국 역사의 소련 버전"을 비판하는 글을 기고했다.29) 리는 많은 미국인 기고자들이 필요에 따라 소련의 역사를 왜곡한 사실을 카운츠가 인식하지 못한 채 소련 역사가들이 그들의 잡지에서 미국 역사를 왜곡한 것을 가지고 그들을 일방적으로 몰아붙였다고 주장했다. 리의 주장은 『계간여론』의 정치적 입장에 대한 마지막 공개 항의가 되었다. 몇몇 독자들 사이에서 『계간여론』이 해외 정치 뉴스에서 강조하는 이데올로기적 편향에 대한 수동적 저항이 나타나기도 했지만 10년 이상 다시는 리의 주장과 같은 항의가 실리지 않았다. 흥미롭게도 『계간여론』 독자들에 대한 1948년의 설문조사에서 응답자의 20%가 "외국 청중들의 태도에 대한 서술은 줄이고" 대신 『계간여론』은 과학적 방법론, 공보활동의 역사적 사례, 공보 효과에 대한 연구 등을 더 강화해야 한다고 답했다.30)

2차대전 직후 『계간여론』이나 그것과 유사한 학계의 문헌에 나타난 심리전 주제의 세 번째 특징은 그 잡지의 일부 기고자들과 편집자들이 CIA, 군부, 국무부의 은밀한 심리전 프로젝트들과 매우 밀접한 관계를 지속했다는 점이다. 이는 그 잡지에 실린 많은 글들과 『계간여론』 편집위원회의 구성에서 명백한 형태 또는 숨겨진 형태로 나타난다. 한스 스페이어가 국무부 점령지역부에서 프랭크 위즈너와 함께 일한 직후 심리전의 확대에 대해 저명한 '개인적' 지지자로 등장한 것은 『계간여론』의 저명한 기고자와 정부 비밀공작 프로그램 사이의 비공식적 관계를 보여주는 하나의 사례일 뿐이다.

잘 드러나지는 않았지만 이러한 현상은 더욱 확산되었다. 숨은 관계의 좋은 사례를 프레드릭 윌리암스의 1945년 논문 "국제협력에 대한 지역적 태도"에서 발견할 수 있다.31) 표면적으로 윌리암스의 연구는 국제문제에서 미국의 역할에 관한 대중들의 태도와 관련하여 1944년 겨울에서 1945년 사이에 미국여론연구소American Institute of Public Opinion와 프린스턴 대학교의 여론연구소Office of Public Opinion Research(OPOR)에 의해 수집된 자료를 보고한 것이다. 『계간여론』이 서술한 것처럼 윌리암스는 "미국이 보다 국제적인 심성을 가지도록 만드는 것"을 강력하게 지지하기 위하여 그 자료를 이용하였다.32)

그 기사가 처음 실리고 나서 10년이 흐른 뒤, 윌리암스의 자료들이 리스테린Listerine(구강청결제 회사: 역자주)의 상속자 제라드 램버트Gerard Lambert가 루스벨트 행정부를 대표하여 승인한 비밀첩보 프로그램에 의해 수집되었다는 사실이 밝혀졌다. 당시 미국 의회는 미국 유권자들에 대한 어떤 행태의 태도 조사에도 정부 자금이 지출되는 것을 금지하였고, 그것이 미국 헌법 아래서 '여론'을 대표하는 의회가 할 일이라고 주장하였다. 의회의 우려는 부분적으로 정치적인 것이었다. 왜냐하면 루스벨트가 논쟁적인 정책들을 추진하기 위해서, 특히 자신의 '국제주의적' 외교 정책을 추진하기 위해서 여론에 관한 정보 가운데 정적들에 대한 것들을 이용했기 때문이었다. 의회의 제한에도 불구하고, 백악관은 외국에서 은밀한 정보수집과 미국에서 여론조사를 포함한 '정부정보업무'를 위해서 해들리 캔트릴과 로이드 프리Lloyd Free를 고용하였다. 캔트릴과 프리는 행정부를 위한 연구의 현장요원으로서 프레드릭 윌리암스 그리고 미국여론연구소와 차례로 계약을 맺었다.33)

한편『계간여론』편집위원회의 상당수는 미국 정부의 심리전 연구 또는 작전에 깊이 관여하였고, 그들 가운데 몇 명은 생계를 주로 정부 자금에 의존했다. 예를 들어 1940년대 후반 이 잡지의 편집자문위원회는 25명에서 30명에 이르는 여론 연구와 매스커뮤니케이션 분야의 저명한 연구자들로 구성되었다. 그들 가운데 정부의 심리전 계약에 의존하고 있음이 쉽게 확인되는 사람들은 해들리 캔트릴, 해롤드 라스웰, 폴 라자스펠드, 그리고 렌시스 리커트였다. 그들이 정부와 맺은 심리전 계약은 5장 이하에서 자세히 다룰 것이다. 그들은 드윗 풀에 의해『계간여론』편집위원회에 참여하게 되었는데, 드윗 풀은 후에 CIA에서 수행한 선전 사업들 가운데 단일 사업으로는 가장 큰 '자유유럽을 위한 전국위원회'의 책임자가 되었다.34) 또 한 명의 저명한 위원회 멤버는 CBS 임원이었던 프랭크 스탠튼이었는데, 그 역시 오랫동안 자유유럽방송Radio Free Europe과 자유유럽기금Free Europe Fund의 책임을 맡았다. 자유유럽기금은 미국 내에서 정치적인 선전 캠페인을 수행하고, 풀의 '자유유럽을 위한 전국위원회'로 가는 CIA 자금을 세탁하기 위해 CIA의 자금 지원을 받아 설립한 조직이었다.35) 1946년과 1947년『계간여론』의 편집자는 로이드 프리였는데, 그는 전시에 루스벨트 행정부를 위해서 일한 비밀요원이었고, 몇 년 후 해들리 캔트릴과 함께 100만 달러의 CIA 연구 자금을 받았다.36)

이러한 패턴은 그 시기 사회학과 사회심리학의 다른 중요한 학술 잡지들에서도 반복하여 나타난다. 미국사회학회American Sociological Society에서 간행하는 『미국사회학평론』American Sociological Review은 그 직원들과 편집 위원들이 『계간여론』과 이 잡지의 발행기관인 미국여론연구협회American Association for Public Opinion Research(AAPOR)의 멤버들과 매우 빈번하게 겹쳤다. 심지어 그 위원회의 구성원들은 때때로 그들이 어떤 모임에 참석하고 있는지 헷갈린다고 농담을 하곤 했다.37) 『미국사회학평론』은 『계간여론』보다 상당히 넓은 범위의 사회학 주제들을 다루었지만 커뮤니케이션에 관한 『미국사회학평론』의 논문들과 서평들의 필자는 여전히 『계간여론』에서 지배적인 목소리를 내는 몇몇 사람들로 한정되었다. 커뮤니케이션과 커뮤니케이션의 사회적 역할에 관한 관점의 범위 역시 마찬가지로 제한적이었다.

1950년대에 『계간여론』과 저명한 학술지 『미국사회학연구』American Journal of Sociology에 실린 매스커뮤니케이션과 여론에 관한 논문들을 비교하면 『미국사회학연구』에 실린 논문들 역시 『계간여론』과 같이 심리전 계약에 기초하였음을 알 수 있다. 예를 들어 『미국사회학연구』의 1949~1950년 호는 매스커뮤니케이션과 여론의 다양한 측면에 관해 8편의 논문을 특집으로 다루었다. 그중 적어도 4편은 직·간접적으로 당시 진행 중이던 심리전 프로젝트들로부터 나왔는데, 한스 스페이어와 헐버트 골드해머Herbert Goldhamer(두 사람 모두 랜드연구소), 사무엘 스투퍼(American Soldier 프로젝트), 그리고 레오 로웬탈(VOA 방송을 위한 연구 책임자, 그의 정치적 편력은 6장에서 논의될 것이다) 등의 작업이 포함된다.38)

요약하면 위의 자료들은 『계간여론』이나 또는 당시의 다른 학술지들이 2차대전 이후 10년 동안 그 학술잡지들이 미국 정부의 심리전 수행과 연결되면서 적어도 3가지 중요한 특성을 나타냈음을 보여준다. 첫째, 『계간여론』은 심리작전의 확장을 지지하는 사례연구들, 연구보고서들, 그리고 논쟁들을 자주 실으면서 당시 미국의 선전과 심리전 프로젝트의 중요한 지지자가 되었다. 둘째, 좀 더 미묘하지만 『계간여론』의 많은 글들이 심리전 그 자체보다 다른 문제들과 관련하여 미국의 선전 주제들을 표현하였다. 미·소 관계와 관련되었거나 1948년 이탈리아 선거와 관련된 잡지의 글들에서 보여준 편집 노선이 대표적인 사례다.

마지막으로 앞의 자료들은 그 잡지 편집위원회의 일부 위원들과 기고자들이 당시의 비밀 선전, 그리고 비밀 첩보 작전과 특별히 밀접한 관계를 유지했다는 사실을 보여준다. 이러한 관계들의 자취를 이 장에서 언급한 여러 가지 글들과 『계간여론』 편집위원회의 구성에서 발견할 수 있다. 적어도 한 사람, 『계간여론』을 창간한 드윗 풀은 CIA에 의해 조직되고 지원을 받는 주요 선전 프로젝트의 전임 책임자였다.

해당 분야에서 가장 지명도가 높은 학술 잡지의 편집위원회와 편집내용에 대한 이러한 영향력은 단지 다음 장에서 논의될 더 깊고 더 조직적인 유대의 한 징후에 불과하다. 돈은 매스커뮤니케이션이라는 떠오르는 분야와 미국 군부, 정보기관, 선전기관들 사이를 연결하는 가장 중요한 고리 중 하나가 되었다. 정부가 생산한 보고서들이 일관성이 없고, 몇몇 프로젝트는 여전히 비밀로 분류되며, 수년에 걸쳐 자료가 손실되었기 때문에 정확한 액수를 확정하기 어렵지만 그럼에도 불구하고 전체적인 경향만은 분명하다.

사회과학연구소BSSR의 앨버트 비더만Albert Biderman과 엘리자베스 크로포드Elisabeth Crawford는 다음과 같이 썼다. "정부와 사회과학 사이의 가장 중요한 연결관계는 경제적인 것이다." 그것은 "정부와의 관계에서 발생하는 위기상황이 사회과학 전체의 위기가 되어버릴 정도로 깊숙이 스며들어 있다."[39]

주註

1) 이러한 특성을 보여주는 논문들로는 아래와 같은 것들이 있다. John A. Pollard, "Words Are Cheaper Than Blood", *POQ* 9, no. 3 (Fall 1945), pp.283ff. (review of the work of the Office of War Information) ; Mrs. R. Hart Phillips, "The Future of American Propaganda in Latin America", *POQ* 9, no. 3 (Fall 1945), pp.305ff. (plea for expanded U.S. propaganda operations in the region) ; Edward A. Shils and Morris Janowitz, "Cohesion and Disintegration in the Wehrmacht in World War Ⅱ", *POQ* 12, no. 2 (Summer 1948), p.280 (elaboration of reference group theory on the basis of evidence drawn from psychological operations against enemy military forces). *POQ*의 연간 색인은 일반적으로 이 잡지의 연간 합본호에 페이지 없는 부록으로 수록된다. 특별히 다른 주석이 없다면, 이번 장에서 출처 없이 언급되는 모든 기사들은 *POQ*에 실린 것들이다.

드윗 풀에 대해서는 다음을 참고. *Who Was Who*, Vol. 3, p.692 ; Sig Mickelson, *America's Other Voice: The Story of Radio Free Europe and Radio Liberty* (New York: Praeger, 1983), pp.24, 41, 60, 259. 풀은 결국 CIA가 후원하는 '자유유럽을 위한 전국위원회'National Committee for a Free Europe의 책임자가 되었다.

2) 예를 들어 다음과 같은 것들이 있다. Warren B. Walsh's reviews of M. Sayers and A. kahn's text *The Great Conspiracy: The Secret War against Russia*, 10, no. 4 (Winter 1946), pp.596~597 또는 of Henry Wallace's text *Soviet Asia Mission*, 11, no. 1 (Spring 1947), p.135.

3) 심리전 계약에 '재정적으로 의존' 한다는 것은, 국가안보와 관련된 임무에 사회과학을 이용하고자 하는 정부의 시도로부터 개인 소득의 상당부분을 얻거나 또는 중요한 전문 프로젝트들에 대한 지원을 받는 것을 의미한다. *POQ*의 '편집위원회'(후에 '편집자문위원회'로 불림)의 경우, 해들리 캔트릴, 레너드 커트렐, 필립스 데이비슨, 조지 갤럽, 해롤드 라스웰, 폴 라자스펠드, 렌시스 리커트, 드윗 풀, 엘모 로퍼, 윌버 슈람, 프랭크 스탠튼, 프레드릭 스테판Frederick Stephan, 사무엘 스투퍼, 그리고 엘모 윌슨 등이 속해 있었다. 구체적인 프로젝트들과 근거들에 대해서는 이 책 5, 6, 8장의 본문과 주석을 보시오.

4) Major Paul C. Bosse, "Polling Civilian Japanese on Saipan", 9, no. 2 (Summer 1945), p.176.

5) Pollard, "Words Are Cheaper Than Blood", p.283.

6) Lt. Andie Knutson, "Japanese Opinion Surveys: The Special Need and the

4장 학계의 지지자들

Special Difficulties", 9, no. 3 (Fall 1945), p.313.
7) Phillips, "The Future of American Propaganda in Latin America", p.305.
8) Nat Schmulowitz and Lloyd Luckmann, "Foreign Policy by Propaganda Leaflets", 9, no. 4 (Winter 1945), p.428 ; Jacob Freid, "The OWI's Moscow Desk", 10, no. 2 (Summer 1946), p.156.
9) Ferdinand Hermens, "The Danger of Stereotypes in Viewing Germany", 9, no. 4 (Winter 1945), p.418 ; M. I. Gurfein and Morris Janowitz, "Trends in Wehrmacht Morale" 10, no. 1 (Spring 1946), p.78 ; Herbert von Strempel, "Confessions of a German Propagandist", 10. no. 2 (Summer 1946), p.216 ; Elizabeth Zerner, "German Occupation and Anti-Semitism in France", 12, no. 2 (Summur 1948), p.258 ; Edward Shils and Morris Janowitz, "Cohesion and Disintegration in the Wehrmacht in World War Ⅱ", 12, no. 2 (Summer 1948), p.280 ; Morris Janowitz(reviewer), "Attitudes of German Prisoners of War" and "Observations of the Characteristics and Distribution of German Nazis", 13, no. 2 (Summer 1949), pp.343, 346.
10) Nat Schmulowitz and Lloyd Luckmann, "Foreign Policy by Propaganda Leaflets", 9, no. 4 (Winter 1945), p.428 ; Boris Joffe, "The Post Card-A Tool of Propaganda", 11, no. 4 (Winter 1947), p.613 ; Marin Hertz, "Some Psychological Lessons from Leaflet Propaganda in World War Ⅱ", 13, no. 3 (Fall 1949), p.471.
11) Capt. John Jamieson, "Books and the Soldier", 9, no. 2 (Summer 1945), p.320 ; Arnold Rose, "Bases of American Military Morale in World War Ⅱ", 9, no. 4 (Winter 1945), p.411 ; Karl Ettinger, "Foreign Propaganda in America", 10, no. 3 (Fall 1946), p.329 ; Leo Crespi and G. Schofield Shapleigh, " 'The' Veteran-A Myth", 10, no. 3 (Fall 1946), p.361 ; John Jamieson, "Censorship and the Soldier" 11, no. 3 (Fall 1947), p.367 ; Paul Lazarsfeld, "The American Soldier: An Expository Review", 13, no. 3 (Fall 1949), p.377.
12) Reviews of *The Great Conspiracy*, 10, no. 4 (Winter 1946), p.596 ; *Weapon of Silence*, 11, no. 1 (Spring 1947), p.133 ; *Mass Persuasion: The Social Psychology of a War Bond Drive*, 11, no. 2 (Summer 1947), p.266 ; *Paper Bullets: A Brief History of Psychological Warfare in World War* Ⅱ, 11, no. 3 (Fall 1947) ; *Rebel at Large* [George Creel memoirs], 11, no. 4 (Winter 1947), p.626 ; *Psychological Warfare*, 12, no. 2 (Summer 1948), p.331 ; *Public Opinion and Propaganda*, 12, no. 3 (Fall 1948), p.496 ; *The Goebbels Diaries*, 12, no. 3 (Fall 1948), p.500 ; Persuade or Perish, 12, no. 3 (Fall 1948), p.511 ; *Overseas Information Service of the United States Government*, 13, no. 1 (Spring 1949), p.136 ; *Strategic Intelligence for American World*

Policy, 13, no. 3 (Fall 1949), p.524 ; *Publizistik im Dritten Reich*, 13, no. 4 (Winter 1949), p.692.

13) Jacob Freid, "The OWI's Moscow Desk", 10, no. 2 (Summer 1946), p.156 ; George Counts, "Soviet Version of American History", 10, no. 3 (Fall 1946), p.321 ; Martin Kriesberg, "*Soviet News in the New York Times*", 10, no. 4 (Winter 1946), p.540 ; Dick Fitzpatrick, "Telling the World about America", 10, no. 4 (Winter 1946), p.582 ; "Public Opinion Inside the USSR", 11, no. 1 (Spring 1947), p.5 ; Alexander Dallin, "America Through Soviet Eyes", 11, no. 1 (Spring 1947), p.26 ; W. Phillips Davison, "An Analysis of the Soviet-Controlled Berlin Press", 11, no. 1 (Spring 1947), p.40 ; O. W. Riegel, "Hungary: Proving Ground for Soviet-American Relations", 11, no. 1 (Spring 1947), p.58 ; H. M. Spitzer, "Presenting America in American Propaganda", 11, no. 2 (Summer 1947), p.213 ; Richard Burkhardt, "The Soviet Union in American School Textbooks", 11, no. 4 (Winter 1947), p.567 ; Hans Speier, "The Future of Psychological Warfare", 12, no. 1 (Spring 1948), p.5 ; Jan Stapel and W. J. deJonge, "Why Vote Communist?", 12, no. 3 (Fall 1948), p.390 ; Whitman Bassow, "Izvestia Look Inside USA", 12, no. 3 (Fall 1948), p.430 ; Martin Kriesberg, "Cross Pressures and Attitudes: A Study of the Influence of Conflicting Propaganda on Opinions Regarding American-Soviet Relations", 13, no. 1 (Spring 1949), p.5 ; Henry Halpern, "Soviet Attitudes Toward Public Opinion Research in Germany", 13, no. 1 (Spring 1949), p.117 ; Louis Nemzer, "The Soviet Friendship Societies", 13, no. 2 (Summer 1949), p.265 ; Kenneth Olson, "The Development of the Czechoslovak Propaganda Administration", 13, no. 4 (Winter 1949), p.607 ; Leonard Doob, "The Strategies of Psychological Warfare", 13, no. 4 (Winter 1949), p.635.

14) "Book Reviews," 10, no. 1 (Spring 1946), pp.99~103, 인용은 100쪽에서.

15) Speier, "The Future of Psychological Warfare," pp.5~18.

16) *POQ*의 합본호에 수록된 색인에서 '선전'과 '심리전'에 대한 색인 표제를 보시오.

17) Donald McGranahan, "U.S. Psychological Warfare Policy," 10, no. 3 (Fall 1946), pp.446~450.

18) Ibid.

19) Ibid.

20) U.S. National Security Council, *NSC 4 and NSC 4-A*. 국무부 점령지역부 부장 시절 심리전 정책 발전에서 위즈너가 한 역할에 대해서는, SANACC Case No. 395, "Utilization of Refugees from the USSR in the US National Interest", March-July 1948(1급비밀, 현재는 기밀 해제되었고 델라웨어주 윌밍턴

Wilmington의 Scholarly Resources가 제작한 마이크로필름으로 이용이 가능)을 보시오. 국무부 점령지역부에서 스페이어의 지위에 대해서는, *Contemporary Authors*, Vol. 21~24, pp.829~830, 그리고 *Contemporary Authors*, New Revision Series, Vol. 9, pp.463~464을 참고.

21) Speier, "The Future of Psychological Warfare", pp.5, 8.
22) Ibid., pp.11, 14, 18.
23) U.S. National Security Council, *NSC 4 and NSC 4-A* 또한 House Select Committee on Intelligence, in Village Voice, "Special Supplement: The CIA Report the President Doesn't Want You to Read" (February 16 and 22, 1976)을 보시오.
24) 워렌 B. 월시가 서평에서 다룬 책들은 다음과 같다. M. Sayer and Kahn's text *The Great Conspiracy: The Secret War Against Russia*, 10, no. 4 (Winter 1946), pp.596~597 ; Henry Wallace's *Soviet Asia Mission*, 11, no. 1 (Spring 1947), p.135 ; William van Narvig's *East of the Iron Curtain*, 11, no. 2 (Summer 1947), p.269 ; John R. Deane's *The Strange Alliance*, 11, no. 3 (Fall 1947), p.463 ; George Moorad's *Behind the Iron Curtain*, 11, no. 3 (Fall 1947), pp.463~464.
25) P. Luzzatto Fegiz, "Italian Public Opinion", 11, no. 1 (Spring 1947), pp.92~96.
26) Felix Oppenheim, "The Prospects of Italian Democracy", 11, no. 4 (Winter 1947), pp.572~580.
27) Charles A. H. Thompson, review, *Public Opinion and Foreign Policy*, 13, no. 2 (Summer 1949), p.330 ; C. Edda Martinez and Edward A. Suchman, "Letters from America and the 1948 Election in Italy", 14, no. 1 (Spring 1950), pp.111~125.
28) Psychological Strategy Board, Panel C. *Reduction of Communist Strength and Influence in France and Italy* (top secret), October 26, 1951, records of the Psychological Strategy Board, Harry S. Truman Library, Independence, MO ; James Miller, "Taking Off the Gloves: The United States and the Italian Elections of 1948", *Diplomatic History*, 7, no. 1 (Winter 1983), pp.33~35 ; James Miller, *The United States and Italy, 1940~1950* (Chapel Hill: University of North Carolina Press, 1986) ; James Miller, "Roughhouse Diplomacy: The United States Confronts Italian Communism, 1945~1958", *Storia della Relazioni Internazionali 5*, no. 2 (1989), pp.279~311 ; Arnaldo Cortesi and "Observer", "Two Vital Case Histories", in Lester Markel (ed.), *Public Opinion and Foreign Policy* (New York: Harper Brothers/Council on Foreign Relations, 1949), pp.197~212 (sanitized, but with contemporary Italian and French case studies).

29) Counts, "Soviet Version of American History," pp.321~328 ; Alfred McClung Lee, "Are Only the Russians Guilty?," 11, no. 1 (Spring 1947), p.173. 리는 그의 주장에 대한 근거로 크리스버그Kriesberg의 "Soviet News in the *New York Times,*" p.540에 나오는 자료를 인용한다.

30) W. Phillips Davison, "Preferences of *POQ* Readers," 12, no. 3 (Fall 1948), pp.579~580.

31) Frederick W. Williams, "Regional Attitudes on International Cooperation", 9, no. 1 (Spring 1945), pp.38~50.

32) Ibid., p.38.

33) Jean Converse, *Survey Research in the United States* (Berkeley: University of California Press, 1987), pp.152~154, 165. 또한 컨버스Converse는 진주만 폭격에 이르기까지 영국에 대한 미국의 지지를 증진시킨 대통령의 매우 논쟁적인 전략 형성에서 이러한 은밀한 조사들이 수행한 역할과 그 초기 사례들을 특별히 언급하였다.

34) 풀에 대해서는 *Who Was Who*, Vol. 3, p.692와 Mickelson, *America's Other Voice*, pp.24, 41, 60 그리고 Christopher Simpson, *Blowback* (New York: Weidenfeld & Nicolson, 1988), pp.134, 217~234 passim을 보시오. 또 *POQ* 창간 당시 풀의 역할에 관한 차일즈Childs의 회고에 대해서는 Harwood Childs, "The First Editor Looks Back", 21, no. 1 (Spring 1957), p.7을 보시오.

35) 자유유럽방송에서 스탠튼의 역할에 대한 원자료는 Mickelson, *America's Other Voice*, p.124와 U.S. General Accounting Office, *U.S. Government Monies Provided to Radio Free Europe and Radio Liberty*, report no. 173239, May 25, 1972, p.79를 보시오.

36) 프리의 전시 경력에 대해서는, Converse, *Survey Research in the United States*, pp.152~154을 보시오. 그에 대한 CIA의 지원에 대해서는, John Crewdson and Joseph Treaster, "Worldwide Propaganda Network Built by CIA", *New York Times* (December 26, 1977)을 보시오.

37) 두 그룹 모두에서 활동했던 협회 임원들 또는 편집 위원들로는 사무엘 스투퍼, 존 W. 라일리, 레너드 커트렐 등이 있다.

38) Herbert Goldhamer, "Public Opinion and Personality"(p.346), Hans Speier, "Historical Development of Public Opinion"(p.376), Samuel Stouffer, "Some Observations on Study Design"(p.355), and Leo Lowenthal, "Historical Perspectives of Popular Culture"(p.323) ; 각각 *AJS* 56, no. 1 (January 1950)에 수록되어 있다. 특히 로웬탈은 그의 논문을 뒷받침하기 위해 VOA 작업을 언급한다. p.324를 보시오.

39) Albert Biderman and Elizabeth Crawford, *Political Economics of Social*

Research: The Case of Sociology (Springfield, VA: Clearinghouse for Federal Scientific and Technological Information, 1968), p.5.

정부의 전초기지들

1945년 이후 최초 10년간, 커뮤니케이션 연구들이 독립된 학문 분야로 자리 잡고, 대학과 대학원 과정 등을 갖추는 동안 미국의 군부, 선전기관, 정보기관들은 커뮤니케이션 분야를 위한 프로젝트 자금의 대부분을 지원했다. 사회과학에 대한 정부의 자금 지원을 보여주는 가장 초창기의 자료는 1952년 전국과학재단National Science Foundation(NSF)이 작성한 보고서들이다. 이 보고서는 당시 사회과학에 대한 연방 자금 지원의 96% 이상이 미국 군부에 의해 이루어졌다는 사실을 보여준다. 연방 자금 지원의 나머지 4%는 노동부와 내무부 같은 전통적인 민간기관들, 연방민방위청Federal Civil Defense Administration이나 국무부 내의 정보연구실Office of Intelligence and Research과 같이 국가안보 업무를 수행하는 민간기관들에 의해 비슷한 비율로 조성되었다. 전국과학재단의 보고에 따르면 국가안보 업무와 관련하여 사회과학에 지원된 자금이 1952년에만 총 1,227만 달러였던 데

비해, '민간차원'에서 지원된 자금은 겨우 28만 달러에 불과했다.[1)]

1950년대를 지나면서 학계 전체의 정부에 대한 의존도는 커졌지만 국가안보를 지향하는 사회과학 연구들에 대한 이러한 극단적 편향은 점차 감소되었다. 전국과학재단의 자료 수집, 보고 상의 변화로 인해 1950년대 후반의 자금 지원 자료를 직접 비교할 수는 없지만 이용 가능한 자료들은 국가안보 기관들, 예를 들어 국방부, 연방민방위청, 공보부가 사회과학계와 체결한 연간 계약액수가 10년간 조금 증가하여 1959년에는 1,390만 달러에 이르렀다는 사실을 보여준다. 반면 민간의 자금 지원, 주로 농무·보건·교육·복지 각 부를 통해 이루어진 자금 지원은 같은 기간 4,140만 달러로 급격히 증가하였다. 그러나 1959년 수치에서 나타나는 외견상의 군부−민간 대조를 액면 그대로 해석할 수는 없다. 왜냐하면 안보 지향적인 사회과학 계약의 상당부분이 소련의 스푸트니크Sputnik 인공위성 발사에 자극받은 전국항공자문위원회National Advisory Commission on Aeronautics의 후원 아래 이루어졌기 때문이다. 다른 모든 사회과학에 대한 자금 지원 총액의 2배가 넘는 이러한 거대 연구예산은 1952년 자료와 직접 비교할 수 있는 범주가 아니다.[2)]

어쨌든 1950년대 내내 사회과학은 미국 정부의 지원을 받았고, 특별히 1950년대 전반기에는 이러한 지원이 일반적으로 국가안보 업무와 긴밀히 연결되었다. 이런 현상은 매스커뮤니케이션 연구에서 더욱 두드러졌다. 『계간여론』, 『미국사회학연구』, 『미국심리학자』American Psychologist, 그리고 1945~1955년에 간행된 다른 학술문헌들을 깊이 분석해보면, 많은 중·대형 프로젝트들이 해군연구소Office of Naval Research(ONR), 공군, 육군, CIA, USIA로부터 자금을 지원받았다는 것을 알 수 있다. 해당 분야의 유일한 '민간 차원' 연구는 텔레비전이 복식업자에 끼친 영향에 대한 1950년 농무부 조사였고, 이는 텔레비전의 영향에 대한 초기 연구들 중 하나였지만 조사 결과가 학술지에 발표되지는 않았다. 해리 알퍼트Harry Alpert의 1952년 보고에 따르면 농무부, 테네시 강 유역 개발 공사Tennessee Valley Authority, 그리고 다른 민간 기관들도 제한적이나마 소비자 선호도 조사를 지원했다고 한다.3) 그러나 전국과학재단의 자료는 이러한 프로젝트들의 규모가 당시 진행 중인 군사, 정보, 선전 연구들에 비해 현저하게 작았다는 사실을 보여준다.

적어도 미국에서 가장 중요한 6개의 커뮤니케이션 연구소는 소수의 국가안보 기관들의 자금 지원에 전적으로 의존하였다. 그들의 심리전 자금에 대한 의존은 군부, CIA, USIA의 실질적인 개입이 없었다면 1950년대 매스커뮤니케이션 연구가 독립된 학문 분야로 자리 잡지 못했을 정도로 확대되었다.

응용사회연구소BASR, 미시건 대학 사회연구소Institute for Social Research at the University of Michigan, 전국여론연구소NORC, 사회과학연구소BSSR, 랜드연구소RAND Corporation, 그리고 MIT 국제학연구소CENIS 등이 대표적인 수혜자들이었다. 이 목록은 시작에 불과하다. 매스커뮤니케이션 연구에 참여한 여러 중요한 연구자들이 미국 심리전 프로젝트들의 능동적인 지지자가 되었고, 적어도 20년 동안 이러한 작업에 참여함으로써 수입을 얻었다. 윌버 슈람이 특히 그러한데, 그는 당시 미국 매스커뮤니케이션 연구에서 가장 독보적인 권위자로 널리 인정받았다. 그들과 특별한 관계를 맺은 학자들과 기관들은 1950년대 미국 매스커뮤니케이션 연구의 지배적 패러다임을 정교하게 만들고, 실질적인 사회적 영향력을 확보하는 데 중심이 되었다.

예를 들어 미시건 대학의 조사연구소Survey Research Center(SRC)(오늘날 사회연구소ISR로 알려져 있음)는4) 렌시스 리커트가 전쟁 당시 그의 휘하에서 '기획조사사업'Program Surveys Operation을 수행했던 몇몇 요원들을 모아 설립한 기관이다. 『미국에서 조사연구』라는 책에서 진 컨버스Jean Converse는 "조사연구소가 초창기에 연방정부의 중요한 전초기지 역할을 수행했다"고 썼다.5) 초기의 주요 계약들로는 사기, 지도력, 대규모 조직 통제의 심리적 측면을 연구하기 위해 해군연구소로부터 10년간 지원을 받은 계약, 그리고 연방준비위원회Federal Reserve Board를 위해 미국인들의 경제에 대한 태도를 조사한 일련의 계약들이 있다. 후자는 종전 직후 퇴역군인들이 민간 노동력으로 복귀할 경우 1930년대와 같은 형태의 디플레이션과 사회적 혼란이 재발할 가능성을 심각하게 고민했던 연방준비위원회에 의해 발주되었다.6) 전략정보의 이용과 관련된 조사연구소/사회연구소의 초기 연구로는 미국 공군으로부터 자금 지원을 받아서 소련 망명자와 난민들을 인터뷰한 연구들이 있다. 이 연구의 목적은 두 가지였다. 첫째 미국의 선전에 이용 가능한 소련인들의 사회심리적 태도를 확인하는 것, 둘째 전쟁 발발 시 핵공격의 목표로 삼아야 하는 소련 내 군사적·경제적 요충지들에 대한 정보를 수집하는 것이 그것이다.7)

조사연구소의 기록들은 1947년 조사연구소의 수입 중 99%, 그리고 5년의 운영 기간 동안 조사연구소/사회연구소의 수입 중 50% 이상이 연방정부와의 계약을 통해 충당되었음을 보여준다. 후에 사회연구소 책임자가 된 앵거스 캠벨Angus Cambell도 만약 이 기간 동안 연방정부의 자금 지원이 취소되었다면 조사연구소/사회연구소는 "아마 살아남지 못했을 것"이라고 생각했다.8)

5장 정부의 전초기지들

초창기 조사연구survey research 기관들 중에서 가장 자유주의적이고 개혁적인 생각을 가진 전국여론연구소도 전쟁기에 조직 업무의 약 90%가 민간인들의 사기를 측정하는 정부기관인 OWI와의 계약으로 이루어졌다. 컨버스는 이러한 지원이 "(전국여론연구소가) 전국 범위의 조사 수행능력을 갖추는 데 결정적이었을 것"이라고 지적한다.9) 1944년 의회는 OWI의 사업을 취소시켰지만, 민간인들의 사기와 태도에 대한 전국여론연구소의 현장 조사는 국무부와 은밀하고 '긴급한' 일련의 계약들을 통해서 계속 진행되었다. 이 계약은 제도화되었고, 이를 통해서 전국여론연구소가 후에 시장화한 소비자 지수를 위한 질문들을 탑재한 조사수단을 만들었다.

국무부가 이러한 계약을 맺는 것은 불법이었기 때문에 14년 뒤인 1958년에 의회가 계속된 '긴급' 조사들을 적발했을 때 불미스러운 스캔들이 야기되었다.10) 의회에 영향을 줄 수 있는 국무부의 자금 사용이 법률로 금지된 상태에서 전국여론연구소의 조사들은 실질적으로 국무부에 의해서 그렇게 활용되었다. 전국여론연구소의 문서들은 설립 후 첫 10년 동안 국무부와 계약이 없었다면 이 조직이 전국 범위의 현장 조사 인력을 유지하지 못했을 것이라는 사실을 보여준다. 이들 인력은 전국여론연구소의 학술적이고 상업적인 활동과 이 집단의 경제적 생존을 위해 반드시 필요했다.11)

최초 10년 동안 전국여론연구소의 두 번째 중요한 계약은 미국 육군 화학부대Chemical Corps를 위해서 '공동체재난'community disasters에 대한 개인과 집단의 반응을 연구한 것이다. 여기서는 지진과 토네이도와 같은 자연재난이 화학무기 공격에 대한 반응을 분석할 수 있는 유사모델로 이용되었다.12) 이어서 전국여론연구소는 미국 정부가 핵전쟁의 심리적 효과를 평가하는 데 주요한 데이터베이스가

된 일련의 연구들을 수행하였다.13)

콜롬비아 대학의 응용사회연구소에 대한 자금 지원은 더욱 다양했던 것 같다. 응용사회연구소의 초창기 기록들이 불완전하게 남아있지만 컨버스는 1941년에서 1946년까지 응용사회연구소의 예산 중 약 50%가 『타임』Time과 『라이프』Life를 위한 독자층 연구, 그리고 비영리단체들을 위한 다양한 여론조사와 같은 상업적 업무로부터 충당되었다고 결론을 내린다. 나머지 자금은 주로 록펠러 재단과 훨씬 적은 액수지만 콜롬비아 대학의 후원으로부터 충당되었다.14)

1949년까지 응용사회연구소는 콜롬비아 대학에 큰 빚을 졌고, 고객의 결제를 기다리는 동안 프로젝트 비용을 감당하기 위해 필요한 운영자금이 부족했다. 라자스펠드가 당장 도움이 없다면 응용사회연구소는 문을 닫아야 한다고 생각했을 정도로 자금부족 문제는 충분히 심각한 상태였다.

그러나 그해 말, 응용사회연구소의 킹슬리 데이비스Kingsley Davis가 응용사회연구소의 재정을 근본적으로 개선시킨 새로운 군사·정보 계약들을 따냈다. 1950~1951년 회계연도에 응용사회연구소의 연간 예산은 최고치에 이르렀고, 그중 약 75%는 미국 군부와 선전기관들과의 계약으로 이루어졌다.15) 이 기간 응용사회연구소 프로젝트에 대한 연방정부의 주요한 자금 지원으로는 해외 도시의 사회적 역동성에 대한 정보 수집과 관련한 미국 공군의 2가지 연구, 해군연구소를 위한 대형 연구, 그리고 중동에서 여론조사를 위해 VOA 방송과 체결한 다년 계약 등이 있다.16) 응용사회연구소의 연방정부 자금에 대한 의존도는 사실 이보다 더 높았다. 왜냐하면 표면상의 '사적' 연구 중 일부는 실제 연방정부에서 기획한 프로젝트에 참여하는 사설 연구기구들과 하청계약을 맺은 것이기 때문이다. 그

가운데 하나의 사례가 소련인 난민들에 대한 조사를 위해 응용사회연구소의 리 위긴스Lee Wiggins와 딘 만하이머Dean Manheimer가 인터뷰와 조사survey 방법을 기술적으로 자문해준 일이다. 하버드 대학 러시아연구소Center for Russian Research(CRR)가 주계약자였지만 이 프로젝트의 자금은 주로 미국 공군과 CIA로부터 나왔다.[17]

VOA 프로젝트도 1950년 9월 응용사회연구소를 주계약자로 해서 시작되었고, 찰스 글록Charles Glock이 일상 업무를 조직했다. 광범위하고 방법론적으로 야심 찬 조사들이 이란, 터키, 이집트, 그리고 중동의 다른 4개국에서 수행되었는데, 이들 국가들은 당시 미국의 심리전 수행에서 주요 목표가 된 나라들이었다.[18] 적어도 이란과 이집트 두 나라에서 연구가 이루어지는 동안 CIA의 지원을 받아서 쿠데타가 일어났다.[19]

라자스펠드는 조사 때 사용되는 문항들의 작성을 도왔는데 현장의 원어민 연구자들은 결국 이 문항을 조사 대상자들에게 질문하였다. 아래는 그 조사 문항의 사례들이다.

    97a. 국제정세 속에서 러시아의 행동에 대해 어떻게 생각하는가? (당신의) 나라에 대한 러시아의 행동에 대해서 어떻게 생각하는가? (변화에 대해서도 조사하시오.) 얼마나 오랫동안 그렇게 생각해 왔는가?

    42. 만약 당신이 라디오 방송국을 책임지고 있다면, 당신은 어떤 종류의 프로그램을 틀고 싶은가? (면밀히 조사하시오.)[20]

응용사회연구소는 번역, 도표, 약 2천 개 인터뷰의 분석을 담당했고, 최종적으로는 그 지역들에서 활동하는 미국 선전 방송들을 지도하기 위해 고안된 VOA에 관한 비밀 보고서를 제출했다. 같은 자료의 일부로 비밀로 분류되지 않은 연구들은 『계량사회학』 Sociometry, 『계간여론』, 그리고 다른 학술지를 통해 발표되었다. 여기에는 벤자민 링어Benjamin Ringer와 데이비드 실즈David Sills가 작성한 것으로 알려진 "이란의 정치적 과격분자들"에 대한 보고서들과 엘리후 카츠Elihu Katz와 패트리샤 켄달Patricia Kendall이 작성한 아랍 4개국의 커뮤니케이션과 여론에 관한 비교 보고서가 포함되었다.21)

군과 재단의 연결망

커뮤니케이션과 여론 조사 분야에서 미국의 가장 중요한 세 개 연구소들의 군과 선전 기관들에 대한 의존관계는 보다 크고 복잡한 연결망 속에서 한 덩어리로 얽혀 있다. 특혜 받은 연방 계약자를 향한 자금의 흐름은 앞서 논의된 학계 연결망에 대한 클로젠의 연구에서 드러난 것처럼 개인적 접촉, 친구, 동료의 연결망을 통해 움직였다. 이러한 비공식적 결합은 정부 자금 지원 형태의 사회적·과학적 영향력에 새로운 중요한 측면을 제공하였다.

그들의 영향력은 군간인적자원위원회Interservice Committee on Human Resources를 통해 증명될 수 있다. 이 위원회는 1947년 국방부가 커뮤니케이션 연구를 포함한 사회심리학, 사회학, 사회과학에 대한 모든 미군 지출을 조정하기 위해 수립한 기구였다.22)

국방부와 학계의 영향력 있는 소수 청부업자들은 이 위원회를 정부-학계 연계를 위한 은밀한 접촉지점으로 활용했다. 1949년 위원회의 위원장은 도날드 마퀴스Donald Marquis(미시건대, 미국심리협회American Psychological Association 회장)였다. 그리고 윌리엄 매닝어William

C. Menninger(매닝어 재단 소속, '전투 신경쇠약' 및 그와 관련한 심리적 붕괴현상 연구를 위한 주요 군 계약자), 캐롤 샤틀Carrol Shartle(당시 오하이오 주립대학에 재직 중이었고, 후에 국방부 장관실 심리학·사회과학부 부장 역임), 사무엘 스투퍼(하버드대) 등이 위원으로 위원장을 보좌했다. 민간 대표로는 헨리 브로신Henry Brosin(시카고대), 월터 헌터Walter Hunter(브라운대), 프레드릭 스테판Frederick Stephan(프린스턴대)이 포함되었고, 직원으로는 위원회 사무국장 레이몬드 바우어Raymond Bower(후에 사회과학연구소BSSR 소장이 됨)와 그의 보좌관 드와이트 챔프먼Dwight Champman, 헨리 오드버트Henry Odbert 등이 있다. 바우어의 뒤를 이어 심리학자 라일 래니어Lyle Lanier(뉴욕대)가 그해 후반 사무국장을 맡았다.[23]

위원회는 직접 자금을 할당하지는 않았지만 군 예산 중 사회과학 분야 해당 몫에 대한 관리를 책임졌고, 프로젝트를 추천했으며, 주요 연구에 대한 발의를 승인했다. 단체의 예산, 보고서, 회의록은 기밀사항이었다. 1949년 위원회는 사회과학연구기금 약 750만 달러의 감독을 맡았다. 이는 당대 해당 분야에서 단연 가장 큰 단일 자금원이었다.[24]

군간인적자원위원회는 4개의 분과로 구성되었는데, 각각의 분야는 사회과학의 특정 분야를 전문으로 다루었다. 인간관계와 사기Human Relations and Morale 관련 분과는 이들 중 가장 흥미로운 분야였다. 이 분과는 미군의 심리전 연구를 감독했고, 커뮤니케이션 연구에 대한 자금 지원에서 가장 직접적인 영향력을 행사했다. 나머지 분과는 정신생리학Psychophysiology(주로 고성능 무기의 인간공학, 운동기능 발전 등에 대해 연구함), 인사와 훈련Personnel and Training(모병을 위한 심리테스트 개발, 지도력과 집단의 사회학 검증 등), 인력

Manpower(군대의 충원과 동원에 대한 연구) 등이었다.25)

'인간관계와 사기' 분과의 구성은 심리전 문제에서 소수의 커뮤니케이션 학계 전문가들과 군부 사이의 탄탄한 태생적 관계를 보여준다. 이는 또한 정부 프로그램 감독에 책임을 지는 학자들 사이에서 명백하게 이해관계의 충돌 가능성을 야기한다. 왜냐하면 미국 정부는 커뮤니케이션 연구에 대한 학자들의 전문적 조언에 의지했는데, 이 학자들은 그들 자신이 감독하는 프로그램의 주요한 수혜자이기도 했기 때문이다. 인간관계 분과의 의장은 카네기 재단 이사장이자 랜드연구소 이사이며, 2차대전 당시 스투퍼 연구과 요원이었던 심리학자 찰스 돌라드였다. 분과 구성원으로는 한스 스페이어(당시까지 랜드연구소에 기반을 두었고, 그곳에서 마침내 사회과학연구 부문의 대표가 되었다),26) 알렉산더 레이튼(코넬대에 있다가 후에 하버드대로 감, 1940년대 후반 그의 연구는 일본에 대한 미국의 전략폭격 조사기록에 대부분 의존했다),27) 칼 호블랜드(예일대, 그의 가장 영향력 있는 저작인 『매스커뮤니케이션에서 실험』(1949)은 육군 스투퍼 연구과의 전쟁기 기록들을 독점적으로 이용하여 이루어졌다)28) 등이 포함되어 있다.

분과 유급 고문들의 명단은 당대 미국 커뮤니케이션 연구에서 주류의 인명록을 보는 듯하다. 1948년 12월 『미국심리학자』의 보고서에 등장한 '전문가 조언을 위한 특별 고문들'29)은 해리 알퍼트(예일대와 BASR 소속), 킹슬리 데이비스(BASR의 새로운 수장, BASR을 구제하기 위해 정부와 접촉을 확보할 때 그가 한 역할은 앞에서 논의하였다), 존 가드너John Gardner(카네기 재단 소속, 후에 존슨 행정부에서 보건교육복지부 장관 역임), 해롤드 라스웰(예일대), 렌시스 리커트(사회연구소ISR 소장), 엘모 윌슨(국제연구협회International

Research Associates, 미 정부의 해외여론 연구의 주요 계약자) 등이었다.30)

분과 의장인 돌라드와 고문 가드너의 역할은 선택된 커뮤니케이션 학자들과 연방정부 사이의 재정적·개인적 연결망의 복잡성을 보여준다. 돌라드는 카네기 재단의 이사장이었고, 가드너는 카네기 재단의 선임 집행관이었다. 두 사람은 스투퍼, 호블랜드, 레너드 커트렐 등의 표면상 개인 연구였던 『미국인 병사』American Soldier 연구에 자금 제공과 감독 역할로 관여했고, 레이몬드 바우어, 알렉스 인켈레스 및 소련과 관련된 커뮤니케이션 연구를 진행 중인 몇몇 사람들을 고용한 카네기 재단—미 공군—CIA 합동사업 하버드러시아연구프로젝트Russian Research Project at Harvard를 후원했다.31) 이 하버드 프로젝트는 앞서 언급한 사회연구소와 응용사회연구소의 소련 피난민들 연구를 조언하기 위한 계약이었다.

이와 같이 카네기 재단의 돌라드가 의장직을 맡고, 카네기 재단의 가드너가 심리전의 과학적 측면에 대한 국방부 주요 위원회의 고문을 담당했을 때, 카네기 재단의 가장 중요한 프로젝트들이 국방부의 자금 지원, 연구 주제, 자료에 대한 독점적 접근에 의존하였다. 한편 적어도 동일 위원회의 두 선임 연구자들인 스투퍼와 호블랜드는 학계 내 우월한 지위를 위해 돌라드와 가드너의 선의와 자금에 어느 정도 의지했다. 왜냐하면 카네기 재단의 임원들이 스투퍼와 호블랜드가 의지한 자금줄을 통제했기 때문이다.

최소한 이는 카네기 재단과 국방부의 사회과학 프로그램이 서로 동떨어져 진행되지 않았음을 입증한다. 두 조직이 국가안보 연구에서 사회과학의 역할에 대해 비슷한 인식을 공유하는 한, 핵심 인물, 자금제공 우선권, 자료원資料源 등의 실질적 중복은 이 두 프로그램이 사실상 대등하고 상호보완적이었음을 의미한다. 카네기 재단과 그 임원들이 부분적으로 중복된 정부의 감독위원회는 1940년 후반에서 1950년대 초기에 미국 매스커뮤니케이션 연구를 위한 공적·사적 자금 대부분을 통제하거나 또는 그것에 대해 실질적 영향력을 행사했고, 특히 미국에서 학문적 출세를 가능케 해주는 대규모 고위급 프로젝트에 대한 자금 제공에 권한을 행사했다.

학자들과 운영자들 사이의 이러한 비공식적 연결망을 담당한 사람들은 학계 내 경제적·정치적 권력중개인으로서 자기 역할을 잘 알고 있었다. 카네기 재단의 가드너는 하버드러시아연구소의 기원에 대해 연구 중이던 찰스 오코넬Charles O'Connell과 인터뷰 중에 이 문제를 언급했다. 가드너는 2차대전 후 사회과학의 계량사회학적 측면에 대해 질문 받았을 때, 자신이 사회과학 주도권과 관련된 결정을 하는 데 영향을 준 최소한 네 개의 중요한 '연결망'에 관여했다고 대답했다.

> 우선 거기에는 이른바 행동과학 연결망이 존재했다. 찰스 돌라드, 클라이드 클럭혼, 팬들톤 허링Pendleton Herring, 나, 샘 스투퍼, 예일대의 존 돌라드John Dollard(찰스 돌라드의 형제), 알렉스 레이튼 등이 그들이다.……그들은 행동과학에 깊은 관심을 지녔고, 우리 모두가 관심 있어 하는 몇몇 문제들의 해명에 기꺼이 참여하려고 했다.……두 번째 연결망은 제임스 코난트James B. Conant와 데브류 조셉Devereux Josephs(외교평의회Council on Foreign Relations의 회계관) 등으로 구성된 하버드 연결망이라고 말할 수 있을 것이다.……세 번째 네트워크는 전쟁으로부터 성장한 국제문제 네트워크이다.……전쟁으로부터 돌아온 우리 모두는 국제문제에 대해 깊이 고민했고, 다양한 포럼에서 만났으며, 포드 재단, 록펠러 재단, 우리 자신, 국무부와 공동으로 일했다.32)

가드너가 계속 얘기하기를 네 번째 네트워크는 군軍 내 스투퍼 연구과를 중심으로 형성되었는데, 여기에는 스투퍼 자신뿐만 아니라 찰스 돌라드, 프랭크 캡펠Frank Keppel, 프래드릭 오스본Frederick Osborn(전쟁기 스투퍼의 군대 고참이자 활동적인 카네기 재단 이사) 등이 포함되었다.

카네기 재단의 역할에 비추어볼 때 냉전기 사회과학 분야의 중요한 두 근거지인 록펠러 재단과 러셀 세이즈 재단에 관해서도 간단히 살펴보는 것이 유용할 것이다. 1950년대 대부분의 시기에 록펠러 재단의 사회과학 분야 자금제공은 스투퍼의 『미국인 병사』시리즈의 공동저자인 르랜드 드비니가 지휘하였다.33) 그가 재직하는 동안 록펠러 재단은 앞 장에서 자세하게 언급한 이유 때문에 해들리 캔트릴의 국제사회연구소에 제공된 최소 백만 달러의 CIA 자금을 은닉하기 위한 명목상의 조직으로 활용되었던 것 같다.34) 그 자신이 심리작전의 가장 대표적인 후원자 중 한 명이기도 했던 넬슨 록펠러Nelson Rockefeller는 1954~1955년 아이젠하워의 주요한 조언자이자 전략가로 활동했다.35)

1951~1967년 동안 레너드 커트렐은 러셀 세이즈 재단에서 핵심적인 사회심리학자로 활동했다. 그는 종종 재단을 위한 대변인으로 활약하기도 했고, 재단의 의사결정에 실질적인 영향력을 행사했다.36) 동시에 커트렐은 국방부의 심리전·비정규전 고문단(1952~1953), 미 공군 과학고문단 위원(1954~1958), 미 육군 과학고문단 위원(1956~1958), 장기간 사회과학연구평의회SSRC 위원장 등으로 활약했다.37) 커트렐은 사회과학계 내에서 심리전 작전에 대한 가장 열정적인 후원자였다. 그는 "이 방면과 관련된 우리 분야의 모든 능력을 끌어낼 수 있는 일들에 헌신적인 (사회과학자들의) 새로운 조직"의 필요성을 반복적으로 주장했다.38)

전반적 증거를 통해 볼 때, 냉전의 최초 15년 동안 사회심리학과 매스커뮤니케이션 행위에 대한 미국 학계의 실질적 연구자금은 2차 대전 이래 대외 정책과 국내 정책을 위한 도구로서 엘리트 심리작전을 열정적으로 지원한 소수 그룹의 사람들에 의해 직접 통제되거나 강력한 영향을 받았다. 그들은 주류 학계와 미국의 군·정보집단을 연결하는 일련의 연관 위원회를 통해 권력을 행사했다. 이들의 연결망은 대부분 외부인에게는 봉쇄되었다. 그들의 기록과 의사결정 과정은 종종 비밀로 처리되었고, 몇몇 경우에는 그러한 조정 기구의 존재 자체가 국가비밀로 간주되었다.39)

이는 진부한 표현으로서의 '음모'conspiracy는 아니었다. 오히려 이는 '자문집단' 또는 사회과학자들에게 잘 알려진 비공식적 연결망이었다. 이 연결망들에 의해 행사된 비공식적 권위는 분명히 중도적centrist 이념 성향을 보여준다. 과학적 진보와 국가안보에 대한 그들의 개념을 발전시킨 프로젝트들은 종종 학문적 성공에 필수적인 재정적 지원을 획득할 수 있는 기회를 주었다. 앞에서 보다 자세히 논의한 것처럼 이러한 기준들에 부응하지 못한 프로젝트들은 종종 망각 속으로 사라지거나, 몇몇 경우에는 억압을 받기도 했다. 이러한 선택적 재정 지원의 결과 중 하나는 돈을 지불하는 기관들의 편견을 지원하기 위해서 과학적 진실의 어떤 한 측면을 정교하게 만든 것이었다.

이 글에 묘사된 자금제공 기관 및 그와 결합한 위원회가 이 시기 매스커뮤니케이션 연구의 특정 패러다임을 정교하게 만드는 데 동의했다는 사실은 자명하다. 패러다임의 정교화는 결국 연구 그 자체다. 보다 중요한 문제는 미국 커뮤니케이션 연구의 시대정신 수립에 정부의 심리전 프로젝트들이 얼마나 크게 공헌했느냐다. 명백히 다른 요소들도 기여하기는 했다. 특히 머튼과 라자스펠드가 강조한 상업 목적의 프로젝트들, 제시 델리아Jesse Delia와 다른 사람들의 논의가 묘사한 학계의 발전은 그 대표적 사례다.40)

커뮤니케이션 연구의 발전에서 이러한 다양한 요소들이 차지한 비중은 남아있는 자료들이 너무나 소략하기 때문에 앞으로도 계속 논의되어야 할 것이다. 그럼에도 불구하고 국가안보 기구들이 주요 커뮤니케이션 연구소들의 경제적 생존에 필요한 비용을 떠안았고, 대규모 연구프로젝트에 자금을 제공했으며, 그들에게 동조적인 학자들의 연결망을 유지했고, 그 학자들이 이 분야 연구자금에 대한 실질적 의사결정권을 지녔다는 것은 명백한 사실이다. 이러한 요소들이 커뮤니케이션 연구 분야의 '통설'에 끼친 영향력은 다음 장에서 언급할 것이다.

후술될 부분에서 명백히 드러나겠지만, 이 시기의 실질적인 '지배적 패러다임'dominant paradigm은 커뮤니케이션에 대한 엘리트적 통제의 필연성과 적합성을 당연한 것으로 간주하는 '지배의 패러다임'paradigm of dominance이었다. 실질적으로 당대의 핵심적인 학술잡지들은 커뮤니케이션 '그 자체'에 대해서 부차적인 관심만을 보였다. 대신 그들은 사회를 통제하고, 정치적 동의를 이끌어내며, 또 대상 청중들로부터 결정을 매수하는 데 현대기술이 엘리트들에 의해서 어떻게 사용될 수 있는지 등의 문제들에 집중했다. 그들의 연구는 대부분 연구를 승인한 공적·사적 기구들에 실질적으로 큰 이익이 될 수 있는 커뮤니케이션의 여러 측면들을 강조했다. 이러한 지향성은 매우 복잡하고, 본질적으로 상호적인 사회적 커뮤니케이션 과정을 설득력 있는 메시지 전달법, 결국 메시지의 강요에 기초한 단순한 모델로 축소시켰다.

주註

1) National Science Foundation, *Federal Funds for Science* (Washington, DC: GPO, 1953), pp.39~40에서 보고된 수치로 계산하였다.

2) National Science Foundation, *Federal Funds for Science* (Washington, DC: GPO, 1960), pp.66~67. 1962년 약 200명의 사회학자들과 인류학자들을 대상으로 행한 조사에 따르면 44%가 그동안 그들의 연구, 강의, 학습, 자문 등에서 정부로부터 재정적인 도움을 받았다고 답했다. Harold Orlans, *The Effects of Federal Programs on Higher Education* (Washington, DC: Brookings Institution Press, 1962), p.98. 1960년대까지 연방정부는 10만 달러 이상의 대규모 사회연구에서 유일한 자금원이었다. Albert Biderman and Elizabeth Crawford, *Political Economics of Social Research: The Case of Sociology* (Springfield, VA: Clearinghouse for Federal Scientific and Technological Information, 1968), p.9.

3) Harry Alpert, "Opinion and Attitude Surveys in the U.S. Government", *POQ* 16, no. 1 (Spring 1952), pp.33~41. 알퍼트는 이 논문의 서문을 통해서 실질적인 군사 정보·선전과 관련된 연구들은 그의 기사에서 다루지 않는다고 전제했다. 군사적 계약에 대해서는 다음의 자료를 참고하시오. Lyle Lanier, "The Psychological and Social Sciences in the National Military Establishment", *American Psychologist* 4, no. 5 (May 1949), pp.127~147 ; George Croker (U.S. Air Force Human Resources Research Institute), "Some Principles Regarding the Utilization of Social Science Research Within the Military", pp.112~125, and Howard E. Page (Psychological Sciences Division, Office of Naval Research), "Research Utilization", pp.126~135, both in *Case Studies in Bringing Behavioral Science into Use* (stanford: Institute for Communication Research, 1961), pp.112~135 ; Erin Hubbert and Herbert Rosenberg, *Opportunities for Federally Sponsored Social Science Research* (Syracuse, NY: Syracuse University Maxwell Graduate School, 1951) ; Raymond Bower, "The Military Establishment", in Paul Lazarsfeld, William Sewell, and Harold Wilensky (eds.), *The Uses of Sociology* (New York: Basic Book, 1967), pp.234ff ; Leonard Mead, "Psychology at the Special Devices Center, Office of Naval Research", *American Psychologist* 4, no. 4 (April 1949), pp.97ff ("급속한 대중 학습"과 관련하여 텔레비전에 기초해 진행된 실험에 대한 논의는 pp.98~100을 보시오) ; Charles Bray, "The Effects of Government Contract Work on Psychology", and John T. Wilson, "Government Support of Research and Its Influence on Psychology", both in *American Psychologist* 7, no. 12 (December 1952), pp.710~

718 ; Gene Lyons, "The Growth of National Security Research", *Journal of Politics* 25, no. 3 (1963), pp.489~508 ; Irving Louis Horowitz, "Why the DOD Is No. 1", *Trans-Action* 5, no. 6 (May 1968), p.32.
4) 서베이 리서치survey research는 마케팅 분야에서 사용하는 연구 기법의 하나로 표적 대상과 인터뷰하여 시장 정보를 입수하는 연구 방법을 말한다. (역자주)
5) Jean Converse, *Survey Research in the United States* (Berkeley: University of California Press, 1987), pp.340~341.
6) Ibid., pp.353, 357.
7) Clyde Kluckhohn, Alex Inkeles, and Raymond Bauer, *Strategic Psychological and Sociological Strengths and Vulnerabilities of the Soviet Social System* (Cambridge, MA: Russian Research Center, Harvard University, 1954 ; USAF contract no. 33 [308]-12909), pp.20~22, Annex 1 (on ISR role), pp.360~368 (on use in strategic air offensive on the Soviet Union). 또 Tami Davis Biddle, "Handling the Soviet Threat: Arguments for Preventative War and Compellence in the Early Cold War Period", paper presented at the annual convention of the Society for Historians of American Foreign Relations, 1988과 Christopher Simpson, *Blowback* (New York: Weidenfeld & Nicolson, 1988), p.138을 보시오.
8) Converse, *Survey Research in the United States*, p.353, p.531의 주 17에서 인용.
9) Ibid., pp.309, 327. 또 National Opinion Research Center (Charles Mack), *Bibliography of Publications, 1941~1960* (Chicago: NORC, 1961), and *Supplement 1961~1971* (Chicago: NORC, 1972) ; James Davis, *Studies of Social Change Since 1948*, 2 vols. (Chicago: NORC, 1976)을 보시오.
10) Converse, *Survey Research in the United States*, pp.321~322. 국무부 사건에 대한 상세한 설명은, House Committee on Government Operations, State Department Opinion Polls, 85th Cong., 1st sess., June~July 1957 (Washington, DC: GPO, 1957)을 보시오. 이 연구들이 끼친 강력한 영향력의 사례에 대해서는 소련의 첫 핵실험 이후 핵전쟁에 대한 미국인들의 여론과 관련한 국무부 정책기획국Policy Planning Staff의 내부 논의를 보시오. Carlton Savage to George F. Kennan, untitled memo regarding first use of atomic bomb, December 21, 1949 (top secret), in Paul Nitze Papers, Policy Planning Staff files, box 50, RG 59, U.S. National Archives, Washington, DC.
11) Converse, *Survey Research in the United States*, pp.309, 327.
12) Charles Fritz and Eli Marks, "The NORC Studies of Human Behavior in Disaster", *Journal of Social Issues* 10, no. 3 (1954), pp.26~41 ; Rue Bucher, "Blame and

Hostility in Disaster", *American Journal of Sociology* 62, no. 5 (1957) ; Elihu Katz, "The Night the Sirens Wailed in Chicago", *Chicago Suntimes* (April 24, 1960). 같은 시기 응용사회연구소의 연구 사례들에 대해서는 Fred Ikle, "The Social Versus the Physical Effects from Nuclear Bombing", *Scientific Monthly* 78, no. 3 (March 1954), pp.1982~1987을 보시오.

13) 핵전쟁 계획의 일부분으로 이들 연구를 논의한 것으로는 Jack Hirshleifer, *Disaster and Recovery: A Historical Survey* (Santa Monica, CA: RAND Corporation, RM-3079-PR, 1963)을 보시오.

14) Converse, *Survey Research in the United States*, pp.269, 506~507 주 42.

15) Ibid., pp.275~276, 506 주 37.

16) Ibid., p.506 주 37.

17) Kluckhohn, Inkeles, and Bauer, *Strategic Psychological and Sociological Strengths and Vulnerabilities*, p.402.

18) '미국의 소리' 연구의 역사에 대해서는 Daniel Lerner with Lucille Pevsner, *The Passing of Traditional Society* (Glencoe, IL: Free Press, 1958), pp.79~80을 보시오. 중동 지역에서 미국이 수행한 심리전에 대해서는 William Blum, *The CIA: A Forgotten History* (London: Zed, 1986), pp.31~36, 67~76, 96~107 ; Thomas Powers, *The Man Who Kept the Secrets: Richard Helms and the CIA* (New York: Pocket Books, 1979), pp.106, 161, 431을 보시오.

19) John Prados, *Presidents' Secret Wars* (New York: Morrow, 1986), pp.94~98 (on Iran) ; Myron Smith, *The Secret Wars*, Vol. 2 (Santa Barbara, CA: ABC-Clio, 1981), pp.xxxiii, xxxv (on Egypt).

20) Converse, *Survey Research in the United States*, p.290.

21) Lerner and Pevsner, *Passing of Traditional Society*, pp.81, 449 주 1~5.

22) Lanier, "The Psychological and Social Sciences," pp.131~133 ; "Psychological News and Notes," *American Psychologist* 3, no. 12 (December 1948), p.559.

23) Lanier, "The Psychological and Social Sciences," pp.131~132.

24) 정확한 수치는 이 글을 집필할 당시까지 여전히 비밀로 분류되었다. 더불어 그 규모 또한 명백히 1949년에 국방부가 '사회과학'을 얼마나 넓게 규정했느냐에 달려 있다. 여기에 밝힌 수치는 래니어에 의해 제시된 자료로 계산한 것이다. 래니어는 당시 인적자원위원회 인간공학과 정신생리학 분과 Panel on Human Engineering and Psychophysiology의 분과장이었다. 래니어의 자료는 공개 이전에 국방부 장관실에 의해 허가를 받았다(ibid, p.131). 래니어의 예상은 특히 허버트Hubbert와 로젠버그Rosenberg의 *Opportunities for Federally Sponsored Social Science Research* 등에 등장하는 동시대 다른 저자들의 예상보다 훨씬 높다. 그러나 그의 수치는 전국과학재단의 존 윌슨

John Wilson이 "Government Support of Research," p.715에 제시한 수치와 거의 일치한다.

25) Lanier, "The Psychological and Social Science," p.132.
26) 패널 구성에 대해서는 "Psychological News and Notes," p.559를 참고하시오. 스페이어에 대해서는 다음의 글들을 참고하시오. "Psychological Warfare Reconsidered," Rand paper no: 196, February 5, 1951 ; Hans Speier, "International Political Communication: Elite and Mass," *World Politics* (April 1952[RAND paper no. P-270]) ; Hans Speier and W. Philips Davison, "Psychological Aspects of Foreign Policy," RAND Paper no. P-615, December 15, 1954. 랜드연구소의 기원에 대해서는 Fred Kaplan, "Scientists at War: The Birth of the RAND Corporation," *American Heritage* 34 (June~July 1983), pp.49~64.
27) Alexander Leighton, *Human Relations in a Changing World* (New York: Dutton, 1949).
28) Carl Hovland, Author Lumsdaine, and Fred Sheffield, *Experiments in Mass Communication* (Princeton: Princeton University Press, 1949). 이는 『미국인 병사』시리즈의 세 번째 저작이다.
29) "Psychological News and Notes."
30) Ibid.
31) 위원회에서 돌라드와 가드너의 역할에 대해서는 위의 책을 참고하시오. 카네기재단에서 가드너의 역할에 대해서는 *Who's who*, 1974~1975, p.1099를 참고하시오. 『미국인 병사』시리즈에 대한 카네기재단의 역할에 대해서는 Samuel Stouffer et al., *The American Soldier* (Princeton: Princeton University Press, 1949), p.26을 참고하시오.
32) Charles O'Connell, "Social Structure and Science: Soviet Studies at Harvard," (Ph.D. diss. UCLA, 1990), pp.178~179.
33) John Clausen, "Research on the American Soldier as a Career Contingency," *Social Psychology Quarterly* 47, no. 2 (1984), p.212.
34) 캔트릴의 해설에 대해서는 Hadley Cantril, *The Human Dimension: Experiences in Policy Research* (New Brunswick, NJ: Rutgers University Press, 1967), pp.131~132, 145를 참고하시오. 『뉴욕타임스』의 해설에 대해서는 John M. Crewdson and Joseph Treaster, "Worldwide Propaganda Network Built by the CIA," *New York Times* (December 26, 1977).
35) Thomas Sorenson, *The Word War: The Story of American Propaganda* (New York: Harper, 1968), p.46.
36) Clausen, "Research on the American Soldier," p.212.

37) "Cottrell, Leonard Slater," *Contemporary Authors*, Vol. 107, p.100.
38) Leonard Cottrell, "Social Research and Psychological Warfare," *Sociometry* 23, no. 2 (June 1960), pp.103~119, 119쪽 인용구.
39) 예컨대 Rebert Holt, *Radio Free Europe* (Minneapolis: University of Minnesota Press, 1958), p.236에 언급된 국가안보위원회의 비밀기구 작전조정위원회 Operations Coordinating Board를 위한 윌버 슈람의 역할을 참고하시오. 관련된 글로는 다음과 같은 것들이 있다. "Briefing Paper-Schramm Meeting," August 1, 1956 (formerly secret, declassifies 1991), Wilbur Schramm files, USIA Library Historical Collection, Washington, D.C.
40) Robert Merton, *Social Theory and Social Structure* (New York: Free Press, 1968), pp.504~505.

병영과 참호 속의 전우들

 앞에서 논의했던 심리전 작전들에 학계가 개입하는 세 가지 양식은 한국전쟁 기간 동안 새로이 절정에 도달했다. 1950년 이전까지 학술잡지들 안에서 이루어진 심리전에 관한 논의는 대부분 제2차 세계대전의 경험과 관련된 것이거나, 또는 새롭게 제기되는 냉전이라는 맥락 속에서 '심리전' 전략을 수행하기 위해서 무엇을 해야 할 것인가라는 문제에 초점을 맞추었다. 그러나 1950년 이후 작성된 보고서들은 당시 진행 중이던 심리전 작전에 대한 연구에 초점을 맞추거나, 군부로부터 재정지원을 받아 새로 진행되는 커뮤니케이션의 효과에 관한 연구에 집중하기 시작하였다.
 한국전쟁기 연구들 가운데 대다수는 훗날 당대 최고의 매스커뮤니케이션 연구자들로 손꼽히게 될 사람들에 의해 수행되었다. 결과적으로 보면 그들은 교과서를 썼고, 정부와 민간이 지원하는 상당한 연구계약을 만끽했으며, 여러 유명한 학술지들의 편집진으로 일함과 동시에 미국에서 가장 영향력 있는 저널리즘과 매스커뮤니케이션 관련대학의 학장을 맡거나 명예교수가 되었다. 이 사례는 우리로 하여금 특정 주제에 관한 '지식', 즉 커뮤니케이션에 관한 '지식'을 통해 전문성을 구축해 간 사람들이 어떻게 상호간의 사회적 연결망을 맺었는지 그 과정을 알 수 있게 해준다.

미 공군은 한국전쟁 발발 직후 곧바로 윌버 슈람, 존 W. 라일리, 프레드릭 윌리암스 등을 한국에 파견하여 반공주의적 피난민들을 면담하고, 미군의 심리전 작전을 연구하도록 했다. 그들은 비밀 분류된 자신들의 연구를 미 공군에 제출했고, 그와 동시에『계간여론』에는 그중 비밀 해제된 부분을 따로 분류하여 학계에 적합한 양식으로 기고했으며, 또 이를『빨갱이들이 점령한 도시』라는 제목의 책으로 발간하여 시중에 유통시켰다.[1] 이 유명한 책에는 전쟁과 잔혹성에 관한 이야기들이 담겨 있는데, 그것들은 국제연합 UN이 한국에서 수행하는 '치안활동'을 옹호하는 데 맞춤한 것이었다. 이후 미국 정부는 자비를 들여서 이 책을 몇몇 아시아 및 유럽 언어로 번역했고, 그 결과 이 책은 한국전쟁에 관한 '권위 있는' 분석서 중 하나가 되었다.

한편 중동지역에서 VOA 확인 활동을 위해 수행된 응용사회연구소의 연구와 관련하여 몇 개의 요약문과 중간보고서가 적어도 여섯 차례 정도『계간여론』에 실렸다. 그중 다니엘 러너가 편집한 호에는 그 프로젝트의 결과물인 러너 자신의 책에 대한 찬사어린 서평이 실리기도 했다.[2] 한국전쟁 초기, 미 육군, 해군, 공군에서 주관한 연구 프로젝트들의 결과물로서 제출된 방법론 관련 보고서 수가 크게 증가하여 학계의 연구서들 안에서도 큰 비중을 차지하게 되었다.[3] 이 점은 동유럽과 소련의 커뮤니케이션 행태에 관한 연구들에서도 마찬가지로 확인할 수 있는 경향인데, 그 연구들 가운데 적어도 하나 이상이 CIA와 계약을 통해 진행되었다는 점은 거의 확실하다.4)

공개적 또는 '백색' 선전 분야는 '흑색' 선전과 비밀공작이 그렇듯이 한국전쟁 이전에 이미 진전이 있었다. 1947년 후반 NSC가 NSC 4와 NSC 4-1을 채택한 지 석 달이 채 지나지 않아 의회는 미국 국제정보처U.S. Office of International Information(OII)의 영구적인 설치를 보증하는 스미스-문트 법안Smith-Mundt Act을 통과시켰다. 그 후 이 부서는 현재 미 공보부USIA와 그 해외지부인 미 공보원U.S. Information Service(USIS)으로 알려진 기구들로 전환되었다. VOA는 이 기획 안에 포함되었고, 1940년대 후반 체코슬로바키아, 베를린, 중국 등에서 위기가 발생하면서 그 예산이 급격히 늘어났다.5)

처음에는 미국의 이러한 공개적인 선전 작전에서 사회과학자들보다 저널리스트와 여론관련 전문가들의 영향력이 더 강했던 것으로 보인다. 국제정보처와 초기 USIA가 제출한 교리는 사회과학 이론보다 저널리스트들의 현장이론과 데니스 맥퀘일Denis McQuail의 용어를 빌리자면6) 평범한 관찰자의 '상식적인' 이론을 반영하였다. 초기의 학자 교환 프로그램들이 대체로 외국의 엘리트들, 또는 곧 엘리트가 될 것으로 간주되는 소장 전문가에 초점을 맞추었던 것과는 대조적으로 이들은 미국의 선전을 접하게 될 엘리트와 대중을 거의 구분하지 않았다. 실제로 서유럽에서 진행된 미국의 라디오 방송은 이들 지역에서 현지인 조사자를 고용한 민간 조사기관과 계약을 맺어 청취자 조사를 수행한 후에야 비로소 비교적 정교한 면모를 보이게 된다. 미국 정부는 자신이 이 조사들을 지원한다는 사실이 응답자들에게 영향을 미칠 수 있다는 점을 알았기 때문에 조사를 민간기관에 의뢰한다고 했다. 다른 한편 동유럽과 공산화된 중국 등 '닫힌' 사회를 향한 라디오 방송은 비용도 많이 들고 정치적으로 민감할 수밖에 없었는데, 미국의 라디오 신호가 국지적 전파방해를 뚫어낼 수 있는 가능성이 얼마나 되는지, 그리고 얼마나 많은 사람들이 이 신호를 접하게 될 것인지에 관한 실제 지식과 정보가 거의 없는 상태에서 주먹구구식으로 진행되었다.7) 미국의 정보 및 선전기구들은 그들이 수행하는 프로그램이 얼마나 효과가 있을지 거의 아는 바가 없었다. 그것을 통해 미국은 과연 친구를 얻을 수 있는가? 고압적인 수사법을 구사하는 것이 효율적인가, 아니면 그것을 피하는 것이 낫는가? '공보' 프로그램은 실제로 어떤 차이를 가져왔는가?

미국 정부는 조셉 매카시[Joseph McCarthy] 상원의원과 그의 동료들로부터 VOA와 미국의 공보프로그램에 대한 정치공세에 직면했고, 이 문제를 해결하기 위해 제2차 세계대전 당시 협력관계를 유지했던 사회과학자들을 수소문하기 시작했다. 연방정부 관료들과 학자들 사이에서 재건된 이 관계는 곧 협력관계로 발전했다. 대다수 사회과학자들은 매스커뮤니케이션 연구를 전도유망한, 그러나 충분히 자금이 공급되지 않은 분야라고 생각했고, 새로운 계약을 따내기 위해 적극적으로 경쟁을 벌였다. 정부는 그들 중 가장 신뢰할 만하고, 현재 진행 중인 선전, 정보, 군사교육 프로그램에 가장 크게 기여할 수 있을 것으로 기대되는 연구자들에게 그 대가를 지불했다. 앞으로 차차 살펴보게 되겠지만 실제로 계약을 둘러싼 이런 경쟁이 낳은 결과 중 하나는 이데올로기적인 수렴의 압력이 상당부분 사회과학자 공동체의 외부가 아닌 '내부'로부터 강제되었다는 점이다.

영구적인 원격조종장치

우선 VOA와 미 공보부 등 '백색' 선전기구를 위해 수행한 커뮤니케이션 연구성과들을 심리전에 포함시키는 것이 과연 적절한가? 『계간여론』, 『미국사회학연구』, 그리고 그 외에 학계에서 영향력 있는 학술지들을 분석해보면 당시, 특히 한국전쟁 기간에 해당 학술지에 기고한 논문 저자들 상당수가 자신들의 작업을 심리전의 일환으로 간주했다는 점, 그리고 자신들의 프로젝트를 그런 태도에 근거하여 진행했다는 점을 명확하게 알 수 있다.

예컨대 1951년 여름, 미국여론연구협회AAPOR 연례모임 자리에서 당시 유명한 커뮤니케이션 연구자들이 대거 참가하여 심리전에 초점을 맞춘 세 개의 주요 분과회의를 열었다. 미국의 국제커뮤니케이션 연구들이 미국이 수행하는 심리전 작전에 기여할 수 있으리라는 기대는 모든 분과에서 만장일치로 의견을 모았다. 6월 25일 월요일, 필립스 데이비슨이 의장을 맡아 "심리전에 대한 여론조사의 기여"라는 주제로 회의를 열었다. 참석자들 가운데 눈여겨볼 만한 이들로는 국제여론연구소International Public Opinion Research(IPOR)의 엘모 윌슨, VOA의 연구책임자 레오 로웬탈, 스탠포드 대학의 다니엘 러너, 응용사회연구소의 개발도상지역 전문가 조셉 스티코스Jojeph Stycos 등이 있다. 데이비슨은 랜드연구소를 대표하여 참가했는데, 이즈음 랜드연구소는 예산의 거의 대부분을 미 공군 및 CIA와의 계약에서 얻은 돈으로 충당했다. 회의의 전반적인 분위기는 아무래도 의장 데이비슨이 윌슨을 소개하면서 인용한 일화를 통해 가장 잘 파악할 수 있을 것 같다. 당시 윌슨은 서유럽 5개 국가에 대해 매우 은밀하고 논쟁적인 여론조사를 막 끝마친 상태였다. 데이비슨은 윌슨의 연구가 제기한 핵심적인 문제를 "'누가 우리(즉, 미국 정부) 편인가' 여부는 사람들이 그들 자신의 감정과 관련하여 무언가를 하고자 하는 자발성의 차원을 통해서 확인될 수 있는" 것이라고 정리했다. 그러나 윌슨의 연구는 "인간을 길들이는 소비에트 기구는 완전히 소멸되어야 한다"라고 할 정도로 극단적인 측면이 있다.8)

로웬탈은 커뮤니케이션 연구에 대한 VOA의 전망에 대해 약간의 환상을 가미하여 요약적으로 발표했다. 그는 VOA가 "궁극적인 기적", 즉 "여론조사를 심리전에 활용하는 과정에서 일종의 영구적인 원격조종장치the push-button millennium를 찾고 있다"고 하면서, 이어 "그날이 오면 전사戰士들은 연구기술진에게 전달내용과 청중 집단, 매체와 추구하는 효과 등의 정보를 말하고, 연구자는 간단히 수학적 기법을 활용하여 대수방정식의 답을 구할 것이고" 그러면 전쟁은 승리로 끝날 것이라고 말했다.9) 로웬탈은 그 후 이 발표문을 다시 손보아 논문으로 출간했는데, 그 글은 로웬탈과 당시 역시 VOA에서 일하던 조셉 클래퍼Joseph Klapper의 공저로 발표되었다. 그 안에서 VOA의 국제방송을 "심리전의 한 형태"로 간주했고, 커뮤니케이션 연구와 여론조사를 "현재의 정치적 맥락 속에서 볼 때 병영과 참호 속의 전우들"이라고 썼다.10)

당시 중동지역에서 VOA가 수행한 역할을 다룬 응용사회연구소 프로젝트의 책임자였던 조셉 스티코스는 심리전이야말로 VOA 프로젝트의 주요 원리라고 주장했다. 그는 유목민에 관한 자신의 연구조사가 그 자체로 과학적으로 가치 있는 것은 아니지만 기본적으로 "심리전에 관한 장기적 연구에 매우 중요한" 것이라고 말했고, 심지어는 유목민과 미국 정부 사이에서 이루어지는 두 가지 방식의 의견교환이라는 점에서 '커뮤니케이션'을 용이하게 만드는 데

도움이 된다고 주장했다.11)

이러한 인식은 결코 VOA에만 한정되지 않았다. 해군연구소의 존 맥밀런John MacMillan이 의장이 되어 진행한 두 번째 분과는 "국방의 견지에서 본 여론 연구와 커뮤니케이션 연구"에 초점을 맞추었다. 미 공군의 발표는 "대중적 '공황 가능성'Panic Potential에 관한 측정, 커뮤니케이션 수단으로서 삐라 살포의 효율성, 심리전이 지닌 전반적인 문제" 등을 포함하여,12) 공군이 심리전 차원에서 관심을 둔 몇몇 핵심적인 분야에 주안점을 두었다. 한편 폴 라자스펠드가 주재한 세 번째 분과는 국무부 국제방송과International Broadcasting Division(IBD) 과장인 포이 콜러Foy Kohler가 중요한 발표자로 주목받았다. 콜러의 주제는 "현재 한참 진행 중인 미국과 소련 간의 권력투쟁 과정에서 여론의 역할"이었다.13)

1952년 겨울에 간행된 『계간여론』 특집호는 국제커뮤니케이션 연구를 주제로 삼았다. 그리고 그것은 심리전 프로젝트를 학계의 커뮤니케이션 연구 안으로 통합시키는 새로운 계기가 되었다. VOA의 연구책임자였던 레오 로웬탈이 객원편집인으로 참가하여 펴낸 이 특집호는 냉전의 국제커뮤니케이션에 관한 한 당대 최고의 연구와 이론을 선별하여 모은 최초의 공식적인 성과였다. 이 프로젝트는 '민간의' 커뮤니케이션 연구와 정부의 심리전 작전 양 측면에서 공히 활용된 여러 차원의 범용적 언어체계뿐만 아니라, 그들 간의 밀접한 상호작용을 증명했다는 점에서 특별히 언급해둘 만한 가치가 있다.

『계간여론』 프로젝트와 VOA에서 레오 로웬탈이 수행한 작업은 초기 냉전 시대에 지식인들과 과학자들을 뒤흔든 복잡하고 때로는 모순적인 여러 압력들을 이해하는 데 좋은 소재가 된다. 로웬탈은 나치 독일에서 망명한 유대인이었고, 미국 역사상 가장 반공적인 시대에 미국 정부를 위해 일한 자칭 맑스주의자였으며, 기능주의가 풍미하던 시대에 문화의 차원에서 공산주의 이론을 비판한 사람이었다. 그야말로 정확히 그 시대의 생존자이자 우상파괴자였다.14) 하지만 그럼에도 불구하고 1940년대와 1950년대에 로웬탈이 자신의 저서들에서 주장한 이념이나 그의 경력은 잠시 뒤에 논의할 단 하나의 중요한 예외만을 제외하면 스탈린정권을 비판하는 작업을 벌이기 이전에 맑스주의 이론가이자 실천가로 수년을 보낸 제임스 번햄James Burnham, 제이 러브스톤Jay Lovestone, 시드니 후크Sidney Hook, 맥스 이스트만Max Eastman 등 우리에게 익히 알려진 대다수 반공 자유주의자들의 그것과 서로 일치하는 부분이 많다. 당시 매우 대중적인 텍스트로 읽힌 『패배한 신』15)과 결부되어 널리 퍼진 환멸은 히틀러-스탈린 조약(1939)에서 기인한 배신감, 점차 명백해진 스탈린체제의 야만성과 반유대주의, 대다수 공산주의 정치조직 안에서 자행된 지식인에 대한 탄압과 무력화, 그리고 당시 서구에서 지식인과 노동운동 지도자들의 혁명에 대한 지지를 약화시키기 위해 기획된 고도로 효과적인 선전전략 등과 맞물려 있다.16)

 1940년대 후반에 이르러 CIA와 국무부가 수행하는 심리전 작전에 대해 조언하는 이들 중 중요한 지위를 차지한 사람들의 상당수는 한때 맑스주의자였다가 이제는 변증법 및 여타 맑스주의적 통찰들을 소련과 중국, 그리고 제3세계 민족주의에 대한 심리전 업무에 적용시키는 이들로 채워졌다. 레오 로웬탈 역시 그 점에서는 마찬가지였다. 그는 당시 주로 비판적 글쓰기와 『계간여론』 및 여타 학술지들의 편집을 통해서 그것이 맑스주의적인 것이든 포스트-맑스주의적인 것이든 비판적인 통찰들을 미국의 국제선전 중

진에 활용하는 데 힘썼다.17)

로웬탈이 최근 VOA 활동을 회고하면서 쓴 글에는 당시 대다수 지식인들이 지녔던 양가적兩價的 성격이 잘 나타나 있다. 공직 활동과 관련한 인터뷰 자리에서 로웬탈은 "나는 미국의 외교정책에 대해 열정적인 비판가가 되는 것에 관심이 없었다"고 말했다.18)

> 나는 당시 (VOA에서) 내가 수행한 활동을 특정한 기능이라는 관점에서 바라보았다. 결과적으로 보면, 난 다만 자율적으로 정치적 결정을 내릴 수 없는 미국 선전기구 속의 한 특정 부서를 책임지는 사람이었을 뿐이었다.……당시 (제2차 세계대전 때 OSS를 위해 독일의 선전전략 분석가로 활동한) 허버트 마르쿠제나 나나 정부에서 일하는 것이 뭔가 문제 될 일이라고는 생각하지 않았다.……전시기에 OWI에서 일했던 때나 전후에 VOA에서 일했던 때나 내가 제국주의 권력을 위해 일한다고 느낀 적은 단 한 번도 없었다고 말하는 편이 낫겠다.……결과적으로 보면 세계에는 서로 대립하는 두 강대국이 있고, 전쟁이 끝난 뒤 곧바로 미국과 소련 중 어느 쪽이 더 제국주의적인 정치세력인지 판별하기란 무척 어려운 일이었다.

냉전이 심화되던 시기에 접어들어 로웬탈은 전문적인 반공주의 활동가가 되기를 거부했는데, 이 점에서 그는 번햄이나 러브스톤 등과는 달랐다. 로웬탈은 1952년 새로 공화당 정부가 들어서자 공직에서 은퇴했고, 그 후 스탠포드 대학과 캘리포니아 대학의 교수로 학계에 자리 잡는 길을 택했다.19) 그 결과 로웬탈은 이후 다른 학자들이 실패의 길로 들어섰을 때에도 승승장구 명성을 이어갈 수 있었다. 그는 맑스주의, 기능주의, 상징적 상호작용론 등 상호 대립적인 지적 전통에 속한 이론들을 두루 섭취했고, 오래도록 자리를 지켜 사회과학 분야에서 대가의 지위까지 올라섰다.20) 하지만 결론적으로 말해 VOA에서 로웬탈이 심리전에 종사하여 수행한 작업은 그리 예외적이거나 특별한 것이 아니었다. 오히려 그것은 다른 개혁지향적인 커뮤니케이션 연구자들이 수행한 작업들과 여러 측면에서 일치했다. 로웬탈이 VOA에서 겪은 경험은 미국 정부의 심리전에 대해 미국 지식인들이 취한 반응의 양가적이고 역설적인 성격을 잘 보여주며, 냉전 초기에 조성된 강대국 간의 대치국면 속에서 비록 비판적인 학자들일지라도 어느 쪽에든 가담하지 않을 수 없다는 느낌을 가질 정도로 상황이 심각했음을 확인해준다.

로웬탈이 1952년 『계간여론』에 발표한 국제커뮤니케이션 연구는 공식적으로 드러난 외양과 달리 실제로는 정부와 계약을 통해 집필한 여러 논문들이 사회학 및 사회심리학 연구공동체 안에서 국제커뮤니케이션에 관한 최신 이론으로 유포되는 데 중요한 계기를 제공했다. 찰스 글록의 "커뮤니케이션과 여론 형성에 관한 비교연구"[21]는 그 하나의 예다. 이 논문은 '국가커뮤니케이션 체계'라는 개념, 사례로 선택한 국가들에서 그것이 대중 및 여론 주도자와 맺고 있는 관계, 그러한 체계를 연구하기 위한 개략적인 방법론 등을 비교적 상세히 다룬 글이었다. 로웬탈은 『계간여론』 서평란에서 글록의 작업을 그가 구사하는 개념이 배태된 사회적·정치적 맥락에 대한 별다른 언급 없이 단지 응용사회연구소의 지원을 받은 연구물이라고만 소개했다. 그러나 글록의 작업이 실은 국무부에서 발의한 응용사회연구소-사회과학연구소 공동프로젝트의 일환이었다는 점이 최근 공개된 응용사회연구소 자료에서 밝혀졌다. 이 프로젝트는 당시 미국에게 심리전 작전의 주요 대상이었던 이탈리아와 근동 양 지역에서 여론조작 기술을 개발하기 위해 기획되었다.[22]

글록의 연구 의제가 당시 상황에 대한 정치적 고려를 통해 제출되었다는 것은 명확한 사실이다. 글록은 "우리는 동양의 구식민국가 국민들 안에서 나타나는 민족주의적 각성이 '제국주의적인' 서양에 대한 일반적인 혐오의 감정으로 얼마나 진전되고 있는지를 파악하고자 한다"고 강조하여 말했다. "이집트의 지식인들 사이에서 미국으로부터 나오는 뉴스가 다소 양가적으로 파악되고 있음이 확실하다.……따라서 여론형성 분야에서는 다양한 사회적, 정치적, 경제적 체계들 속에서 세계에 대한 정보가 어떻게 상이한 방식으로 흡수되는지 연구할 필요가 있다."23)

글록의 분석이 아무리 과학적으로 장점을 지니고 있다고 해도 그의 연구프로젝트가 특수한 목적, 즉 이탈리아와 근동지역의 인민들을 대상으로 미국 정부가 의도하는 국익 개념의 증진이라는 목적에 부응하기 위해 기획되었고, 또 이를 위해 응용된 정치적 연구였다는 점만큼은 부정할 수 없는 사실이다. 당시 다른 매스커뮤니케이션 연구자들 역시 같은 이데올로기 지형 안에서 글록의 시각을 채택하였다. 글록의 연구는 일반적으로 회자되는 것과 달리 단지 그 후원자들이 부과한 정치적 과제를 배제한 상태에서 누구나 이루어낼 수 있는 중립적인 과학의 성취가 아니었다. 오히려 실제적인 문제로서 당시 미국에서 글록의 선례를 따라 이루어진 '국가커뮤니케이션 체계'에 관한 대다수 연구들 역시 국무부와 육군의 지원하에 진행되었고, 또 글록의 프로젝트와 마찬가지로 처음부터 정치적·이데올로기적 목표를 달성하기 위한 수단의 성격을 지녔다. 사회과학연구소 기록은 이 점을 분명하게 드러내준다. 글록의 논문은 1953년 사회과학연구소에서 발의한 연구계약이 성사되는 근거를 제공했다. 그 계약은 로웬탈이 일하는 국무부와 같은 노선을 따른 연구들,24) 예컨대 동유럽 위성국가들25)과 필리핀26)의 '국가커뮤니케이션 체계', 그리고 그 후로는 미 육군을 위하여 수행된 소련 영토 내 아시아 지역 공화국들27)의 커뮤니케이션 체계에 관한 연구 등을 좀 더 진전시킨다는 목적을 지녔다.

『계간여론』 특별호에 실린 몇몇 다른 논문들 역시 마찬가지 성격을 지녔다. 벤자민 링어와 데이비드 실즈가 함께 쓴 논문 "이란의 정치적 과격분자들: 커뮤니케이션 데이터의 이차적 분석"은 불안정한 중동 국가의 여론자료에 대한 응용사회연구소 연구라고만 되어 있다. 하지만 그 글은 실제로는 이란의 정치적 동향에 관한 조사로서 국무부가 자금을 댄 프로젝트의 연구 성과물이었다. 당시 이란에서는 CIA의 지원을 등에 업고 모하메드 모사데그Mohammed Mossadegh의 민족주의 정권을 무너뜨리기 위한 군부쿠데타가 한창 진행 중이었다. 이 논문의 표현을 빌자면 모하메드를 지지하는 사람들은 '극단주의적 정치세력'의 대부분을 차지하는 사람들이었다.28) 특집호에서 다룬 소련의 커뮤니케이션 행태에 관한 보고,29) 이탈리아를 대상으로 하여 진행된 공산주의자들의 라디오 방송에 관한 연구,30) 그리고 동유럽에서 탈출한 사람들을 면담한 자료가 미국에 의한 선전의 효과를 평가하는 데 어느 정도의 가치를 가지는가에 대한 방법론적 논의31) 등에서도 이와 비슷한 양상이 발견된다.

다니엘 러너는 특집호의 독자들을 위해 이데올로기적인 지침을 제시했다. 러너의 의도는 다소 개괄적인 형태로 발표되었고, 그에 대한 반대의견도 별달리 없었다. 그는 대외정책에서 미국의 주도권을 받아들일 수 없는 학자들의 존재는 "자유세계의 전적인 실패를 반영할 뿐"이라고 주장했다. 러너가 보기에 "평화와 안전, 그리고 긴장완화"와 같은 소위 '중립주의적' 분위기를 비판하는 활동들이야말로 "커뮤니케이션 연구의 폭과 깊이, 그리고 상호관계를 한층 증진시킬 수 있는 능력과 의지를 가진 모든 사람들의 의무"였다.[32] 다소 가설적이기는 하지만 러너의 입장에 대해 입을 모아 칭찬했던 잡지 편집자들 역시 이 점에 대해서는 동일한 의견을 가졌다고 할 수 있다.

『계간여론』의 출간에 의해 만들어진 이러한 '사적' 맥락은 학자들과 그들 작업의 실제 용도 사이를 단절시키는 완곡어법 체계를 발전시켰다. 로웬탈의 작업을 그 예로 들 수 있다. 1952년 여름, 로웬탈은 『계간여론』에서 '심리전 분야의 연구'가 그가 감독을 맡은 VOA 활동의 핵심적 측면이라고 정직하게 털어놓았다.[33] 하지만 6개월도 채 안 되어 그가 "국제커뮤니케이션 연구"라는 제목으로 편집한 특집호에서는 심리전을 심리전이라고 명확히 언급한 논문을 전혀 찾아볼 수 없다.[34] 이 점은 1952년 『계간여론』 색인을 통해서도 확인할 수 있다. '선전'에 대한 논문이 색인명부에 두 편 올라있는 데 반해 '심리전'에 관한 논문은 아예 명부에 올라있지 않았다.

그러한 절연은 꽤나 효과적이었다. 글록의 논문을 포함하여 로웬탈이 편집한 호에 실린 주요 논문 중 네 편이 윌버 슈람이 편집한 대학교재 『매스커뮤니케이션의 과정과 효과』에 실렸고, 그 책은 그 후 20년 동안 교과서로 활용되었다. 그 책은 지금도 미국에서 대학원 매스커뮤니케이션 과목의 기초 교과서로 널리 알려져 있다.[35] 그 책은 미디어 수용자들이 획일적인 대중으로 행동한다는 대중적 편견, 즉 선전에 대한 '마법 탄환'식 접근이라 불리던 편견에 도전했다. 슈람은 당시 대중의 행동에 대한 지식을 계속 끌어모아 여러 이론들과 연구 결과물들을 만들어냈고, 그것을 대중조작을 보다 성공적으로 이끌기 위한 전술적 요소로 제시했다. 그중에는 '여론 주도자'opinion leader 현상, '준거집단'reference group 형성 경향 등도 포함되어 있다.

　슈람은 보고서를 '심리전 연구'가 아니라 '커뮤니케이션 연구'라는 용어로 포장했다. 두 용어가 지칭하는 바는 분명했다. 이 두 단어 사이에는 커다란 의미의 간극이 있다. '커뮤니케이션 연구'라는 용어를 사용하면 애초에 그 연구 작업을 수행하게 한 사회적 맥락이 은폐되는 경향이 있다. 마찬가지로 슈람은 교재에 실은 텍스트들의 출처를 정부 보고서가 아닌 『계간여론』으로 표시해서 논문에 대한 학계의 승인을 덧붙였다. 나아가 일반 독자들이 그 텍스트를 연구가 수행된 맥락에 대응시켜 정확하게 해석할 수 없도록 만들었다.36) 이러한 전략은 일종의 속임수이기 때문에 독자들은 슈람의 책을 읽는 과정에서 자신들에게 익숙한 해석방식을 통해서는 글록 박사가 직업적으로 특정 형태의 커뮤니케이션 행동, 즉 국제적 정치선전에 대해 조언하고 있다는 사실을 포착해낼 수 없다. 그것에 관한 정보는 독자들이 보는 텍스트에서 빠져 있기 때문이다. 독자들이 본 것은 『계간여론』의 권위를 통해 뒷받침된 일종의 암묵적인 주장, 즉 국제커뮤니케이션 연구란 한 국가의 의지를 타국에 부과하는 방법을 정교하게 만드는 것이라는 과학적 견해에 대한 명백한 합의였다.

　한국전쟁부터 1950년대 말에 이르기까지 사회과학연구소에서 이루어진 작업들을 통해 우리는 미 연방정부의 프로그램들과 매스커뮤니케이션 연구들이 줄곧 상호 밀접한 관계를 맺었다는 사실을 알 수 있다. 사회과학연구소는 1950년 아메리칸 대학에 설립되었고, 현재 그 자료 중 대부분은 아메리칸 대학과 칼리지 파크College

Park의 메릴랜드 대학 도서관에 보관되어 있다. 1950년대에 사회과학연구소는 로버트 바우어Robert Bower, 커트 백Curt Back, 앨버트 비더만, 엘리자베스 크로포드, 레이 핑크Ray Fink, 루이즈 고트샤크Louis Gottschalk, 아이버 웨인Ivor Wayne 등 당대의 유명한 사회과학자들을 고용했다.37)

현재 남아있는 사회과학연구소 자료에 따르면 미 공군은 동유럽과 소비에트 카자흐스탄의 인민들을 대상으로 하여 진행한 "심리전 상의 목표대상과 그 취약성"에 관한 연구에 자금을 지원했다. 예컨대 "군부를 손안에 틀어쥐고 활용하는 과정에서……폭력의 다양한 사회적, 정치적, 심리적 측면에 대해 이해하기 위한" 프로젝트, '포로의 행태'와 전범의 심리적 좌절에 관한 보고, 죄수들을 심문하는 과정에서 마약과 전기쇼크, 폭력, 그리고 여타의 강제기술이 갖는 상대적 효용성 등에 관한 일련의 연구들이 그것이다.38) 인간생태기금Human Ecology Fund(HEF)은 사회과학연구소의 아프리카에 대한 연구, 죄수관리방법에 대한 연구를 지원했다.39) 이후에 인간생태기금이 CIA의 비밀대리기관이었다는 것이 드러났다. 이외에도 사회과학연구소는 USIA로부터 의뢰를 받아 남베트남 정부가 자국 인민에 대한 통계자료를 효율적으로 축적할 수 있도록 교육시키는 작업을 수행했고, USIA 요원들에게 매스커뮤니케이션 연구방법을 교육했으며, USIA가 요구하는 정보를 수집하거나 처리하는 업무 등의 일을 했다.40) 이러한 계약들을 통해 얻은 수입은 1950년대를 통틀어 사회과학연구소 전체 재정의 최소 50%, 최대 85%에 이르렀다.41)

1951년 초, USIA는 커뮤니케이션 동학에 관한 최신 해석방법을 USIA의 해외 선전 프로그램들에 접목시키는 프로그램을 최우선적으로 만들 목적으로 사회과학연구소 및 응용사회연구소와 여타 기구에 사업을 의뢰했다. 현재 남아있는 문서자료에 따르면 사회과학연구소는 적어도 세 가지 차원에서 성공을 거두었다. 현대적 청중조사 방법의 도입,42) 선전 및 심리전에서 '여론 주도자' 개념의 도입 및 '엘리트'와 '대중'의 구분,43) 미국 정부의 선전이 침투해 들어가야 할 대상으로서 이미 폴 라자스펠드와 찰스 글록이 사용한 바 있는44) '국가커뮤니케이션 체계' 개념의 도입45)이 그것이다.

국무부로부터 지원을 받아 진행된 사회과학연구소의 연구들은 세간의 일반적인 인식과는 달리 커뮤니케이션 동학 분야에서 널리 인정받은 '대인적 영향력'personal influence, '2단계'two-step 모델 등의 이론이 엘리후 카츠와 폴 라자스펠드가 쓴 중요한 저작『대인적 영향력』(1955)46)이 나오기 적어도 4년 전에 이미 USIA의 매스커뮤니케이션 연구에서 그 근간에 자리했다는 점을 증명한다. 1951년, 라자스펠드가 이끄는 응용사회연구소에 소속한 스탠리 빅맨Stanley Bigman은 USIA를 직접적으로 계승한 국제공보 및 교육 교환프로그램U.S. International Information and Educational Exchange Program(USIE)을 위해 『우리는 목표물을 제대로 명중시키고 있는가?』라는 조사연구 관련 비밀지침서를 준비했다.47) 당시 응용사회연구소는 VOA의 지원을 받아 중동지역에서 대규모 프로젝트를 진행하면서 커뮤니케이션 행동을 규정하는 '대인적 영향력' 모델에 관해 여러 측면에서 실험을 수행하던 중이었다.48) 빅맨은 이 비밀지침서를 작성한 후 얼마 되지 않아 사회과학연구소로 전직했다. 그는 그곳에서『목표물』프로젝트를 이어갔고, 1953년에는 필리핀에서 여론 및 커뮤니케이션 행태에 관한 연구로 후속 계약을 따냈다.49)『목표물』비밀보고서에서는 당대 커뮤니케이션 연구의 최첨단에 선 여러 개념들이 강조되었다. 예컨대 '대인적 영향력' 연결망이 대중의 태도에 어떤 결과를 가져오는지를 규명하는 데 여러 가지 조사를 활용할 수 있게끔 하는 방법, 특별 육성에 적합한 지역의 '여론 주도자'를 찾아내는 방법, 비교적 꼼꼼하게 구성된 설문 기법, 면담 과정에서 생기는 오류를 보완하는 방법 등 당대 학계의 대다수 여론 연구를 앞서가는 최신의 연구방법들이 설명되었다.50) 빅맨이 수행한 프로젝트의 성과를 통해 USIA는 필리핀에서 해당지역의 여론 지도자를 찾으려 할 때 현지 조사자를 어떻게 이용해야 하는지에 대한 답을 찾을 수 있었다. 또 응답자들이 미국에 대한 정보를 어떻게 얻는지에 관해 세부적인 정보를 확보할 수 있었다. 그리고 민주주의와 민족주의, 공산주의, 나아가 미국-필리핀 간 관계를 바라보는 각 지역의 성향을 통계자료로 수합할 수 있었다. 마지막으로 USIA가 필리핀에서 수행하는 특정 선전이 얼마나 효율적인가를 재점검하는 기회를 가질 수 있었다.

1951년 빅맨이 작성한 지침서를 통해 우리는 당시의 '대인적 영향력' 개념이 오늘날 일반적으로 알려져 있는 것보다 훨씬 복잡하며, 또 연구를 후원하는 정부의 구미에 잘 들어맞았다는 점을 알 수 있다. 이 개념이 가장 일반적인 형태로 사용된 사례는 1945년에서 1948년까지 라자스펠드와 버나드 버렐슨Bernard Berelson, 윌리엄 맥피William McPhee 등이 수행한 뉴욕주 투표행태 연구다. 그 후 1954년에 그 조사 자료가 『투표』Voting라는 제목의 책으로 묶여 출간되었다. 이것이 좀 더 충실하게 다듬어져 출간된 것이 바로 『대인적 영향력』이다.51) 그런데 사회과학연구소와 응용사회연구소가 필리핀과 중동에서 선전과 비밀작전에 관해 수행한 연구 작업은 '대인적 영향력'이라는 개념이 발아하여 그것이 책으로 출간된 바로 그

6년 사이에 절정에 이르렀다.

1950년대 초반 사회과학연구소가 수행한 필리핀 프로젝트는 커뮤니케이션 행동과 그 연구에 대해 외견상 다문화적이고 민주적인 것으로 보이는 여러 개념들이 미국이 지원하는 반혁명 정책과 권위주의체제의 운용과정에서 얼마나 손쉽게 이용당할 수 있는가를 증명한다. 미국의 대표적인 동남아시아 지역 심리전 전문가인 폴 M. 라인바거Paul Linebarger는 CIA가 필리핀 대통령 레이몬드 막사이사이Raymond Magsaysay를 '발명'해서 그에게 일을 맡긴 것을 마치 자랑처럼 늘어놓았다.52) 역사가이자 CIA 비판자인 윌리엄 블럼William Blum에 따르면, "CIA가 막사이사이의 연설문을 대신 작성해 주었고, 그 대외정책을 세심하게 인도해 주었으며, 편집자와 기자를 고용하여 언론기관을 설립해서 그들로 하여금 지속적으로 지지의 목소리를 내게끔 종용했다."53)

당시 CIA의 의도는 필리핀을 아시아의 '민주주의 전시장'으로 만드는 것이었다고, 그 계획에 깊숙이 개입하여 활동했던 CIA 요원 조셉 B. 스미스Joseph B. Smith가 회고한 적이 있다.54) 하지만 실제로는 미국으로부터 지원을 받아 막사이사이가 수행한 반혁명 전쟁, 즉 후크 게릴라세력과의 전쟁은 CIA의 에드워드 랜스데일Edward Landsdale이 개발한 일련의 심리전 기술이 구사된 피로 물든 살육전이었다. 그 와중에서 그간 USIA가 조사한 필리핀 문화와 고유 신앙에 대한 정보가 십분 활용되었다. 훗날 베트남전쟁에서 널리 사용된 '수색-섬멸 작전'search and destroy, '평정작전'pacification 등의 전술과 수사법은 랜스데일이 필리핀에서 수행한 작업들에서 처음 정식화되었던 셈이다.55)

필리핀에서 USIA와 CIA가 맺은 관계는 일종의 업무분담 정도로 보는 것이 가장 타당할 것 같다. USIA는 이 두 기관이 서로 독립된 기관이기 때문에 CIA 해외요원들에게 정보를 제공하지 않았다고 주장했다.56) 그러나 하원 대외관계위원회에 따르면 USIA는 자신이 수합한 정보, 가령 빅맨이 필리핀에서 조사한 '여론 주도자'에 관한 정보 등을 CIA에 정기적으로 제공했다.57) USIA와 CIA의 업무는 일차적으로는 1951년 설립한 트루먼 대통령의 비밀자문기구 심리전전략위원회Psychological Strategy Board(PSB)에서, 그리고 그 후로는 아이젠하워 대통령 직속으로 설치한 NSC에서 각 지역전문가들이 작성한 '국가별 계획'country plans을 통해 미리 조율되었다.58) 1950년대 중반 필리핀 프로젝트가 한창 활발하게 진행되었을 때, 아이젠하워는 CIA-USIA-미 군부 등 세 기관에서 작성한 국가별 계획을 통합하여 그 정책관리 권한을 자신의 측근들, C. D. 잭슨이나 넬슨 록펠러에게 위임하였고, 그들로부터 직접 보고를 받았다. 그들은 개인적으로 사태의 추이를 파악하고 전략을 구상했다.59)

당시 사회과학연구소는 필리핀에 '과학적인' 심리전 및 반혁명 기법을 활용해야만 1898~1902년 사이에 벌어졌던 대학살, 미국 원정대가 필리핀 민족주의 지도자 에밀리오 아귀날도Emilio Aguinaldo가 이끄는 혁명군세력을 진압하는 과정에서 발생한 대학살보다는 좀 더 민주적이고 덜 폭력적인 결과를 얻을 수 있을 것이라고 정부에 조언했다.

그러나 오늘날 돌이켜 볼 때, 그러한 주장이 과연 진실성을 담았는가 하면 그렇지도 않다. 필리핀에서 사회과학연구소와 USIA의 공작이 시작된 지 어언 40년이 지났다. 후크가 이끌었던 게릴라세력은 전멸했다. 그리고 비교적 안정적이고 서구지향적인 정부가 수립되었다. 극소수 필리핀인들은 그 속에서 풍족한 삶을 누리고 있다.

그러나 거의 모든 분야의 지수들, 예컨대 유아사망률, 평균수명, 영양상태, 토지소유권, 교육, 성병 감염률, 심지어는 출판과 선거권 등을 나타내는 모든 지수들은 대다수 필리핀인들의 삶이 그 40년 동안 정체 또는 퇴보했다는 사실을 증명한다.

물론 사회과학연구소가 필리핀에서 수행한 미국의 정책을 입안한 것은 아니다. 그러나 그곳에서 이루어진 연구들은 미 군부와 정보기관에게 필리핀 사회의 구조, 심리, 분위기와 관련한 세부적인 정보를 제공했다. 군부와 정보기관은 이를 토대로 근대적인 게릴라 소탕전술을 구사했다. 필리핀과 개발도상국에서 이루어진 미국의 심리전 작전은 자신의 주장과는 달리, 대체로 만연한 폭력과 비극을 줄이기는커녕 오히려 더 확대하는 결과를 초래했다.

'확산' 연구에 대한 군부의 지원

USIA와 VOA의 심리전 프로젝트가 비교적 공개적이고 CIA의 그것이 은밀한 성격을 지녔다고 한다면, 미 군부에서 수행한 것은 대체로 그 중간쯤에 해당한다고 볼 수 있다. 1950년대 미 군부의 역할이 모두 공식적으로 확인되지는 않았지만, 미 군부는 몇몇 잘 알려진, 그리고 매우 영향력이 컸던 커뮤니케이션 연구 프로젝트를 후원했다.

그중 자주 회자되는 사례가 리비어 프로젝트Project Revere다. 리비어 프로젝트는 메시지 전파에 관한 연구로서 꽤 큰돈이 들어간 프로젝트였는데, 미 공군이 연구비를 지원했고, 스튜어트 도드Stuart Dodd, 멜빈 드플러Melvin DeFleur 등을 포함한 워싱턴 대학의 사회학자들이 이를 주관했다. 이후에 시어론 로워리Shearon Lowery와 드플러가 쓴 커뮤니케이션 연구사에 관한 책에서 리비어 프로젝트는 새롭게 등장하는 분야에서 중요한 '이정표'들 가운데 하나로 자리매김되었다.60) 간단히 말해 리비어 프로젝트를 수행한 과학자들은 미 공군 항공기를 이용해서 워싱턴, 아이다호, 몬타나, 유타, 앨라바마 등지의 몇몇 도시와 마을 상공에 민방위 선전문구나 상업적 광고내용이 담긴 삐라 수백만 장을 뿌렸다. 그리고 주민들 가운데 동일한 메시지를 비교적 세부적인 내용을 가지고 전파하는 대상집단을 조사했다. 공군이 이 프로그램을 후원한다는 사실은 당시 군사기밀로 분류되었고, 도드가 이 프로젝트와 관련하여 초기에 『계간여론』에 기고한 논문에서도 이 점은 빠져있다.61) 그러나 이후에 도드와 드플러, 그리고 여타의 사람들로부터 그나마 솔직한 진술이 나왔다.62) 로워리와 드플러가 이후 밝힌 바에 따르면 공군은 이 프로젝트에 "1950년대 화폐가치로 약 75만 달러"에 달하는 거액을 투자했다.63) 이것은 제2차 세계대전 이후부터 1950년대 중반까지 수행한 커뮤니케이션 연구들 가운데 단일사업 규모로 최대의 자금이 투자된 프로젝트들 중 하나였다.

리비어 프로젝트는 당시 심리전 연구에 내재한 복잡한 딜레마와 위험을 구체화했다. 도드와 그 동료들의 입장에서 본다면 그들이 지원받은 돈은 "커뮤니케이션의 기본문제를 연구하는 데, 거의 전례가 없을 정도로 좋은 기회"를 제공했다.64) 그러나 그들은 공중 살포된 삐라가 지니는 커뮤니케이션 수단으로서의 의미에 연구관심을 집중해야 한다는 일종의 딜레마에 빠졌다. 한국전쟁에서 실시한 미 공군의 선전전략, 동유럽에서 수행한 CIA의 선전전략, 그리고 1950년대 미국의 핵전쟁 전략구상 등에서 이러한 매체는 중요한 지위를 차지했다. 하지만 어쨌든 실제적인 '민간' 사업에 이를 응용하는 내용은 전혀 포함되어 있지 않았다.[65]

도드와 그의 동료들은 삐라라는 소재가 삐라 그 자체만이 아니라 대다수 미디어가 공통적으로 지닌 커뮤니케이션 속성을 연구하는 과정에서 하나의 실험상 자극이 될 것으로 내심 기대했다. 그들은 새로운 자극의 효과, 그 확산, 그리고 그 자극에 관해 지식이 전이되는 과정을 설명하는 정교한 수학적 모델을 발전시켰다. 그들은 연구계약을 체결한 해당 기관 측에서 가장 관심을 가질 만한 데이터를 강조했다. 예컨대 인구 대비 삐라의 적정 살포비율, 메시지를 상기시키기 위한 반복살포의 효과, 살포시기에 영향을 주는 제반 변수들의 효과 등이 그것이다. 드플러에 따르면 커뮤니케이션 미디어의 일반적인 적용과 관련하여 이 프로젝트로부터 도출된

〈그림 2〉

6장 병영과 참호 속의 전우들   147

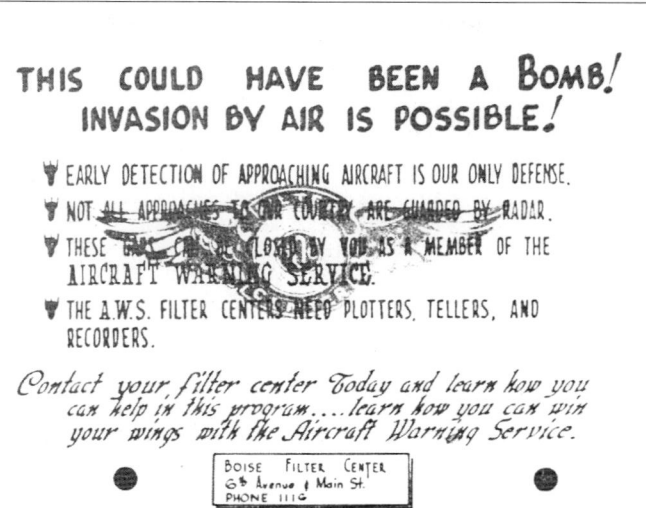

〈그림 3〉

가장 중요한 교훈은 메시지가 한 사람으로부터 다른 사람으로 전해지는 과정에서, 즉 '2단계'의 사회적 연결망 중 두 번째 단계에서는 아무리 단순한 내용을 지닌 메시지라도 필연적으로 크게 왜곡될 수밖에 없다는 점이다.66)

리비어 프로젝트의 결과 10편이 넘는 논문이 학술잡지, 책, 학위논문 등의 형태로 출간되었다. 특히 드플러, 오토 라슨Otto Larsen, 오자르 오엔Orjar Oyen, 존 G. 쇼John G. Shaw, 리처드 힐Richard Hill, 윌리엄 캐톤William Catton 등은 리비어 프로젝트에서 얻은 데이터를 기초로 하여 학위논문을 썼다.67) 1958년 『계간여론』에는 도드가 "리비어 프로젝트 관련 논문들"이라는 제목으로 작성한 도표가 실렸다. 도드가 작성한 이 명부에서 각 논문들의 제목과 게재 잡지명을 한번 살펴보기만 하면 정부와 비밀계약으로 진행한 연구 작업들이 어떤 방식으로 매스커뮤니케이션 연구의 주류로 자리 잡게 되었는지, 그리고 어느 정도로 침투해 들어갔는지를 단번에 확연히 알 수 있다.

도드가 진행한 프로젝트는 선전에 대한 연구이자, 그 자체로 일종의 선전 프로젝트였다. 샘플로 작성한 메시지의 내용은 그 유명한, 동시에 기만적인 '폭격기 격차'가 절정에 달하고, 전쟁위협이 고조된 1950년대라는 당시 시대상황에서 소련의 핵공격에 대한 대중적 공포를 한층 자극하는 것이었다(〈그림 2〉). 실제로 당시 도드의 연구에서 그 대상으로 선정된 집단들 대다수는 소련의 폭탄은 물론 미국의 민간 항공기조차도 거의 접해보지 못한 상황이었다. 오늘날 많은 역사가들은 아이젠하워 행정부 안에서 전략핵 문제를 둘러싸고 논쟁이 벌어지자 미 공군이 자신의 입지를 강화하기 위해 소위 '폭격기 격차'라는 신화를 만들어냈다는 점에 의견의 일치를 보고 있다.[68]

도드의 연구팀에 참가한 학자들 가운데 자신들이 수행한 연구를 즉각적으로 또는 잠재적으로 활용하려는 움직임에 대해 반대의견을 제기한 사람은 없었다. 아니, 정작 그럴 필요도 없었던 것이 CIA는 1956년에 군용기를 이용하여 유럽 상공에서 삐라를 살포하는 작전을 갑작스레 취소했다. 체코 상공으로 삐라를 옮기는 데 사용한 비행선과 체코 민간항공기가 지상관제 과정에서 혼선이 발생하는 바람에 공중에서 충돌하는 사건이 발생했고, 그 때문에 CIA의 작전이 취소된 것이다. 미국 정부는 공식적으로 그 사건에 대한 책임을 부인했고, 대외적으로는 존재하지 않는 것으로 되어 있는 삐라선전 프로그램에 대해서도 부인했다.[69]

CIA와 커뮤니케이션 연구의 창시자들

CIA가 후원한 심리전 연구들을 살펴보면 CIA로부터 비밀리에 재정지원을 받은 여러 프로젝트들이 1950년대 중후반 미국의 매스커뮤니케이션 연구에서 중요한 지위를 차지한 여러 증거들을 확인할 수 있다. CIA 작전들은 원래 비밀리에 수행되기 때문에 전체적으로 완결된 추론을 구성하기가 곤란하지만 파편적이나마 현재 활용할 수 있는 여러 정보들이 있기 때문에 이를 토대로 몇 가지 중요한 사례를 확인해 볼 수 있다.

그중 첫 번째로는 현대 매스커뮤니케이션 연구의 창시자로 불리는 저 유명한 알버트 해들리 캔트릴(해들리 캔트릴로 잘 알려져 있다)이 수행한 연구를 들 수 있다. 캔트릴은 1937년부터 1939년까지 프린스턴 대학 라디오 프로젝트Princeton Radio Project 부책임자였고, 프린스턴 대학 산하 여론연구소Princeton's Office of Public Opinion Research(OPOR)의 산파역이자 오랜 기간 그 책임자였으며, 프린스턴 대학 청취연구소Princeton Listening Center(PLC)의 설립자이기도 했다. 이후 청취연구소는 CIA로부터 재정지원을 받는 해외방송공보처Foreign Broadcast Information Service(FBIS)가 되었다. 캔트릴이 프린스턴 대학에서 벌인 일들은 "사회과학계에서 조사연구를 진지하게 수용한 최초의 사례이자, 조사의 결과로 얻어진 내용들을 체계적으로 수집하고 비교분석한 최초의 사례"로 널리 알려져 있다.[70] 캔트릴이 고든 알포트Gordon Allport와 함께 쓴 『라디오의 심리학』The Psychology of Radio은 통상 매스커뮤니케이션 연구사상 매우 독창적인 연구로 회자된다. 그가 유럽과 제3세계 국가들에서 수행한 여론조사 작업은 그 후 20년 넘게 국제여론 연구의 하위분과로 자리했다.

제2차 세계대전이 끝난 후 10년간 캔트릴이 벌인 연구작업은 주로 리프만이 창안한 고정관념 개념, 즉 '우리 머릿속의 그림'[71]이라는 개념을 정교하게 다듬는 것이었다. 리프만은 이것을 통해 사람들이 자신의 직접적인 경험 외부에 존재하는 세계를 이해한다고 주장했다. 캔트릴은 계급, 민족, 종족 등과 같은 요인들이 해당 표본집단의 사람들에게서 나타나는 고정관념에 어떤 영향을 주는가, 그리고 반대로 그러한 고정관념이 민족주의적 행동양식, 특히 미국에 대한 행동양식에 어떤 영향을 미치는가를 살피기 위해 국가 간 비교연구에 전념했다.[72] 캔트릴의 연구는 때로 소외된 집단에 대해 '인간적인 면모'를 보여주기도 했다. 하지만 그것은 미국이 해외에서 얻고자 하는 목적과 그것을 달성하고자 하는 행동이 근본적인 수준에서 세계의 이익에 대체로 부합한다는 전제에서 출발했다. 이런 입장에서 볼 때, 만일 외국 국민들이 미국의 행동을 그런 식으로 받아들이지 않는다면 문제는 그들이 미국의 선의를 오해한 것이지 서구적 행동방식에 근본적인 결함이 있기 때문은 아니라는 것이다.

적어도 1930년대 후반부터 캔트릴이 쌓은 경력은 비밀리에 수행된 미국의 정보작전 및 심리전과 밀접하게 연동되었다. 예컨대 여론연구소OPOR는 제2차 세계대전 개전 직전 미국의 여론을 조사하는 비밀계약을 루스벨트 정부로부터 따냈다. 캔트릴은 범미주조정국Office of the Coordinator of Inter-American Affairs(OCIAA)(넬슨 록펠러 주관하에 라틴아메리카 문제에 초점을 둔 미국의 초기 정보기관)과 제2차 세계대전 당시 OWI에서 줄곧 여론조사 전문가로 일했다. 그 후 외교정책의 심리학적 측면에 대해서 아이젠하워 대통령에게 조언하는 자문역으로 일했고, 케네디 행정부 시절에는 USIA를 재조직하는

작업에 참가했다.73)

『뉴욕타임스』New York Times에 따르면 CIA는 1956년 캔트릴과 그 동료인 로이드 프리에게 CIA의 이해관계가 걸려있는 국가들의 일반적 정황에 관해 정보를 수집해 달라고 의뢰하면서 100만 달러를 지원했다.74) 캔트릴이 지면을 통해서 여러 번에 걸쳐 그 돈이 록펠러 재단 쪽에서 나왔다고 주장하는 것으로 보아 록펠러 재단이 CIA가 캔트릴에게 건넬 돈을 세탁하는 역할을 담당했던 것으로 보인다.75) 캔트릴 사후에 주간지 『타임』Time과 캔트릴의 오랜 동료인 로이드 프리는 그 돈의 출처가 CIA였음을 확인해 주었다.76)

캔트릴의 첫 번째 연구 대상은 프랑스와 이탈리아에서 미국의 외교정책에 적대적이라고 간주된 잠재적인 정치적 '저항'세력이었다.77) 그 다음 연구는 1958년에 개인적이고 학문적인 여행을 가장하여 소련을 방문해서 소련 인민들의 사회심리적 상태와 '대중'이 소비에트 엘리트와 맺는 관계에 대한 정보를 취합해 온 것이다. 이 조사에 관한 캔트릴의 보고서는 즉각 아이젠하워 대통령에게 송달되었다. 그는 이 보고서에서 소련에 대해 존중의 태도를 보이면서 압박하는 것이 동·서 관계의 진전에 도움이 될 것이라고 주장했다.78) 그것은 국무부 장관인 존 포스터 덜레스John Foster Dulles가 소련에 대해 드러내놓고 조롱하는 태도를 취한 것과는 대조적이었다. 그 후 캔트릴은 쿠바의 카스트로 지지자들에 대한 연구와 당시 CIA가 개입가능성을 염두에 두고 작성한 명부에 오른 여러 국가들, 예컨대 브라질, 도미니크 공화국, 이집트, 인도, 나이지리아, 필리핀, 폴란드 등의 사회심리에 관한 연구를 수행했다.79)

캔트릴이 CIA와 계약하여 수행한 연구의 중요한 초점 중 하나는 대외정책과 국내 정치문제에 관한 미국 국내 여론에 대한 조사였다. 여기에 정부재정을 사용한 것은 명백히 불법이었다.[80] 이 조사에서 캔트릴은 응답자의 인구학적 특성과 미국의 이데올로기적 스펙트럼 내에서 그들이 차지하는 위치를 반영하여 정치적 여론을 파악함으로써 중요한 방법론적 혁신을 달성했다. 그가 개발한 이 분석도구는 1980년대 미국의 선거정치에 일대 혁신을 가져온 정치여론 분석기술의 선구였다.[81]

1950년대 미국의 매스커뮤니케이션 연구에서 CIA가 수행한 역할과 관련한 두 번째, 그리고 아무래도 가장 중요한 사례로 메사추세츠 공과대학MIT의 국제학연구소CENIS가 행한 연구를 들 수 있다. 비록 이들 양 기관의 관계에 대해 세세한 정보를 일일이 다 확인할 수 없지만 CIA가 1950년대 내내 이 기관의 최대 재정 후원자였다는 것만큼은 사실이다. 그리고 CIA가 국제학연구소 창설 당시에 재정을 지원한 사실 역시 널리 알려져 있다. 나아가 그 외에도 CIA가 대외비문서와 공개문서 모두를 포함하여 국제학연구소에서 발간한 특정 연구물의 출판비용을 지원한 점, 국제학연구소가 하버드 대학의 러시아연구소와 같은 다른 기관에 CIA 돈을 건네는 일종의 창구역할을 한 점, 국제학연구소 소장인 맥스 밀리칸Max Millikan의 경우 국제학연구소에 부임하기 직전까지 CIA에서 부책임자로 일한 점, 마지막으로 국무부 기록에 나타나듯이 밀리칸이 국제학연구소에 재직하면서 동시에 'CIA 자문역'으로 일한 점 등은 이미 잘 알려진 사실이다.[82] 1966년, 국제학연구소 연구원 이시엘 드 솔라 풀은 1960년대 초에 발생한 CIA와 국제학연구소 간의 불미스런 스캔들 이후로 CIA가 국제학연구소와 연계를 끊었다고 주장했지만 어쨌든 국제학연구소가 "과거에 CIA와 계약관계를 맺었다"는 사실은 시인했다.[83]

6장 병영과 참호 속의 전우들   153

　국제학연구소는 1950년대를 거치면서 커뮤니케이션 연구 분야에서 가장 주목받는 연구소들 가운데 하나로 떠올랐고, 그 시기 내내 그 지위를 유지했다. 국제학연구소의 공식회계에 따르면 국제학연구소는 포드 재단으로부터 커뮤니케이션 연구 명목으로 4년 동안 85만 달러를 지원받았고, 한스 스페이어(의장), 제롬 브루너Jerome Bruner, 월러스 캐롤Wallace Carroll, 해롤드 라스웰, 폴 라자스펠드, 에드워드 실즈, 이시엘 드 솔라 풀(비서) 등으로 구성된 연구계획위원회에서 그 돈의 배분을 결정한 것으로 되어 있다.84) 포드 재단의 돈이 실제로는 CIA의 돈인지 아닌지 여부는 밝혀지지 않았다. 하지만 포드 재단의 자료에 따르면 포드 재단은 당시 CIA의 요청으로 CIA가 지식인들의 단체인 '문화적 자유를 위한 모임'Congress of Cultural Freedom(CCF)을 대상으로 수행한 중요한 선전 프로젝트의 비용을 보조했는데, 그 금액이 50만 달러에 달했다. 그리고 포드 재단의 이사장이었던 존 맥클로이는 제2차 세계대전 당시 심리전 연구를 수행한 것으로도 유명한데, 그는 포드 재단을 CIA가 수행하는 프로젝트를 은폐하는 기관으로 만든다는 특별한 목적 하에 CIA와 안정적인 협력관계를 구축하였다.85) 국제학연구소의 연구계획위원회에 참가한 인사들 가운데 에드워드 실즈는 당시 CIA가 지원하는 문화적 자유를 위한 모임 프로젝트의 대변인도 겸직했다. 또 한스 스페이어는 랜드연구소의 사회과학연구 분야 책임자였다. 그리고 월러스 캐롤은 국가안보 문제를 전문으로 하는 언론인으로서 미국의 군사정보기관을 위해 소련과의 전쟁에 대비하는 일련의 비밀 보고서를 작성한 적이 있다.86) 간단히 말해 국제학연구소에서 이루어진 커뮤니케이션 연구는 첫 단계부터 당시 미국의 국가안보 전략과 밀접한 관련을 맺었다.

1950년대 후반 대표적인 학술잡지에 발표된 심리전 관련 논문들의 상당수는 국제학연구소가 주관한 프로그램의 결과로 집필되었다. 당시 심리전 연구에서 국제학연구소가 차지한 독보적 지위는 1956년 봄과 1958년 가을에 발간된 두 편의 『계간여론』 특집호에서 잘 드러난다. 두 편 모두 국제학연구소의 연구원들이 편집했는데, 1956년 봄호는 이시엘 드 솔라 풀, 프랭크 보닐라Frank Bonilla가, 1958년 가을호는 다니엘 러너가 각각 편집했다. 각각 해당연도 학계에서 발표된 심리전 관련 논문들 가운데 『계간여론』에 실린 논문들이 차지한 우월적인 위치를 잘 보여준다. 그 특집호의 제목은 각각 "정치커뮤니케이션 연구"와 "근대화 지역의 태도 조사"였다.[87]

해롤드 아이삭스Harold Isaacs, Y. B. 데믈Y. B. Damle, 클레어 짐머맨Claire Zimmerman, 레이몬드 바우어, 수잔 켈러Suzanne Keller와 국제학연구소 연구원 및 연구계획위원회 구성원들,[88] 그리고 특집호 편집자들[89]의 글들이 그 내용 대부분을 채웠다. 나머지 논문들은 국제학연구소와 계약을 맺은 학계 외부의 연구들로 보충하였다. 미국과 소련의 선전물 내용을 분석한 아이버 웨인(사회과학연구소)의 연구, VOA가 이전에 중동지역에서 활동하면서 수집한 자료를 기초로 이집트 엘리트들 내의 민족주의를 분석한 패트리샤 켄달Patricia Kendall(응용사회연구소)의 연구 등이 그것이다.[90]

1950년대 후반에 접어들면서 제3세계의 '근대화'나 경제적 발전이 미국에 끼칠지도 모를 악영향이라는 문제가 국제커뮤니케이션 분야에서 국제학연구소의 가장 중요한 연구 주제로 부상했다. 실제로 국제학연구소가 연구 대상으로 삼은 문제와 지역은 미국 정보기관이 관심을 가진 문제, 지역과 거의 예외 없이 일치했다. 예컨대 인도네시아의 '선동가', 칠레의 급진적 학생운동, 푸에르토리코의 '변화지향적인' 개인들, 중동지역에서 경제적 발전이 낳은 사회적 효과 등이 그것이다.91) 국제학연구소는 또 아칸소Arkansas 주의 리틀락Little Rock 지역에서 발생한 학내 인종차별 문제를 '근대화'의 사례로 연구했다.92)

국제학연구소의 연구원들은 이들 보고서에서 개발도상국의 사회변동을 주로 미국의 이해관계에 맞게 조정해야 할 문제로 바라보았다. 다니엘 러너는 '도시화, 산업화, 세속화, 커뮤니케이션'을 미국 정부의 관점에서 바람직한 결과를 확보하는 방향으로 다루고 구성해야 할 근대화 유형의 제 요소들이라고 전제했다. 러너의 질문은 "급속히 근대화되고 있는 사회는 어떻게 안정을 유지할 수 있는가?"였다. 즉, "어떻게 하면 자유로운 주체들로 구성된 사회의 근거인 의사표현의 자유가 보다 책임 있는 모습이 되게끔 유도해낼 수 있을까?"라는 것이다.93)

『전통사회의 소멸』과 여타 다른 연구에서 러너는 개발도상국가들에서 "여론을 통한 공적 '참여'는 진정한 정치적, 경제적 참여가 일어나기 **전에** 이미 만연해 있다"94)고 전제했고, 그것은 분명히 리프만의 초기 논문에 공명한 것이다. 그러한 상황은 매스미디어를 통해 정보를 얻고 있지만 상대적으로 사회경제적인 권리를 누리지 못하고, 그리하여 급진적 민족주의와 공산주의, 그리고 여타 '극단주의'에 쉽게 빠져드는 수많은 인민 대중을 낳았다. 러너는 리프만의 분석을 따라 개발도상국가들에서 그렇게 극단적인 상황의 창출 과정과 엘리트들이 이를 조정하는 과정에서 매스커뮤니케이션이 중요한 역할을 담당한다고 주장했다. 그리고 그는 주로 필리핀의 경험을 모델로 하여 만든 전략을 제안했다. 그것은 산업화된 세계의 관점에서 보아 '책임감 있는' 방식으로 문제를 해결하기 위해서는 '백색' 선전과 '흑색' 선전, 경제발전을 위한 원조, 미국이 훈련 내용과 돈을 지원하는 반혁명 작전 등을 모두 결합해야 한다는 것이다.

1950년대 후반, 선전과 반혁명 전쟁, 그리고 특정 지역에 대한 선택적인 경제발전 등의 요소로 구성된 '발전이론'이 세계적 차원에서 미국이 수행하는 심리전에 급속히 통합되었다. 캄보디아와 라오스의 산악지역에서는 '그린베레' 특수부대를 활용하는 미국의 비밀작전을 통해 '국가건설'과 반혁명이 시작되었다.[95] 베트남에서도 농민의 마음을 얻기 위해 선전과 '전략촌'strategic hamlets의 건설, 그리고 미 특수부대의 보호 하에 사회발전을 통제하는 계획 등 앞서 언급한 것과 유사한 프로젝트들이 수행되었는데, 그것들은 모두 부분적으로는 러너의 연구에서 그 기원을 찾을 수 있다. 때마침 그의 연구는 윌버 슈람, 루시앙 파이Lucian Pye, 이시엘 드 솔라 풀 등에 의해 정교하게 다듬어졌다.[96] 1960~1970년대에 러너는 펜타곤이 후원하여 제3세계 지역에서 수행되는 미국의 심리전을 연구하는 회의에서 좌장 노릇을 하였다. 그는 여기서 미국의 지원하에 해외에서 수행되는 저강도전쟁low-intensity warfare을 기획하는 과정에서 사회과학적 자료가 얼마나 큰 효용성을 가지는가에 대해서 강연했다.[97]

특수전연구소Special Operation Research Office(SORO)에서 1962년에 펴낸 『미 육군의 제한전 수행과 사회과학 연구』*The U.S. Army's Limited-War Mission and Social Science Research*라는 책자와 카멜롯 프로젝트Project Camelot[98]를 둘러싸고 벌어져 우리에게 이미 잘 알려진 논란은 당시 미국에 의해 야만적으로 진행된 반혁명 전쟁들이 실은 초창기 심리전 프로젝트들에 기원을 두었고, 그 전술의 중요한 부분은 당시 막 성장하던 발전이론 학파에 의해 기획되었다는 점을 보여준다.[99] 나아가 그 이론의 불가분리의 전망, 즉 만일 미국이 제3세계의 발전을 기술적으로 잘 다룰 수 있다면, 제3세계의 발전을 조절하려는 미국의 노력으로 개입 대상 지역의 이익과 미국의 이익이 동시에 증진될 수 있을 것이라는 전망은 USIA, 육군의 매스미디어, 여러 학술회의, 여타 여러 선전기구 등을 통해서 자주 공개되었다. 다시 말해 정부가 러너와 풀 등이 옹호한 전술을 해당 영역에 적용했을 때, 이들 학자들이 제공한 정당화 논리는 미국의 해외 개입에 반대하는 여러 의견들을 잠재우기 위해 미국 정부가 활용하는 선전주제가 되었다.[100]

국제학연구소와 관련하여 중요한 점은 매스커뮤니케이션 영역의 대표적인 소수 학자들과 미 군부, 정보기구 간에 정립된 태생적이면서도 지속적인 유착관계다. 실제로 1950년대에 냉전의 심리전 전략을 만들어낸 그 이론 집단의 면면이 1960년대 베트남전쟁에서 같은 개념을 적용하도록 만드는 사람들로 다시 나타난다. 다니엘 러너, 해롤드 라스웰, 윌버 슈람, 존 W. 라일리, W. 필립스 데이비슨, 레너드 커트렐, 이시엘 드 솔라 풀 등의 유명한 학자들이 바로 그 길을 걸었다.[101]

연구자들의 이러한 지속성은 '심리전' 연구자 세대가 다음 세대에 '국제커뮤니케이션' 연구자 세대로 그대로 이어졌던 전체적인 패턴을 구성하는 한 요소였다. 어림잡아 1950년대 중반까지 매스커뮤니케이션 연구 분야는 뚜렷한 분과적인 특징으로서 어느 정도 과학적 '전문성'을 획득하기 시작하던 중이었다. 제시 델리아의 이 분야에 대한 연구는 그런 흐름의 한 양상을 잘 포착해냈다.

주류 매스커뮤니케이션 연구자들이 공유하던 믿음, 즉, 매스커뮤니케이션의 실천적·정책적 측면에 대해 과학적 이해를 추구한다는 생각은 사회과학자들 사이에서 확립된 전문성으로 인해 이제 사회과학 분과의 문제설정과 규범 안으로 갇히게 되었다. 많은 분과학문들 안에서 전문성이라는 이름으로 수용된 규범들에 의해 이론적 문제설정이 가장 핵심적인 것으로 간주되고, 노골적인 가치지향적 문제설정은 배제되었다.……1950년대 후반에 이르러 이러한 태도는 대다수 커뮤니케이션 연구자들 사이에서 핵심적인 신념으로 확고하게 자리 잡았다.[102]

다시 말해 델리아는 매스커뮤니케이션 연구가 이론에 무게를 두는 좀 더 '과학적'인 분야가 되었고, 응용연구의 '가치' 또는 사회적 효과에 대해 객관적인 시야를 확보했다고 주장한 것이다.

그러나 델리아의 시각이 사태를 좀 더 정확히 반영하려면 오히려 거꾸로 뒤집혀야 한다. 라스웰, 러너, 슈람, 풀, 데이비슨 등과 같은 유명한 커뮤니케이션 연구자들은 델리아가 말한 것과는 달리 '매스커뮤니케이션의 실천적·정책적 측면', 즉 정부나 민간상업 고객으로부터 위탁받은 심리전 프로젝트 또는 그와 유사한 응용연구 프로젝트를 결코 방기하지 않았다. 오히려 그들은 심리전 프로젝트의 가치와 그 정치적 태도의 상당부분을 수용하여 새롭게 '과학적인' 이론을 제시했다. 그리고 그러한 새로운 '객관'의 수사학 아래 1950년대 초반의 윤리적·정치적 전제들을 은폐했다.

학문이 전문화·제도화됨에 따라 다소 흥미로운 수사학의 전환이 일어났는데, 이로 인해 1945년 이후 10년간의 특징이 된 주류 매스커뮤니케이션 연구자들과 이들에게 자금을 대던 기관 간의 노골적인 유착관계가 은폐되었고, 대신 새로운 수사학, 즉 자기암시적인 '중립적'·'과학적' 등의 수사가 나타나기 시작했다. 그러나 커뮤니케이션의 '존재방식'과 그 관계설정 방식은 별다른 변화 없이 종래

6장 병영과 참호 속의 전우들   159

와 마찬가지로 지속되었다. 커뮤니케이션을 주로 지배의 도구로 활용하게 만드는 핵심개념은 그대로 유지한 채 이렇듯 외양만을 바꾸는 과정은 이러한 변화가 막 시작되는 국면에서 수행된 몇몇 프로젝트들을 통해 확인해 볼 수 있다.

   사회과학연구소의 치트라 M. 스미스Chitra M. Smith는 랜드연구소에서 1951년부터 1954년까지 발간한 논문과 보고서들을 정리하여 그 증보, 주석판을 『국제선전과 심리전』이라는 제목의 시리즈로 출간할 계획을 세웠다.[103] 이 제목은 확실히 '낡은' 스타일의 수사적 표현이다. 그러나 역사적 관점에서 볼 때 이 책은 꽤 쓸모가 있다. 왜냐하면 치트라 스미스의 작업은 그 자체가 하나의 주석으로서 1950년대 전반기에 '심리전'이라는 개념이 어떤 위상을 지니고 있었는지를 잘 드러내주기 때문이다.

   1956년을 기점으로 수사적 표현은 완전히 전환된 것으로 보인다. 그해에 랜드연구소는 스미스가 정리해서 출간한 목록집을 실질적으로 두 가지 사항만 바꾸어 다시 출간했다. 우선 제목이 『국제커뮤니케이션과 정치적 견해』로 바뀌었다. 그리고 저자가 브루스 라네스 스미스와 치트라 M. 스미스 두 명으로 늘었다.[104] 연구 작업들을 아우르는 주제를 그 존재이유이기도 했던 심리전이라는 개념으로 명명한 초기의 인식은 완전히 지워졌다. 물론 책 내용에는 전혀 변화가 없었다.

   비슷한 일이 하버드 대학의 러시아연구소에서도 일어났다. 1954년 클라이드 클럭혼, 알렉스 인켈레스, 레이몬드 바우어 등이 미 공군으로부터 수주를 받아 "전략적 차원에서 본 소비에트 사회체제의 심리학적·사회학적 강점과 약점"이라는 제목의 심리전 연구를 준비하였다.[105] 이 연구의 상당부분은 인켈레스의 전문 분야이기도

한 소비에트의 국가커뮤니케이션 체계에 대한 분석으로 채워졌는데, 대체로 그 기술적·문화적·정치적 성격에 대한 분석의 방식을 취했다. 1956년 저자들은 그 보고서를 『소비에트체제는 어떻게 작동하는가』라는 새로운 제목으로 출간했는데, 전체 400쪽 가량의 글에서 핵무기 시대의 심리전 작전과 관련된 약 10여 페이지 분량의 추천사 부분을 삭제했다.[106] 그 책은 1960년대 내내 대학원생들을 위한 표준적인 소비에트 연구 교과서가 되었다. 이렇게 클럭혼, 인켈레스, 바우어의 글은 적국의 커뮤니케이션체제를 탐구할 목적으로 작성된 다소 '소박한' 일종의 지침서였던 원판에서 벗어나 지금은 소비에트의 현실이 어떻게 '움직이는가'에 관한 영향력 있는 주장으로 탈바꿈하였다. 뿐만 아니라 다소 역설적으로 '과학적', '객관적'이라는 꼬리표도 붙었다.

이러한 사례들을 통해서 1950년대 미국에서 이루어진 주류 매스커뮤니케이션 연구들이 어떤 변화를 거쳤고, 어떤 근본적인 연속성을 지니고 있는지를 알 수 있다. 『여론과 선전』*Public Opinion and Propaganda* (1948)의 저자이자 1980년대에 이르기까지 미국의 국제선전 프로젝트 분야에서 활발하게 활동한 레너드 둡Leonard Doob은 마이클 J. 스프룰Michael J. Sproule과의 인터뷰에서 그러한 수사법의 전환을 잘 표현하였다.

> 사회과학 영역에서 좀 더 객관적인(객관적인 것으로 일컬어지는: 저자의 추기) 개념, 가령 커뮤니케이션, 설득, 여론 등의 용어가 선호되면서, '선전'이라는 용어는 점차 사라지기 시작했다고 둡 씨는 지적합니다. 둡 씨는 자신이 1961년에 쓴 『아프리카의 커뮤니케이션』*Communication in Africa*에서는 이론적으로 중요한 용어로서 선전이라는 말을 쓸 생각은 정말이지 꿈에도 하지 않았다고 말합니다.[107]

둡이 쓴 1961년의 책은 그 내용이나 용도로 볼 때 자신이 이전에 썼던 책에 비해 '선전'에 관한 것이 결코 적지 않았다. 변한 것이라곤 오로지 지배로서의 커뮤니케이션이라는 개념이 독자들에게 제시되는 수사적인 개념틀뿐이었다.

1950년대 중반이 되자 심리전 연구와 그 발전을 둘러싸고 있던 사회적 맥락을 제거하는 과정과 그 연구에서 여전히 활용하고 있는 핵심개념을 '커뮤니케이션' 연구라는 이름으로 재활용하는 과정이 동시에 진행되었다. 그때에 이르자 커뮤니케이션 행위를 설명하는 '만능열쇠'magic keys를 발견할 수 있으리라 기대를 모으며 힘을 얻었던 초기의 여러 주장들이 더 이상 설득력을 지니지 못하는 상황에 처했다. 대다수 매스커뮤니케이션 전문가들이 '심리전'이라는 용어는 설득의 대상이 되는 청중들 속에서 적대감을 불러일으키기 때문에 비생산적이라고 주장했다. 레오 보가트Leo Bogart는 USIA에 제출한 보고서에서 심리전을 "대중적 지면에서 논하는 것은 비유컨대 당신이 유혹하려고 맘먹은 여자 앞에서 유혹의 기술과 유혹하는 것처럼 보이기 위해 무엇을 해야 하는지를 털어놓는 것과도 마찬가지"라고 썼다.108) 나아가 L. 존 마틴L. John Martin은 평화시기에 공개적으로 심리전 작전의 존재를 인정하게 되면 이를 의뢰한 후원자에게 유엔헌장과 국제법 위반이라는 부담을 지우게 된다고 주장했다.109)

1954년에 열린 미국여론연구협회 회의에서 그간 VOA 및 확인되지 않은 정부기관과 계약을 맺고 연구를 진행하던 연구자들이 정부의 엘리트들에게 특별히 잘 알려진 두 가지 형태의 매스커뮤니케이션 연구가 실패했다는 사실을 공식적으로 보고했다.110) 그간 연구자들은 의심이 가는 출판물에 대한 주의 깊은 검사를 통해서 상대 체제의 정책이 어떻게 변하고 있는지 파악할 수 있다는 주장, 그리고 소비에트 선전기구와 여타 세계의 비공산주의 출판물 사이에 어떤 은밀한 협력관계가 있는지 밝혀낼 수 있다는 주장을 근거로 해외선전의 내용분석 자료를 줄곧 미국 정부에 팔아왔다. 이 두 주장은 상당부분 해롤드 라스웰, 네이산 레이테스, 이시엘 드 솔라 풀 등 제2차 세계대전 시기 의회도서관의 심리전 연구팀에 의해 이루어진 연구에 근거하였다. 그러나 1954년 사회과학연구소, 하버드 대학, 럿거스Rutgers 대학의 연구원들은 기대한 결과를 얻지 못했다고 보고했다.111) 마찬가지로 VOA의 헬렌 카우프만Helen Kaufman 역시 VOA가 독일에서 수행한 연구, 즉 미국사회가 안고 있는 인종적 편견에 대한 소련의 비판을 무마시킬 만한 방법에 초점을 맞춘 연구가 호블랜드의 이론112)을 증명하는 데 실패했다고 지적했다. 호블랜드의 이론은 당시 널리 수용되던 것으로 '일방향적' 선전과 '쌍방향적' 선전에 대한 대중의 반응과 관련된 이론이었다.113) 그리고 또 그해에 W. 필립스 데이비슨은 "공산주의체제에서 선전선동이 수행하는 역할이 지금까지 대체로 과장되어 왔다"고 느낀다고 썼다.114) 정부가 수행하는 선전을 '원격조종장치'에 비유하던 신화는 점차 해체되기 시작했다.

   1956년에 열린 미국여론연구협회 회의에서 CIA가 주관하는 자유유럽방송의 역할에 대한 분석이 쟁점이 되었다. 제럴드 스트라이벨Gerald Streibel은 발표문에서 학문적으로 심리전 연구가 바람직하다는 점은 인정하지만, 매스커뮤니케이션 응용연구에 대한 정부의 막대한 지원에 비해 "심리전 요원들과 연구자 사이의 관심의 차이가 유례없을 정도로 커져 있는 상태"라고 지적했다. 그는 작전요원들은 '정책구성'을 위해 그때그때의 일상적인 정보를 필요로 하는데, 학계는 그것을 제공하지 못한다고 말했다. 그리고 현실 세계에서 "심리전은 반과학적anti-scientific이라기보다는 차라리 전과학적pre-scientific"이라고 말했다. 그는 또 그간 자유유럽방송을 '저널리스트와 여타 전문가'의 손에 맡겨 선전기술에 대한 정보와 통찰을 얻으려 했기 때문에 정부가 찾으려 하는 일종의 만능열쇠는 실현될 수 없다고 말했다. 그는 마지막으로 "심리전은 사람들을 가르치는 것이 아니라 그들을 설득하는 것"이라고 결론지었다.115)

스트라이벨의 발표는 이 발표장에서 거의 아무런 파문도 불러일으키지 못했다. 그 분과의 보고자이자 당시 응용사회연구소에 재직하였고 이란의 '극단주의자들'에 대한 연구를 수행한 것으로 이 장 앞부분에서 언급한 바 있는 데이비드 실즈는 자유유럽방송 보고서가 "응용연구의 여러 기본적인 전제들을 무시했고, 응용연구의 잠재력과 정책구성 양자 모두를 잘못 이해하고 있다"는 의견을 제시했다. 그 자리에 참석했던 다른 발표자들 역시 모두 스트라이벨이 제시한 결론을 비판했다.116)

그러나 연구는 벽에 부딪혔다. 심리전과 관련된 문제는 로웬탈의 '원격조종장치'를 찾고자 하는 학계의 노력이 봉착한 보다 큰 위기의 일부분에 불과했다. 이듬해, 유명한 커뮤니케이션 연구자 윌리엄 앨빅William Albig은 약 20여 년간 이루어져 온 커뮤니케이션 연구들을 일별하면서, 많은 논문들이 쏟아져 나오고 있지만 그 깊이에 대해서는 "실망할 수밖에 없다"고 자신의 감상을 피력했다. "커뮤니케이션 이론 또는 여론 이론에 대해 중요한 의미를 갖는" 연구를 접해보지 못했다는 것이다. 그는 서술적이고 경험적인 연구는 과도할 정도로 많았지만, 여론의 형성과 변화에 관한 유용한 종합분석은 거의 없었다고 결론지었다.117) 버나드 버렐슨 역시 마찬가지로 비관적인 편이었다. 시카고 대학의 이 학자는 "10년, 20년 동안 커뮤니케이션 연구를 활성화시킨 그 '대단한 발상'은 실질적인 차원에서는 이미 그 역할을 다했다. 그에 버금가는 규모의 새로운 발상이 이를 대체하지 못하고 있다. 우리는 지금 정체되어 있다"고 결론지었다.[118] 심리전 연구에서 가장 결정적인 공헌자로 꼽히는 두 사람 즉, 럿거스 대학의 존 라일리와 러셀 재단의 레너드 커트렐조차 그즈음 당시 응용커뮤니케이션 연구에서 활용되던 여러 기초개념들을 통해 심리전의 효율성을 추구한다는 환상이 깨지고 있음을 시인했다.[119]

 이렇듯 절망적인 말들이 나왔음에도 불구하고, 실제로 일어난 일은 심리전의 종말이 아니라 다만 그 대상과 수사법의 전환이었다. MIT의 국제학연구소가 주도한 국제적 갈등에 대한 개념화가 전면에 부상했다. 초창기에 정부 관계자들 안에서 호평을 받았고, 그리고 커뮤니케이션 미디어와 직접 연결되었던 심리전의 '선전적' 측면에 대한 관심은 점차 사그라들었다. 국제학연구소가 제안한 '개발도상국가' 전체에 대한 좀 더 포괄적이고 통합적인 시각이 점차 수면 위로 올라왔다. 돌이켜 보자면 국제학연구소의 접근방식은 매스커뮤니케이션 영역에서 기술적 혁신이 이루어짐에 따라 개발도상국가들에서 사회경제적 권리가 박탈된 상태에 처해 있는 수백만의 사람들이 암묵적으로 자극을 받게 되고, 그들이 정치적 참여로 나서게 되기 때문에 폭발적인 상황이 야기된다는 것이다. 국제학연구소는 매스미디어가 그러한 위기를 관리하는 데 중요한 도구라고 주장했다. 매스미디어를 통해 사람들로 하여금 새로운 기술을 습득하게 하고, 그리하여 다른 방향으로 능동적인 활동을 하도록 이끌 수 있다는 것이다. 그러나 미디어만으로는 충분하지 않다. 미국은 적절한 정치, 경제, 군사 기구들을 일종의 팩키지 형태로 조직해야 한다. 국제학연구소는 미디어와 원조 팩키지가 국내정세를 안정시킬 만큼 충분하지 못한 나라들에 대해서는 미국이 군대와 경찰, 군사고문 등을 파견해야 하고 반혁명에 대한 지원에도 나서야 한다고 주장했다. 그리하여 커뮤니케이션 전문가들은 국제학연구소의 기획을 '발전이론'이라는 이름으로 불렀고, 동시에 군사적 기획가들은 이를 '제한전'limited warfare이라고 명명했다.[120]

국제학연구소의 작업은 좁은 의미의 커뮤니케이션 이론에서도 역시 중요한 의미를 지녔다. 1956년 말, 국제학연구소의 전문가들은 커뮤니케이션 과정에서 청중 효과audience effects가 실질적인 기능을 수행한다는 데에 일반적으로 합의했다. 이렇듯 효과에 대한 연구는 국제학연구소가 커뮤니케이션 연구프로그램을 기획하게 된 근본적인 이유였다. '저개발 사회와 농촌사회에서 정치커뮤니케이션의 수용, 이해, 환기'에 대한 연구가 점차 중심적인 지위를 차지했다.[121] 그리고 여기에는 해외의 엘리트 집단이 설득커뮤니케이션의 제1차적 대상이 되어야 한다는 데에 대한 암묵적인 동의가 존재했다.

'낡은 방식'의 심리전, 그중에서도 특히 소련과 동유럽 국가들을 대상으로 삼았던 심리전은 물론 여전히 중요한 분야이기는 하지만 이제는 다소 정체된 무엇으로 간주되기 시작했다. 예컨대 1956년에 나온 『계간여론』의 국제학연구소 특집호에서 편집자인 이시엘 드 솔라 풀은 소련에 관한 논문을 전체 41편의 논문 가운데 6편으로 제한했다. 이것을 레오 로웬탈이 편집한 1952년의 국제커뮤니케이션 연구 특집호와 비교해 보면 둘 간의 현격한 차이를 확인할 수 있다. 풀이 『계간여론』 서문에서 소련과 중국의 정치커뮤니케이션을 언급한 부분을 보더라도 다소 의례적인 말로 끝맺은 느낌이 든다. 그는 그 글에서 소련과 중국 관련 논문들이 '오랜 시간 우리가 지속적으로 관심을 가져온' 끝에 성취할 수 있는 익숙한 분석을 보여준다고 썼다.122)

출간된 글을 통해서는 국제학연구소의 연구자들이 커뮤니케이션 권력을 한손에 움켜쥐게 하는 만능열쇠를 쉽사리 찾을 수 있을 거라고 여전히 믿었다는 근거를 발견할 수 없다. 오히려 보다 포괄적인 커뮤니케이션 '효과'에 이르는 경로, 즉 대중을 원하는 목적대로 조종하는 능력이 이제는 커뮤니케이션 행태에 대한 이해를 통해 얻어진 새로운 통찰과 더불어 점차 중요해졌다. 이제 국제학연구소 연구원들 사이에 적대적인 또는 '부인된' 집단들을 조사할 때는 임시변통적인 방법론을 따를 수 있다는 합의와 함께 표본추출 단계와 데이터 분석과정 등 기본적인 방법론적 논쟁점들에 관해서도 대체적인 합의가 이루어진 것으로 보인다.123)

이 점은 『계간여론』에 실린 글들에 관한 한 소비에트의 커뮤니케이션 행태에 관한 논문의 수가 감소하고, 문제가 되는 제3세계 국가에 관한 논문의 수가 실질적으로 증가했음을 시사한다. 결국 예전에 이데올로기적 냉전을 강조한 연구를 주도했던 학자들이 이제는 그 대신 단순한 '인과관계'cause-and-effect 모델을 통해 커뮤니케이션 행동을 분석하는 것이 실패에 직면했음을 고백하면서 거대한 논쟁공간 안으로 개입해 들어갔던 셈이다.

1959년 발표된 W. 필립스 데이비슨의 논문 "커뮤니케이션의 효과에 대하여"는 이 책이 다루는 1950년대가 종결되는 상황에서 나타난 새로운 발전의 동학을 보여준다. 당시 데이비슨은 랜드연구소 소속이었고 마침 냉전하의 독일을 다룬 책과 한스 스페이어와

함께 쓴 책 등 두 권의 책의 저술을 막 끝마친 뒤였다.[124]

데이비슨의 논문은 처음으로 '이용과 충족'uses and gratifications이라는 이후 큰 영향력을 얻게 되는 방법론을 채택하여 커뮤니케이션 행위를 분석한 연구들 중 하나였다. 그는 이 논문 안에서 모든 인간 행동은 일정부분 결핍과 욕구에 대한 충족을 목표로 한다고 말하면서 커뮤니케이션과 인간행동 간에 일어나는 상호작용에 대한 몇 가지 전제들을 제시했다. 즉, 인간의 주의력은 매우 선택적이기 때문에, 개인은 정보의 바다를 헤쳐 건너간 끝에 옳든 그르든 자신의 욕망을 충족시킬 수 있을 것이라고 믿는 메시지를 우연히 발견하게 될 것이다. 그때 개인의 '습관, 태도, 축적된 지식'은 그러한 분류 및 선택의 과정에서 '행동 지침'이 될 것이다. 이어서 데이비슨은 이러한 이론적 분석틀을 통해 이전에 10년 넘게 논의된 커뮤니케이션 연구 자료들, 달리 분석하면 앞뒤가 맞지 않는 자료들을 일관되게 설명할 수 있다고 주장했다. 그는 심리학과 사회학 분야에서 이루어질 향후 연구들은 분류 및 선택 과정의 구체적인 작동 메커니즘을 드러내는 이 분석틀을 따르게 될 것이라고 결론지었다.[125]

데이비슨의 논문에는 한 가지 흥미로운 측면이 있는데, 그것은 이 새로운 분석법이 이전의 심리전 연구와 맺고 있는 일종의 개념적 연관성이다. 좀 더 구체적으로 말하면 심리전 연구 중에서도 특히, 결국에는 실패하고 말았던, 커뮤니케이션 효과를 설명하는 만능열쇠의 발견과 관련된 것이다. 데이비슨은 구체적으로 '수동적 청중'이라는 개념을 부정했다. 그리고서 청중에 대한 지배를 달성하기 위한 전술들을 다시 자신의 새로운 분석에 적용했다. 이러한 과정을 통해 그는 다음과 같이 결론을 내렸다.

커뮤니케이션 속의 청중들은 결코 수동적인 수용자가 아니다. 전지전능한 선전가들이 빚어내는 한 더미의 흙과 같은 존재가 결코 아니다.…… 선전을 수행하는 사람이 청중으로부터 무언가를 얻고자 하는 동안, 그들 역시 자신을 조종하려는 사람으로부터 무언가를 얻게 될 것이다. 거기에는 일종의 거래가 개입되어 있다. 때로 조종하는 자는 청중을 자신에게만 이익이 되는 거래의 길로 이끌 수도 있다.……그러나 청중들 역시 그에게 거의 양보하지 않을 수 있다. 그간 이 점을 무시하거나 종종 오해했던 커뮤니케이션 연구자들은 비용을 치르고 나서야 이 사실을 깨닫게 될 것이다.[126]

이제 청중은 더 이상 수동적인 존재가 아니다. 그들은 바람직한 행동을 하기 위해 길들여져야 하는, 통제되지 않는 동물과도 같은 존재로 생각해 볼 수 있다. 그러나 '낡은' 것이든 '새로운' 것이든 목표가 된 청중을 '지배자'의 의도대로 통제할 수 있는 좀 더 효과적인 방법을 발견하는 것을 긴급한 과제로 설정하였다는 점, 그리고 커뮤니케이션 연구자가 그가 속한 사회의 정치·경제·군사적 권력과 맺고 있는 관계에 대해서는 일체 아무것도 문제 삼지 않고 있다는 점에서 서로 근원적인 유사성이 있다.

앞의 두 경우 모두 커뮤니케이션의 사회적 맥락은 제거된다. 그것도 특정한 실험을 수행하기 위해 단순히 환경을 일시적으로 통제한다는 의미가 아니라, 오히려 이론 그 자체가 기반하고 있는 근본적 수준에서 그러하다. 1959년에 데이비슨이 명시적으로 밝혔듯이 커뮤니케이션은 비록 개인적이고 사회적인 심리학을 통해 설명하는 것이기는 하지만 또다시 암묵적으로 데이비슨 자신의 용어대로 '조종자'manipulator를 위한 기술들을 모아놓은 것으로 전락했다.

데이비슨이 자신의 주장을 위해 활용한 여러 논리들 대부분은 학문 분과의 등장 및 전문화 과정에서 매우 중요한 의미를 차지한 일련의 심리전 작전과 심리전 연구에서 나왔다. 그는 "커뮤니케이션이 적합한 행동을 유도해낼 수 있도록 하기 위해 필요한" 세 가지 방법을 제안했는데, 그중 두 가지는 제2차 세계대전의 심리전 경험에서 나온 방법들이었다.127) 데이비슨의 책에 달린 각주들의 내용을 살펴보면 그가 제시한 다른 근거들은 그리스에서 이루어진 USIA의 활동, 로이드 프리, 해들리 캔트릴 등이 CIA로부터 수주를 받아 수행한 연구들, 쿠퍼Cooper와 재호다Jahoda의 선전연구, 소비에트로부터 탈출한 사람들을 조사한 보고서, 폴 켁스케메티Paul Kecskemeti, 인켈레스, 바우어의 소비에트 선전연구 등을 참고한 것이었음을 알 수 있다.128)

데이비슨이 그러한 연구들을 읽고 활용했다는 사실에 대해 비난할 수는 없다. 다만 여기에서 요점은 커뮤니케이션에서 이러한 지배의 패러다임이 이후 매스커뮤니케이션 연구에 영향을 끼쳤다는 점이다. 매스커뮤니케이션 연구가 미국의 국익, 이데올로기 투쟁, 냉전 등의 개념과 맺은 관계는 대체로 망각된 채로 말이다.

주註

1) John Riley and Wilbur Schramm, *The Reds Take a City: The Communist Occupation of Seoul* (New Brunswick, NJ: Rutgers University Press, 1951) ; John Riley and Wilbur Schramm, and Frederick Williams, "Flight from Communism: A Report on Korean Refugees," *POQ* 15, No. 2 (Summer 1951), p.274 (이하 특별한 언급이 없는 한 이 장에서 출처가 명기되지 않은 논문들은 모두 *POQ*로부터 인용하였다) ; Wilbur Schramm, *F.E.C. Psychological Warfare Operations: Radio* (Washington and Baltimore: Operations Research Office, John Hopkins University, 1952, ORO-T-20 [FEC], secret security information). USIA에서 *Reds Take a City*를 번역 및 배포한 경위에 대해서는 Raymond Bower, "The Military Establishment," in Paul Lazarsfeld, William Sewell, and Harold Wilensky (eds.), *The Uses of Sociology* (New York: Basic Books, 1967) p.245 등을 참고할 것.
이외에도 몇 명의 유명한 커뮤니케이션 연구자들이 한국전쟁 기간에 미국 국내 선전을 준비하기 위해 피난민 면담을 실시하기도 했다. 그 예로는 W. Phillips Davison, "The Lesser Evil," *Reader's Digest* 58 (June 1951), pp.97~100이 있다. 데이비슨의 논문은 애초에 랜드연구소의 보고서(No. P-194, 1951)로 준비되었다.

2) J. Mayone Stycos, "Patterns of Communications in a Rural Greek Village" 16, No. 1 (Spring 1952), pp.59~70 ; J. Mayone Stycos, "Interview Training in Another Culture" 17, No. 2 (Summer 1952), pp.236~246 ; Benjamin Ringer and David Sills, "Political Extremists in Iran: A Secondary Analysis of Communications Data" 17, No. 4 (Winter 1952~1953), pp.689~702 ; J. Mayone Stycos, "Further Observations on the Recruitment and Training of Interviews in Other Cultures" 19, No. 1 (Spring 1955), pp.68~78 ; Patricia Kendall, "The Ambivalent Character of Nationalism among Egyptian Professionals" 20, No. 1 (Spring 1956), p.277 ; Morroe Berger (review), *The Passing of Traditional Society* 22, No. 3 (Fall 1958), p.425.

3) 예컨대 Eric Marder, "Linear Segments: A Technique for Scalogram Analysis" 16, No. 3 (Fall 1952), pp.417~431 ; Samuel Stouffer, Edgar Borgatta, David Hays, and Andrew Henry, "A Technique for Improving Cumulative Scales" vol. 16, No. 2 (Summer 1952), pp.273~290 ; Andrew Henry, "A Method for Classifying Non-Scale Response Patterns in a Guttman Scale" 16, No. 1 (Spring 1952), pp.94~106 ; Edgar Borgatta and David Hays, "The Limitations on the Arbitrary Classification of Non-Scale Response Patterns in a Guttman

Scale" 16, No. 3 (Fall 1952), pp.410~416 ; Edgar Borgotta, "An Error Ration for Scalogram Analysis" 19, No. 1 (Spring 1955), pp.96~99 등이 있다.

4) Brutus Coste, "Propaganda to Eastern Europe," 14, No. 4 (Winter 1950), pp.639~666을 볼 것. 코스테는 '자유유럽을 위한 전국위원회'National Committee for a Free Europe(NCFE)에서 일했고, 후에는 '공산유럽자유화추진협회'Assembly of Captive European Nations(ACEN)에서 일했다. 이 두 기관은 모두 재정의 상당 부분을 CIA로부터 지원받았다.

5) Sorenson, *The World War*, pp.21~30.

6) Denis McQuail, *Mass Communication Theory: An Introduction* (London and Beverly Hills: Sage, 1987), p.5.

7) Edith Bjorklund, "Research and Evaluation Programs of the U.S. Information Agency and the Overseas Information Center Libraries," *Library Quarterly* (October 1968), p.414 ; Herbert Schiller, *The Mind Managers* (Boston: Beacon Press, 1973), pp.140, 205.

8) "Proceeding of the American Association for Public Opinion Research at the Sixth Annual Conference on Public Opinion Research, Princeton, June 22~25, 1951," 15, No. 4 (Winter 1951~1952), pp.768ff. 데이비슨이 주관한 패널에 대해서는 AAPOR Conference Proceedings, "Contributions of Opinion Research to Psychological Warfare," 15, No. 4 (Winter 1951~1952), pp.801~805를 참고할 것. Klapper and Lowenthal의 논문을 그와 거의 비슷한 제목으로 동일호에 실린 다른 논문과 혼동하지 않도록 주의가 필요하다.

9) AAPOR Conference Proceedings, "Contributions of Opinion Research to Psychological Warfare," p.802.

10) Joseph Klapper and Leo Lowenthal, "The Contributions of Opinion Research to the Evaluation of Psychological Warfare," 15, No. 4 (Winter 1951), p.651.

11) AAPOR Conference Proceedings, "Contributions of Opinion Research to Psychological Warfare," p.804.

12) AAPOR Conference Proceedings, "Opinion and Communications Research in National Defense," 15, No. 4 (Winter 1951~1952), p.794.

13) AAPOR Conference Proceedings, "Presidential Session," 15, No. 4 (Winter 1951~1952), p.795.

14) 로웬탈의 생애와 저작에 대한 개략적인 정보에 대해서는 Martin Jay, *The Dialectical Imagination: History of the Frankfurt School and the Institute for Social Research 1923~1950* (Boston: Little, Brown, 1973) ; Leo Lowenthal, *An Unmastered Past: Autobiographical Reflections of Leo Lowenthal*, Martin Jay(ed.), (Berkeley: University of California Press, 1987) ; Leo Lowenthal,

Literature and Mass Culure (New Brunswick, NJ: Transaction, 1984) ; Hanno Hardt, "The Conscience of Society: Leo Lowenthal and Communication Research," *Journal of Communication* 41, No. 3 (Summer 1991), pp.65~85 등을 참고하시오.

15) Richard Crossman (ed.), *The God That Failed* (New York: Harper Brothers, 1949).

16) 지식인들 안에서 팽배했던 이러한 환멸과 관련하여 맥스 이스트만, 시드니 후크, 제임스 번햄 등에 관해서는 Crossman, *The God That Failed*, essays by Arthur Koestler, Richard Wright, Stephen Spender, etc. ; John P. Diggins, *Up from Communism: Conservative Odysseys in American Intellectual History* (New York: Harper & Row, 1975)를 보시오. 그리고 제이 러브스톤에 관한 정보와 당시 지식인들을 목표로 하여 CIA가 지원한 선전 작전에 대해서는 Peter Colemanm, *The Liberal Conspiracy: The Congress for Cultural Freedom and the Struggle for the Mind of Postwar Europe* (New York: Free Press, 1989)을 보시오.

17) Joseph Klapper and Leo Lowenrhal, "Contributions of Opinions Research to Psychological Warfare," 15, No. 4 (Winter 1951), pp.651~662.

18) Lowenrhal, *An Unmastered Past*, pp.93~94.

19) Ibid., pp.81~110 passim.

20) Hardt, "The Conscience of Society."

21) Charles Glock, "The Comparative Study of Communication and Opinion Formation," 16, No. 4, (Winter 1952~1953), pp.512~526.

22) Bureau of Social Science Research (Stanley Bigman, project director), "An Outline for the Study of National Communication Systems," prepared for the Office of Research and Evaluation, USIA, November 1953, BSSR Archives, series Ⅱ, box 4, project No. 642, p.1. University of Maryland Libraries Special Collections, College Park.

23) Glock, "The Comparative Study of Communication," p.522.

24) Bureau of Social Science Research, "An Outline for the Study of National Communication System."

25) Bureau of Social Science Research, "Mass Communication in Eastern Europe," BSSR Archives, series Ⅱ, box 10, project No. 303, University of Maryland Libraries Special Collections, College Park. 또한 같은 자료에 있는 BSSR, "Hungary," series Ⅱ, box 11, project No. 303을 참고할 것.

26) Bureau of Social Science Research, "Public Opinion in Philippines Survey," series Ⅱ, box 3, project No. 627, University of Maryland Special Libraries

Collections, College Park.

27) Bureau of Social Science Research (Lawrence Krader and Ivor Wayne, project directors), "The Kazakhs: A Background Study for Psychological Warfare" (Task KAZPO, technical report No. 23, November 1955), BSSR Archives, series Ⅱ, box 4, project No. 649 University of Maryland Libraries Special Collections, College Park.

28) Ringer and Sills, "Political Extremists in Iran." 이란의 쿠데타에 대해서는 John Ranelagh, *The Agency: The Rise and Decline of the CIA* (New York: Simon & Schuster, 1987), pp.260~264를 보시오.

29) Alex Inkeles, "Soviet Reactions to the Voice of America," pp.612~617 ; Paul Massing, "Communist References to the Voice of America," pp.618~622 ; Peter Rossi and Raymond Bauer, "Some Patterens of Soviet Communications Behavior," pp.653~665, 모두 Vol. 16, No. 4 (Winter 1952~1953)에 수록되어 있다.

30) Harold Mendelsohn and Werner Cahnman, "Communist Broadcasts to Italy," 16, No. 4. (Winter 1952~1953), pp.671~680.

31) Richard Sheldon and John Dutkowski, "Are Soviet Satellite Refugee Interviews Projectable?" 16, No. 4 (Winter 1952~1953), pp.579~594.

32) Daniel Lerner, "International Coalitions and Communication Content: The Case of Neutralism," 16, No. 4 (Winter 1952), pp.681~688, 684, 687, 688.

33) Majorie Fiske and Leo Lowenthal, "Some Problems in the Administration of International Communications Research," 16, No. 2 (Summer 1952) pp.149~159, 인용은 p.150으로부터.

34) "Special Issue on International Communications Research ; Leo Lowenthal, Guest Editor," 16, No. 4 (Winter 1952~1953). *POQ*의 색인목록은 면수가 표시되어 있지 않다. 논문편수는 'Propaganda' 하단을 볼 것. 1952년의 색인목록에는 'Psychological Warfare'라는 표제어가 제외되어 있다. 이것은 *POQ*에서 그 시기를 전후하여 그 단어를 사용했다는 점을 상기할 때 다소 특기할 만한 일이다.

35) Wilbur Schramm (ed.), *The Process and Effects of Mass Communication* (Urbana: University of Illinois Press, 1954).

36) Ibid., p.469 (for Glock). 또한 Bruce Lannes Smith, Ralph White, 그리고 W. Philips Davison과 Alexander George 등이 쓴 장들을 볼 것. 이 장들은 모두 로웬탈이 편집한 *POQ* 특집호에 처음 실렸다.

37) University of Maryland, College Park Libraries, Historical Manuscripts and Archives Department, Guide to the Archives of the Bureau of Social Science

Research (College Park: University of Maryland, n.d. [1987?]).

38) Account list cards, BSSR Archives, series Ⅰ, box 13 ; Bureau of Social Science Research (Robert Bower), "Kazakhstan and the Kazakhs: Targets and Vulnerabilities in Psychological Warfare," working paper for Psychological Warfare Division, Human Resources Research Office, December 1954, BSSR Archives, series Ⅱ, box 5, project 649 ; Lawrence Krader and Ivor Wayne, "The Kazakhs: A Background Study for Psychological Warfare."
죄수심문에 관한 사항은 Albert Biderman, Barbara Heller, and Paula Epstein, *A Selected Bibliography on Captivity Behavior*, BSSR Research report 339-1, February 1961, U.S. Air Force contract no. AF 49(638)727, BSSR Archives, series Ⅱ, box 14, project 339 ; Bureau of Social Science Research (Louis Gottschalk, MD). "The Use of Drugs in Information-Seeking Interviews," December 1958, BSSR Archives, series Ⅱ, box 11, project 322, University of Maryland Libraries Special Collections, College Park 등을 볼 것.

39) Account list cards, BSSR Archives, series Ⅰ, box 13 and Albert Biderman, "Social-Psychological Needs and 'Involuntary' Behavior as Illustrated by Compliance in Interrogation," 23, No. 2 *Sociometry* (June 1960), p.120. Human Ecology Fund에 대한 CIA의 역할에 관해서는 John Marks, *Search for the "Manchurian Candidate": The CIA and Mind Control* (New York: Times Books, 1979), pp.147~163을 볼 것.

40) Account list cards, BSSR Archives, series Ⅰ, box 13 ; Stanley Bigman, Are We Hitting the Target?: A Manual of Evaluation Research Methods for USIE (Washington, DC: U.S. Department of State [Official Use Only], 1951), BSSR Archives, series Ⅱ, box 3, project No. 627 ; "Public Opinion in the Philippines," BSSR Archives, series Ⅱ, box 3 ; "International Seminar to Be Held in Saigon," Times of Vietnam, December 13, 1958, p.2, BSSR Archives, series Ⅰ, box 13. BSSR에 관련된 자료는 College Park에 있는 University of Maryland Libraries Special Collections에 보관되어 있다.

41) 이러한 평가는 BSSR Account list cards를 통해 작성되었다.

42) BSSR, *Are We Hitting the Target?* BSSR, "Public Opinion in the Philippines."

43) BSSR, *Are We Hitting the Target?* pp.13~20.

44) Glock, "The Comparative Study of Communications and Opinion Formation," pp.512~523. 국가커뮤니케이션 체계에 대한 BSSR의 계획에 대해서는 이후 보다 상세히 서술될 예정인데, 빅맨은 라자스펠드 및 글록과 함께 이 작업에 참여했다. 물론 *POQ*에 실린 논문의 필자명에는 글록의 이름만 나타나 있다. 그리고 라자스펠드는 *POQ* 동일호에 이와 밀접하게 관련된 주제를 다룬 논문을 기고했다.

45) Account list cards, BSSR Archives, series Ⅰ, box 13 ; BSSR(Stanley Bigman), "An Outline for the Study of National Communication Systems."
46) Elihu Katz and Paul Lazarsfeld, *Personal Influence* (Glencoe, IL: Free Press, 1955).
47) BSSR, *Are We Hitting the Target?*
48) Daniel Lerner with Lucille Pevsner, *The Passing of Traditional Society* (Glencoe, IL: Free Press, 1958), p.79 ; Bruce Lannes Smith, "Trends in Research in International Communication and Opinion, 1945~1955," 20, No. 1 (Spring 1956), pp.182~195
49) BSSR (Stanley Bigman), "An Outline for the Study of National Communications Systems" ; "Questionnaire for Opinion Leaders-Form B," BSSR Archives, series Ⅱ, box 3, University of Maryland Libraries Special Collections, College Park.
50) Bernard Berelson, Paul Lazarsfeld, and William McPhee, Voting (Chicago: University of Chicago Press, 1954).
51) Katz and Lazarsfeld, *Personal Influence*.
52) Joseph Burkholder Smith, *Portrait of a Cold Warrior* (New York: Balantine, 1976), p.84. 스미스는 1950년대에 CIA 극동국Far Eastern Division 요원으로 일했다. 그의 임무는 주로 필리핀에서 정치심리전이었다. 필리핀에서 반혁명 작전에 대해서는 Michael McClintock, *Instruments of Statecraft* (New York: Pantheon, 1992), pp.85~120 passim ; D. Michael Shafer, *Deadly Paradigms: The Failure of U.S. Counterinsurgency Policy* (Princeton: Princeton University Press, 1988) ; Walden Bello, "Counterinsurgency's Proving Ground: Low Intensity Warfare in the Philippines," in Michael Klare and Peter Kornbluh (eds.), *Low Intensity Warfare* (New York: Pantheon, 1988), pp.158~182 등을 참고할 것.
53) William Blum, *The CIA: A Forgotten History* (London: Zed, 1986), pp.40~43.
54) Smith, *Portrait*, pp.74~104, 여기에는 Paul Linebarger와 필리핀 작전에 관한 내용이 언급되어 있다.
55) Blum, *The CIA*, pp.40~43.
56) Sorenson, *The World War*, p.65.
57) House Committee on foreign Affairs, *The U.S. Ideological Effort: Government Agencies and Programs* 88th Comp., 1st Sess. (Washington, DC: GPO, 1964), pp.62~63.
58) '국가별 계획'에 대해서는 위의 책, pp.62~63을 볼 것. NSC와 CIA의 공조에 관해서는 *NSC 10/2: Office of Special Projects* (June 15, 1948), 그리고 *NSC 5412/2: Covert Operations* (March 12, 1955), 두 문서는 모두 U.S. National

Security Council Policy Papers File, RG 273, U.S. National Archives, Washington, DC에 수록되었다. Sorenson, *The World War*, p.28 ; John Prados, *Presidents' Secret Wars* (New York: Morrow, 1986), pp.84~87, 109 등을 볼 것.

59) Sorenson, *The World War*, p.46.

60) Shearon Lowery and Melvin De Fleur, *Milestones in Mass Communication Research* (New York: Longman, 1983), pp.205~231.

61) Stuart Dodd, "Testing Message Diffusion from Person to Person," 16, No. 2 (Summer 1952), pp.247~262. 도드는 여기서 연구의 재정지원자에 대해 언급하지 않고 있다. 그 대신 그는 다소 가설적인 어투로 "만일 미 공군이 시민이든 군인이든 적국이나 중립국의 국민들에게 또는 우리 국민들에게 삐라를 뿌리려 한다면"(p.247)이라고 적고 있다.

62) Stuart Dodd, "Formulas for Spreading Opinions." 22, No. 4 (Winter 1958), p.537. 여기서 도드는 U.S. Air Force contract AF 13(038)-27522로 이 연구가 승인되었다고 적고 있다. 이에 대해서는 Lowery and De Fleur, *Milestone*, pp.207~208도 참고할 것.

63) Lowery and De Fleur, *Milestone*, p.208.

64) Ibid.

65) 미 공군의 이해관계에 대해서는 위의 책, pp.207~208을 볼 것. 그리고 CIA 의 이해관계에 대해서는 Sig Mickelson, *America's Other Voice: The Story of Radio Free Europe and Radio Liberty* (New York: Praeger, 1983), p.56을 볼 것. 전략전쟁 계획에서 공중살포 삐라의 역할에 대해서는 1984년 4월 12일 Fletcher Prouty와 필자의 인터뷰를 참고할 것.

66) Lowery and De Fleur, *Milestone*, pp.205~231. 주요한 연구기금내역에 대해서는 pp.229~231을 볼 것. 또 Dodd, "Formulas for Spreading Opinions," pp.537~554를 볼 것.

67) Dodd, "Formulas for Spreading Opinions." pp.551~554.

68) '폭격기 격차'에 관한 논의는 John Prados, *The Soviet Estimate: U.S. Intelligence Analysis and Russian Military Strength* (New York: Dial, 1982), pp.38~50에 소개되어 있다.

69) Mikelson, *America's Other Voice*, p.56.

70) 이 절에서 사용된 캔트릴에 대한 인적정보 내용은 주로 "Cantril, [Albert] Hadley," *National Cyclopedia of American Biography*, Vol. 55, pp.211~212에서 얻었다.

71) 'Pictures in Our Head'는 우리가 직접 경험할 수 없는 세계에 대한 개념을 형성하는 데 미디어가 중요한 역할을 한다는 주장을 일컫는다. (역자주)

72) 예컨대, William Buchanan and Hadley Cantril, *How Nations See Each Other* (Westport, CT: Greenwood, 1972), pp.91~101과 Hadley Cantril, *The Politics of Despair* (New York: Basic Books, 1958)를 볼 것.
73) "Cantril, [Albert] Hadley". 또 PSB와 캔트릴이 교환한 서신을 보시오. 그 가운데 캔트릴이 1951년 10월 22일 적은 기록에는 CIA의 후원과 그가 쓴 *The Goals of the Individual and the Hopes of Humanity* (1951 ; Institute for Associated Research, Hanover, NH)에 대한 편집이 비밀리에 이루어지고 있다는 점에 대해 그가 애매하게 언급한 내용이 포함되어 있다. 해들리 캔트릴 서신들은 Psychological Strategy Board, Truman Library, Independence, MO를 보시오.
74) John M. Crewdson and Joseph Treaster, "Worldwide Propaganda Network Built by the CIA" *New York Times* (December 26, 1977).
75) Hadley Cantril, *The Human Dimension: Experience in Policy Research* (New Brunswick, NJ: Rutgers University Press, 1967), pp.131~132, 145.
76) Crowdson and Treaster, "Worldwide Propaganda Network."
77) Hadley Cantril and David Rodnick, *Understanding the French Left* (Princeton: Institute for International Social Research, 1956).
78) Cantril, *The Human Dimension*, pp.134~143.
79) Cantril, *The Politics of Despair* ; Cantril, *The Human Dimension*, pp.1~5, 144.
80) Lloyd Free and Hadley Cantril, *The Political Beliefs of Americans* (New Brunswick, NJ: Rutgers University Press, 1967). 합법성의 문제와 관련해서 CIA의 규정에 따르면 CIA는 "치안과 체포영장 발부, 법의 집행기능 및 내부보안기능" 등을 하지 못하게 되어 있다는 점에 주목하시오. 대부분의 연구자들은 이 조항을 CIA가 미국 내 거주하는 미국 시민들에 관한 정보를 수집하는 행위를 금지하는 것으로 해석한다. 이 점에 대해서는, Thomas Powers, *The Man Who Kept the Secrets: Richard Helms and the CIA* (New York: Pocket Books, 1979), pp.315~317, 367~370을 보시오.
81) 이와 유사한, 그리고 이후 개발된 분석기술들에 대해서는 "Redefining the American Electorate," *Washington Post* (October 1, 1987), p.A12를 참고할 것. 여기에는 Times Mirror-Gallup Organization이 조사하여 작성한 데이터가 첨부되어 있다.
82) CIA의 CENIS에 대한 재정지원 사항에 대해서는 Victor Marchetti and John Marks, *The CIA and the Cult of Intelligence* (New York: Dell, 1974), p.181 ; David Wise and Thomas Ross, *The Invisible Government* (New York: Vintage, 1974), p.244를 볼 것. 해당 연구들에 대한 CIA의 재정지원에 대해서는 Marchetti and Marks, *The CIA*, p.181을 볼 것. CIA에 의해 승인을 받은 대표

적인 연구 성과물의 예에 관해서는 W. W. Rostow and Alfred Levin, *The Dynamics of Soviet Society* (New York: New York: Norton, 1952)를 볼 것. CENIS가 CIA의 돈세탁 기관으로 이용된 사항에 대해서는 Wise and Ross, *The Invisible Government*, p.244를 볼 것. Millikan의 역할에 관해서는 U.S. Department of State, Foreign Service Institute, "Problems of Development and Internal Defense" (Country Team Seminar, June 11, 1962)를 볼 것.

83) Ithiel de Sola Pool, "The Necessity for Social Scientists Doing Research for Governments," *Background* 10, No. 2 (August 1966), pp.114~115.

84) Massachusetts Institute of Technology, Center for International Studies, *A Plan for Research in International Communications World Politics*, 6, No. 3 (April 1954), pp.358~377 ; MIT, CENIS, *The Center for International Studies: A Description* (Cambridge: MIT, July 1955).

85) Don Price Oral History, pp.61~70, and Don Price memo, May 21, 1954(appendix to oral history), Ford Foundation Archives, New York. 포드 재단과 CIA의 관계에 대한 이러한 측면의 근거 자료는 카이 버드Kai Bird가 최초로 발굴했다.

86) Shils에 대해서는 Peter Coleman, *The Liberal Conspiracy* (New York: Free Press, 1989), pp.98~209를 참고할 것. Speier에 대해서는 Hans Speier, "Psychological Warfare Reconsidered," RAND paper No. 196, February 5, 1951 ; Hans Speier, "International Political Communication: Elite and Mass," *World Politics* (April 1952 [RAND paper No. P-270]), Hans Speier and W. Phillips Davison, "Psychological Aspects of Foreign Policy," RAND paper No. P-615, December 15, 1954를 볼 것. 이후 발굴된 스페이어의 다른 연구성과로는 서독 재무장에 대한 소련의 대응과 핵위협 등을 포함한 소련의 정치전술에 관한 몇 가지 연구들, 미군에 대한 시리즈물 보고서, 게임이론의 정치적 적용에 관한 비평 등이 있다. 스페이어는 1990년 2월 17일 플로리다 주의 사라소타Sarasota에서 사망했다. 『워싱턴포스트』*Washington Post* 1990년 3월 2일자 기사 "Hans Speier, Sociologist"를 참고할 것. Carroll에 관해서는 Wallace Caroll, *The Army's Role in Current Psychological Warfare*(이 자료는 일급비밀로서, 필자가 열람요청을 하여 비밀 해제시킨 자료다), February 24, 1949, box 10, tab 6, entry 154, RG 319, U.S. National Archives, Washington, DC ; Wallace Carroll, "It Takes a Russian to Beat a Russian," *Life* (December 19, 1949), pp.80~86 ; "CIA Trained Tibetans in Colorado, New Book Says," *New York Times* (April 19, 1973) 등을 각각 참고할 것.

87) Ithiel de Sola Pool and Frank Bonilla (eds.), "A Special Issue on Studies in Political Communication," 20, No. 1 (Spring 1956) ; Daniel Lerner (ed.), "Special Issue: Attitude Research in Modernizing Areas," 22, No. 3 (Fall 1958).

88) Harold Isaacs, "Scratches on Our Minds," p.197 ; Y. B. Damle, "Communication of Modern Ideas and Knowledge in [East] Indian Village," p.257 ; Claire Zimmerman and Raymond Bauer, "The Effect of an Audience upon What Is Remembered," p.238 ; Suzanne Keller, "Diplomacy and Communication," p.176 ; Harold Isaacs, "World Affairs and U.S. Race Relations: A Note on Little Rock," 22, No. 3 (Fall 1958), p.364. 모두 Vol. 20, No. 1 (Spring 1956)에 수록되어 있다.
89) Ithiel de Sola Pool, Suzanne Keller, and Raymond Bauer, "The Influence of Foreign Travel on Political Attitudes of U.S. Businessman," p.161 ; Frank Bonilla, "When Is Petition 'Pressure'?" p.39 ; Daniel Lerner, "French Business eaders Look at EDC," p.212, 모두 Vol. 20, No. 1 (Spring 1956) ; Daniel Lerner, "Editors Introduction," p.217 ; Ithiel de Sola Pool and Kali Prasad, "Indian Student Images of Foreign People," p.292 ; Frank Bonnilla, "Elites and Public Opinion in Areas of High Social Stratification," p.349, 모두 Vol. 22, No. 3 (Fall 1958).
90) Ivor Wayne, "American and Soviet Themes and Values: A Content Analysis of Themes in Popular Picture Magazines," p.314 ; Patricia Kendall, "The Ambivalent Character of Nationalism among Egyptian Professionals," p.277, 모두 20, No. 1 (Spring 1956).
91) Guy Pauker, "Indonesian Images of Their Nation Self," p.305 ; Lucian Pye, "Administrators, Agitators and Brokers," p.342 ; Alain Girad, "The First Opinion Research in Uruguay and Chile," p.251 ; Kurt Back, "The Change-Prone Person in Puerto Rico," p.330 ; Robert Carlson, "To Talk with Kings," p.224 ; Herbert Hyman et al., "The Values of Turkish College Youth," p.275 ; Raymond Gastil, "Middle Class Impediments to Iranian Modernization," p.325 ; Gorden Hirabayashi and M.Fathalla El Khatib, "Communication and Political Awareness in the Villages of Egypt," p.357 ; A. J, Meyer, "Entrepreneurship and Economic Development in the Middle East," p.391 ; Richard Robinson, "Turkey's Agrarian Revolution and the Problem of Urbanization," p.397 ; Lincoln Armstrong and Rashid Bashshur, "Ecological Patterns and Value Orientations in Lebanon," p.406, 모두 22, No. 3 (Fall 1958).
92) Issacs, "World Affairs and U.S. Race Relations," p.364.
93) Lerner, "Editor's Introduction," pp.218, 219, 221.
94) Lerner and Pevsner, *The Passing of Traditional Society*, p.396. 강조는 필자.
95) Special Operation Research Office, *The U.S. Army's Limited-War Mission*, pp.59~63, 69~77 ; Blum, *The CIA*, pp.133~162.
96) 커뮤니케이션 이론가들이 반혁명 작전에 기여한 내용에 대해서는 Special

Operations Research Office, *The U.S. Army's Limited-War Mission*, pp. 159~169 (Pye), 199ff (Pool) ; Ithiel de Sola Pool (ed.), *Social Science Research and National Security* (Washington, DC: Smithsonian Institution [Office of Navel Research Project], 1963), pp. 1~25 (Pool), 46~74 (Schramm), 148~66 (Pye)을 볼 것.

97) Special Operations Research Office, *The U.S. Army's Limited-War Mission*, pp. 282ff ; U.S. Department of the Army, *Art and Science of Psychological Operations*, pp. x vii, 47~53도 참고할 것.

98) 카멜롯 스캔들을 통해 처음으로 근대 사회과학이 대외적으로 표방하는 인간적인 가치와 현실정치 속에서 그것이 지향해온 실제적인 목표 간의 충돌에 관해 진정한 의미에서 대중적인 토론의 장이 열렸다. 1964년 미 육군은 민간의 사회과학자들을 고용하여 1960년대에 강력한 혁명적 사회운동이 나타날 것으로 예상되는 몇몇 개발도상국가들의 사회구조와 정치적·경제적 자원, 종족 간 경쟁, 커뮤니케이션 인프라, 그리고 이와 유사한 여러 기본적 데이터 수집 등에 관한 일련의 장기연구를 의뢰했다. 이 프로젝트는 칠레와 여타 대상이 된 국가들의 민족주의자들과 좌익세력들이 카멜롯 프로젝트는 사실상 첩보작전이라고 선언하며 그에 대한 반대운동을 전개하면서 결국 실패로 돌아갔다. 카멜롯 프로젝트의 담당자로서 저명한 사회학자인 제시 버나드Jesse Bernard(아메리칸 대학)는 카멜롯 프로젝트는 애초에 '과학적 연구프로젝트로서 계획'된 것이고, 따라서 몇몇 국가들을 선택한 것은 아무런 문제가 없기 때문에 이러한 비난은 "우스꽝스러운 것"이라고 말했다. 문제는 바로 그 지점에서 불거졌다. 그 점에 대해서는 House Committee on Foreign Affairs, Behavioral Sciences and the National Security, Report No. 4, 89th Cong. 1st sess. (Washington, DC: GPO, 1965) ; Jesse Bernard, "Conflict as Research and Research as Conflict," Irving Louis Horowitz, *The Rise and Fall of Project Camelot*, rev. ed. (Cambridge, MA: MIT Press, 1974), p. 129 등을 참고할 것.

99) Special Operation Research Office, *The U.S. Army's Limited-War Mission*, pp. 282ff ; 또 U.S. Department of the Army, *Art and Science of Psychological Operations*, pp. x vii, 47~53을 보시오.

100) 예컨대 Executive Officer of the President, "NSAM No. 308: A Program to Promote Publicly U.S. Policies in Vietnam" (June 22, 1964) ; McGeorge Bundy, "NSAM No. 328: Military Actions in Vietnam" (April 6, 1965) ; "NSAM No. 329: Establishment of a Task Force on Southeast Asian Economic and Social Development" (April 9, 1965) ; "NSAM No. 330: Expanded Psychological Operations in Vietnam" (April 9, 1965) ; 각 자료들은 정보공개법을 통해서 회계감실U.S. Office of the Comptroller General로부터 얻었다.

101) Lerner, Riley, Davison, Cottrell, 그리고 Pool에 관해서는 Special Operations Research Office, *The U.S. Army's Limited-War Mission*, pp. xvi, 151~159, 199~202, 282~286을 참고할 것. Pool, Davison 그리고 Schramm에 대해서는 Pool, *Social Science Research and National Security*, pp.1~74를 참고할 것. Lasswell에 대해서는 Harold Lasswell, *World Revolutionary Elites: Studies in Coercive Ideological Movements* (Cambridge: MIT Press, 1966)를 참고.

102) Jesse Delia, "Communication Research: A History," in Charles Berger and Steven Chaffee (eds.), *Handbook of Communication Science* (Newbury Park, CA: Sage, 1987), p.59.

103) BSSR, Chitra Smith, *International Propaganda and Psychological Warfare: An Annotated Bibliography*, BSSR Archives, series II, box 7, project 819, University of Maryland Libraries Special Collections, College Park.

104) Bruce Lannes Smith and Chitra Smith, *International Communication and Political Opinion* (Princeton: Princeton University Press, 1956).

105) Clyde Kluckhohn, Alex Inkeles, and Raymond Bauer, *Strategic Psychological and Sociological Strengths and Vulnerabilities of the Soviet System* (Cambridge, MA: Russian Research Center, Harvard University, 1954).

106) Raymond Bauer, Alex Inkeles, and Clyde Kluckhohn, *How the Soviet System Works* (1956 ; rpt. New York: Vintage, 1961).

107) Reported in Delia, "Communication Research," p.59.

108) Leo Bogart, "Operating Assumptions of the U.S. Information Agency," 19, No. 4 (Winter 1955~1956), p.374.

109) L. John Martin, *International Propaganda: Its Legal and Diplomatic Control* (Minneapolis: University of Minnesota Press, 1958), pp.205~206. See also: B. S. Murty, *The International Law of Propaganda* (New Haven: Yale University Press, 1989).

110) American Association for Public Opinion Research conference proceedings, "Propaganda Analysis," 18, No. 4 (Winter 1954~1955), pp.445~446.

111) Ibid.

112) 커뮤니케이션 효과를 수용자의 태도 변용과 그것이 유발하게 되는 의견 변용, 지각 변용, 정서 변용, 행동 변용으로 보는 이론. (역자주)

113) Ibid.

114) W. Phillips Davison, "A Review of Sven Rydenfelts' *Communism in Sweden*," 18, No. 4 (Winter 1954~1955), pp.375~388, 377에서 인용.

115) American Association for Public Opinion Research conference proceedings,

"Propaganda and People in the Cold War," 20, No. 4 (Winter 1956~1957), pp.757~760, 757에서 인용.

116) Ibid., p.758.

117) William Albig, "Two Decades of Opinion Study: 1936~1956," 21, No. 1 (Spring 1957), pp.14~22.

118) Bernard Berelson, "The State of Communication Research," 23, No. 1 (Spring 1959), pp.1~6, 6쪽에서 인용. 버렐슨의 언급에서는 그가 염두에 둔 '대단한 발상'이 구체적으로 과연 어떤 것인지 나타나 있지 않다. 그러나 그가 발언한 맥락을 감안하면 그가 학제간 커뮤니케이션 연구의 활용을 일반적으로 사회행태에 대한 분석을 위한 창구로 간주했음을 추측해 볼 수 있다. 말하자면 그것은 리프만의 스테레오타입 개념과 같은 것으로서 라스웰이 제기한 "누가 누구에게 무엇을 이야기하는가"라는 공식과 그와 유사한 여러 개념들에 대한 양적·방법론적 혁신을 의미하는 것이었다. 이와 같은 버렐슨의 주장은 1958년 AAPOR 회의에서 제기되었다. 윌버 슈람, 데이비드 리즈먼, 레이몬드 바우어 등은 1959년 봄호에서 이러한 버렐슨의 분석을 격렬하게 비판했다. pp.6~17을 참고할 것.

119) John Riley and Leonard Cottrell, "Research for Psychological Warfare," 21, No. 1 (Spring 1957), pp.147~158.

120) Irene Gendizer, *Managing Political Change: Social Scientists and the Third World* (Boulder, CO Westview Press, 1985) ; Special Operations Research Office, *The U.S. Army's Limited-War Mission* ; Rohan Samarajiva and Peter Shields, "Integration, Telecommunication and Development: Power in the Paradigms," *Journal of Communication* 40, No. 2 (Summer 1990), pp.84~105 ; Rohan Samarajiwa, "The Murky Beginnings of the Communication and Development Field," in N. Jayaweera and S. Amunugama (eds.), *Rethinking Development Communication* (Singapore: Asian Mass Communications Research and Information Centre, 1987).

121) "Images, Definitions and Audience Reactions in International Communications," 20, No. 1 (Spring 1956), p.197.

122) Ithiel de Sola Pool, "Communications in the Global Conflict," 20, No. 1 (Spring 1956), p.313.

123) 이러한 정서는 1956년 봄 특집호에 잘 나타나 있다. 다만 이들 필자들은 대체로 편집자의 지침에 잘 들어맞게 논의를 이끌었던 것으로 생각된다. pp. 2, 5, 49, 103, 143, 197, 249, 299를 볼 것.

124) W. Phillips Davison, "On the Effects of Communication," 23, No. 3 (Fall 1959), pp.343~360 ; 1990년 11월 14일, W. Phillips Davison과 인터뷰.

125) Davidson, "On the Effects of Communication," pp.343~355, 347, 349에서 인용.
126) Ibid., p.360.
127) Ibid., pp.353~354.
128) Ibid., pp.355, 348 ; Lloyd Free, *Six Allies and a Neutral* (Glencoe: Free Press, 1959), pp.350, 357, 360.

7 지배 패러다임의 내면화와 강제

물론 미국의 매스커뮤니케이션 연구는 '자금 수혜, 즉 선입견의 제공'이라는 도식으로 보아도 좋을 정도로 단순하지 않았다. 후원금이 통상 연구 의제를 정하는 데 필요한 재력과 영향력을 가진 자들로부터 그들에게 혁신을 약속하는 청부업자에게 흘러들어 간 것은 사실이다. 그러나 사회과학은 그것보다 깊고 복잡한 방법으로 커뮤니케이션에 대한 선입견을 발전시켰다. 언제나 현재의 '지배적인' 선입견을 옹호하는 자들은 다양한 '대안'의 건설을 선호하는 동료 연구자들, 다른 한편으론 그 분야 외부의 힘과 싸운다. 전망, 연구방법, 그리고 조직화 등을 둘러싼 그들 사이의 격심한 경쟁을 통해서 결국 그 분야의 성격이 규정될 것이다. 이러한 경쟁관계, 그리고 유력한 사회과학자들과 미국 안보기관 사이의 변화하는 동맹관계는 앞에서 논했던 상대적으로 직선적인 경제적 관계보다 훨씬 복잡했다.

1950년대에 주도적인 매스커뮤니케이션 연구자들이 다소 단순한 의미에서 '매수된' 것은 아니었다. 오히려 그들은 자신들을 고용한 기관들의 가치를 반영하고 내면화했고, 그 기관들을 돕는 것이 바람직하며 심지어 고상한 행동이라고 여겼다. 흥미롭게도 1950년대에 학계가 심리전 연구에 나섬으로써 매카시즘으로 알려진 토착 반동주의로부터 연구 분야를 지킨 측면이 있다. 그러한 방어는 커뮤니케이션 연구에서 좌, 우 경쟁자의 희생 위에 정치적·학문적 중도파centrist의 권위를 강화시켰다.

매스커뮤니케이션 연구를 다루는 역사가들은 1930~1940년대 대부분의 사회과학자들이 자신들을 사회 개혁자, 진보주의자, 심지어 정치적인 급진주의자로 생각했다는 점에 일반적으로 동의한다. 한 가지 예를 들자면, 전국여론연구소의 설립자이자 소장인 해리 H. 필드Harry H. Field는 전국여론연구소의 주목적이 "보통 사람의 목소리를 권력자에게 들려주는 것"이라고 주장했다. 그 기구의 설립 문서는 여론 조사가 "유권자들의 목소리를 분명하게 표현하는 것이고, 따라서 정치적·사회적·경제적 문제에 대한 대중의 지식과 관심을 증진시키기 위한 새로운 수단"으로 간주되어야 한다고 강조했다. 사실 전국여론연구소의 전신은 필드가 운영했으며, 잠시 밖에 존속하지 못했던 인민연구소People's Research Corporation였다. 이 기구의 이름은 1940년 이전 대다수 미국 사회과학의 수사학과 정신을 반영한다.[1)]

그러나 제2차 세계대전이라는 정치군사적인 위기 속에서 미국 사회 전반에, 특히 지도적인 사회과학자들과 정부 사이에 앨버트 비더만과 엘리자베스 크로포드가 말한 대로 새로운 목적의 조합이 만들어졌다. 두 사람이 미 공군의 의뢰로 수행한 학계와 정부의 관계에 대한 연구는 지명도는 별로 없지만 전에 없이 솔직하였다. 그 연구에 의하면 "당시의 위기로 인해 공적이거나 공적인 것에 준하는 개입과 기획이 압도적으로 증가했으며, 경제 회복, 전쟁 승리, 나치즘 격퇴, 1945년 이후 국제질서의 재확립 등의 목표들이 그러한 개입과 기획을 합법화했다. 정보를 수집하고, 기획하고, 또 자료를 평가할 때 정부는 종종 사회과학자들을 경험과 전문적 능력을 가진 유일한 원천으로 인식했다."[2] 얼마 되지 않아서 위기를 관리하기 위해 사회통제 도구를 찾던 당시의 엘리트들과 정부 정책에 대해 개혁적 관점을 가진 사회과학자들 사이에 이해관계의 수렴이 강력하게 일어났다. 비더만과 크로포드의 말을 빌리면 "과학이라는 상징물이 정부의 호의를 구하거나 정부 정책에 대한 자신들의 주장을 합리화하려고 했던 사회과학자들에게 편리한 도구였던 것처럼, 응용학문의 고객인 정부에게도 편리한 것이 되었다."[3]

비더만과 크로포드에 의하면 이러한 국가적 합의가 특히 2차대전 기간에 사회과학자들로 하여금 연구의 방향을 '근본적인 가치 문제'로부터 '순전히 도구적인 연구'로 전환하게 만들었다.[4] 다시 말해서 개혁 지향적인 사회과학자들에게 도덕적으로 또는 정치적으로 의심을 받았던 연구 주제들이 이제 수용할 만하고, 심지어 바람직한 학문적 탐구 대상이 되었다.

> 폭격이 (민간인) 주민들의 사기에 끼치는 영향, 군대에 적절한 민주화의 정도, 국내나 해외 선전에서 잔혹 행위를 사실 그대로 또는 날조해서 공표할 때의 효과 등 모든 것이 연구의 중요한 주제가 되었을 뿐만 아니라 순전히 도구적인 문제로서 '객관적으로' 취급될 수 있었다.[5]

위에서 인용한 내용 중에서 최소한 두 개, 논쟁을 감수한다면 세 개 전부가 오늘날 대표적인 매스커뮤니케이션 연구성과로 널리 인정받고 있다. 먼저 민간인 폭격의 영향에 대한 연구는 렌시스 리커트가 조사작업을 조직한 미국의 전략폭격 조사U.S. Strategic Bombing Survey였다. 컨버스가 미국의 조사연구 역사에 대해 저술한 책에 따르면 이 조사는 "전쟁 기간 정부의 조사연구 중 최후의 중요한 프로젝트였으며, 기획의 관점에서 보면 가장 야심찬 것이었다." 미국의 전략폭격 조사는 독일과 일본의 사기에 끼친 영향에 대해서 연구결과를 발표하였고, 그것은 비록 매우 폭력적인 내용이었지만 외국 주민들을 '설득'하기 위해 미국이 기울인 노력을 진지하게 검토하려는 최초의 체계적인 노력 중 하나였다.[6] '민주화'와 '잔혹 행위' 연구는 사무엘 스투퍼, 칼 호블랜드 및 그들의 동료들이 『미국인 병사』 시리즈에서 수행한 것이다. 이 연구들은 미국 군대를 연구 주제로 해서 처음으로 대규모의 체계적인 커뮤니케이션 효과를 시험한 것이다. 이 연구들은 커뮤니케이션 연구를 위한 방법론 개발에 영향을 끼친 것으로 널리 인정받고 있다.[7]

냉전기에 미국의 사회과학자들이 국가안보 프로젝트를 '학술적으로 적절한 연구대상'으로 받아들이게 된 경위에 대해서 비더만과 크로포드는 다섯 가지 기본적인 요소를 제시하였다. 비더만은 연구 경력 초반에 군사기관과 정보기관의 지원을 상당히 많이 받았기 때문에 이 점에 대해서 나름의 권위를 갖고 말할 수 있는 위치에 있었다.[8] 그들의 분류는 아래와 같다.

1. 군사적, 정치적 맥락 가운데 가치가 일치하는 요소들에 선택적으로 주의를 기울이기 — 예를 들어 과학자들은 스탈린주의에 대한 반대라는 점에서는 펜타곤과 의견을 같이 했지만 보다 논쟁적 주제인 미국의 제국주의적인 해외 진출이나 미국 내 군산복합체의 부상에 대

해서는 한 발짝 옆으로 비켜섰다.
2. 군대의 주된 관심인 폭력과 절연
3. 비대칭적 관계에 대한 인식 – 비더만과 크로포드가 보기에 사회과학자들은 자신들이 혐오하는 목적에 공헌하는 것을 피하면서 군부의 돈과 자원을 이용하여 그들 자신의 경력을 쌓아갈 수 있다는 믿음이 있었다.
4. 군부 지원 연구에 대한 참여라는 새로운 조직적 시도가 학문적 자율성을 거의 위협하지 않을 것이라는 생각 – 사회과학자들은 군부의 자문료와 연구 지원금을 받았지만 정부에 직접 합류하기보다 종종 대학이나 연구 기관에 남도록 허용되었다.
5. 사회학자들의 과학적 야망의 충족 – 후원을 받은 프로젝트들은 종종 경력에 도움이 되거나, 학문적으로 흥미를 끌었다.[9]

위의 분류 중 두 번째 요소, 즉 학자들이 자신들의 활동 결과로부터 '절연'된 것은 특히 중요하다. 비더만과 크로포드 및 그와 별도로 모리스 자노위츠가 주장한 바에 따르면, 군대는 사회과학을 활용하는 것을 "주로……정치적이면서 심리적인 전쟁, 군정, 군인 교육 등의 분야로 제한했다."[10] 자노위츠의 발언은 두 가지를 동시에 지적한다. 첫째, '군사화된' 커뮤니케이션 연구는 정부의 사회과학 지원에서 특별한 대우를 받았다. 둘째, 그 지원을 받은 사람 중 비더만, 크로포드, 자노위츠 세 명의 보다 저명한 수혜자는 그러한 연구를 비폭력적인 것으로 생각했다. 비더만과 크로포드는 나아가 그들의 동료 사회과학자들 중 다수가 동일한 생각을 했다고 주장했다. 즉 심리전이나 부대 사기에 관한 연구는 말하자면 무기 개발 등과는 근본적으로 틀리다는 것이다. 이러한 생각이 당시의 미국 사회과학계에 어느 정도로 퍼졌는가는 전후 미국사회학협회 American Sociological Association 회장에 취임한 20명의 전·현직 대표들이 1968년 발표한 내용으로도 잘 알 수 있다. "그들 중 반 이상이 냉전기에 일종의 방위 연구와 관련한 것으로 알려졌다." 비더만과 크로포드는 그들의 이름을 밝히기를 거부하면서 명단 공개가 후일 불쾌한 연상을 불러일으킬 수 있을 것이라고 말했다.[11]

그들이 여기서 '절연'이라는 용어를 사용한 것은 교묘한 행동이었다. 비더만과 크로포드는 사회과학자들이 스스로 선한 의도로 활동했다고 믿었음을 단순히 인정함으로써 '학문적인 연구가 실제로 사회적인 비극과 폭력을 증가시켰는가'라는 보다 기초적인 질문을 회피했다. 그러나 사회과학자들의 믿음은 여기서 문제로 삼고 있는 것의 일부분에 불과하다. 마찬가지로 관련된 질문, 그들의 믿음이 정확했는가라는 질문에 대해서 대부분의 증거가 그렇지 않았다는 것을 보여준다.

심리전 연구를 포함하여 군대가 시행한 사회과학 연구의 문자 그대로의 진행과정은 최전선의 폭력에 거의 연루되지 않았다. 그러나 정부가 공표한 심리전의 다양한 규정과 특별히 내부용으로 작성한 비밀 규정에 따르면 폭력이 심리전의 변함없는 특징이며, 종종 지배적인 특징이었다는 점은 의심의 여지가 없다. 많은 학자들도 그들의 연구가 당시 미국의 국가안보 전술 전체의 한 부분으로 수행되었음을 틀림없이 이해했다. 윌버 슈람, 이시엘 드 솔라 풀, 레너드 커트렐 등의 학자는 엘리트 자문위원회에서 일하면서 그러한 문제들에 대한 정부 내부의 생각과 직접 연결되어 있었다. 게다가 신문을 우연히 한 번 훑어만 보아도 그리스, 이란, 이집트, 과테말라, 라오스, 콩고 등에서 일어난 폭력적인 쿠데타나 내전에 대해서 미국이 시행한 조치들과 그 나라들의 여론을 조사하고 커뮤니케이션 체계를 분석한 연구 사이에 일정한 관계가 있다는 보도를 접할 것이다. 더 일반적으로 말하면 이러한 사실들과 관련된 수치심이야말로 사회과학자들이 심리전에 기여한 것에 대해서 오늘날까지 계속 비밀주의를 고수하고 변명을 하는 이유일 것이다.

결론은 명확하다. 심리전에 적극적이었던 미국 사회과학자들은 그들의 역할에 대해, 또는 심리전 공작에 흔히 수반되는 폭력성에 대해 잘 알고 있었다. 비더만과 크로포드가 말했듯이 오히려 사회과학자들이 자신들의 연구 결과에 대한 성찰로부터 스스로를 '절연'했다.

『계간여론』 및 그 시기의 다른 유명한 학술지를 분석한 연구들을 보면, 왜 개혁 지향적인 학자들이 심리전 프로젝트에 참가했는지 알 수 있고, 그 이유는 비더만과 크로포드가 유형 분류한 것과 거의 일치한다. 어떤 단일한 요소가 있었다기보다 이해관계들이 수렴되었고, 이것이 커뮤니케이션 연구 공동체 내에 다른 사람들을 지배하거나 조종하려는 노력을 즐기는 경향을 지지하는 데 기여했다. 특정 개인들의 연구 동기는 물론 사안에 따라 다양했지만 전체적인 경향은 명백했다.

무엇보다도 심리전 연구는 국가에 대한 애국심, 충성심, 지지를 보여주는 방편이 되었다. 이러한 정서는 미국여론연구협회의 의장단 연설들이나 유사한 공식 행사에서 자주 나타났다. 『계간여론』은 스투퍼가 1954년 미국여론연구협회에서 한 강연 요약문을 게재했는데, 그중에는 "여론 분석가들은 자유와 민주주의를 위협하는 세력들과 싸우는 것을 돕고 있다.……사회의 필요에 계속 부응하기 위해서……사회과학자들은 역사에 대해 장기적인 관점을 가져야 하고, 그들의 방법론적 도구들을 개발하기 위해 열심히 노력해야 한다"는 구절이 있다.[12]

적어도 두 가지 요소가 스투퍼의 영감어린 메시지에 전제되어 있는 것 같다. 그는 미국을 민주주의, 평화, 인도주의, 진실성, 합리성, 유태-기독교적 가치 등 중요한 속성들의 보호자로 보았다. 미국 사회과학의 수많은 옹호자들은 사회과학이 자신의 연구를 통해서 이러한 가치를 전파함으로써 전 세계가 미신과 무지에 등을 돌리도록 만들어야 한다고 믿었다.13) 한편 많은 학자들은 히틀러와 2차대전에 대한 서구의 경험을 생생하게 간직하였다. 스투퍼의 발언이 암시하는 것처럼 학자들은 스탈린주의와 제3세계 민족주의를 모두 서구 문화에 대한 공격으로 간주했으며, 이는 그들이 미국 정부의 외교 정책을 지원해야 하는 중요한 이유였다.

능력 있고 고도로 훈련된 학자들에게는 커뮤니케이션 연구보다 더 수지맞는 연구 분야들도 있었기 때문에, 오로지 돈이 그들 학자들의 중요한 동기부여 요소였다고 믿을 만한 근거는 없다. 그러나 정부 자금을 이용하기 위해서, 또 남들이 누리지 못하는 학문적인 특권을 얻기 위해서 특정한 연구들이 촉진된 것은 명백했다.14)

예를 들어 계량적 방법론이나 커뮤니케이션 효과 연구에 관심을 갖고 있으면서 한편으론 심리전 연구에 참여한 학자들은 두 연구를 동시에 추진함으로써 정부의 지원을 받아내려고 했다. 스투퍼가 하버드 대학의 사회관계실험실 Laboratory of Social Relations에서 벌인 프로그램은 이러한 경향을 잘 보여준다. 그는 소련 공산주의자들의 핵위협을 방지하고 그들을 자유세계의 통제 하에 두기 위한 방법으로 심리전을 지지했다.15) 그러나 다른 한편으로『계간여론』이나『미국사회학연구』에 게재된 스투퍼와 그의 연구원들의 글은 대부분 정리되지 않은 인터뷰 자료들에서 누적척도 cumulative scale를 추출해내는 것과 같은 지엽적인 방법론을 다루었다.16) 이 연구를 승인한 미 공군은 소련으로부터의 난민, 도망자들과 인터뷰를 통해서 소련에 대한 전략적 정보들을 끌어내는 데 관심이 있었다.17) 스투퍼는 루이스 거트만Louis Guttman과 폴 라자스펠드의 '잠재적 거리 척도'latent distance scale 이론을 면담 자료에 적용하는 방법을 발견함으로써 미 공군의 목표와 자신의 방법론적인 관심을 둘 다 만족시키려 했다.18) 유사한 경우로 미 육군 인력연구소Human Resource Research Office를 위한 에릭 말더Eric Marder의 국제여론조사나 앞에서 다뤘던 스튜어트 도드, 멜빈 드플러의 연구 등이 있다.19) 이러한 행동양식은 비더만과 크로포드의 분류 중 첫 번째, 그리고 다섯 번째 요소에 해당한다.

사회과학자들에게 또 다른 중요한 동기는 그들이 미국과 소련 사이에서 '선택을 해야만' 했다는 점이다. 그리고 사회과학계의 지도자들은 미국 정부를 적극적으로 지원하지 않는 것을 '중립주의' neutralism나 심지어 스탈린주의 동정론으로 받아들였다. 이러한 압력의 실례로는 다니엘 러너의 연구를 들 수 있다. 그는 한국전쟁이 절정에 달했을 때 국제커뮤니케이션 연구를 다룬 『계간여론』 특별호에 기고한 글에서 "국제 여론을 지배하기 위해서는 상징화에 관한 극도로 복잡한 문제들을 해결해야 한다"고 쓰고 있다. 러너의 주장에 따르면 공산주의자들과의 투쟁에서 "미국과 소련 사이의 선택이 곧 자유와 억압 사이의 선택은 아니다"라고 주장하는 사람은 "중립주의자"로 볼 수 있다. 그는 "평화, 안전, 긴장완화" 등의 정치적 상징을 선호하는 사람들이 "중립주의-공산주의 상징들"을 조장하고 있으며, 이를 통해 "인민들의 지지를 얻어내기 위한 전세계적 투쟁에서 자유세계를 수세에 빠트렸다"고 강변했다. "동서간의 이념 갈등에 대한 판단을 유보하는 것은 실제 사건과는 무관한 불확실한 전망에 기초하여 정치적 실체를 회피하는 것"으로 보아야 한

다는 것이다.[20]

당시 미국과 전세계 지식인 사회를 향한 CIA 선전 전략의 핵심은 '중립주의'를 공격하는 것이었다. 1950년부터 CIA는 '문화적 자유를 위한 모임'Congress of Cultural Freedom을 지원하기 시작했고, 또 *Encounter*(영국), *Der Monat*(독일), *Forum*(오스트리아), *Preuves*(프랑스), *Cuadernos*(라틴 아메리카) 등 일련의 정치적으로 자유주의적이고 완강한 반공주의 출판물들의 간행을 지원하기 시작했다. 이러한 출판물의 간행은 공산주의 확산에 대항하여 지식인들의 중립주의와 싸우기 위한 하나의 방편이었다. 비록 최근에 CIA가 자신들의 연구를 지원한 사실을 알지 못했다고 주장하기는 했으나 시드니 후크, 멜빈 라스키Melvin Laskey, 에드워드 쉴즈, 다니엘 벨Daniel Bell, 그리고 다니엘 러너가 이 캠페인의 중요한 대변인 역할을 했다. 어떻든 핵심은 간단하다. 격렬한, 사회민주주의적social-democratic 반공주의가 학계에서 강력한 정치운동으로 대두하였으며, 대신 학계는 정부의 풍족하면서도 은밀한 재정 지원을 누렸다.[21]

한편 『계간여론』과 다른 유명 학술지들은 적국의 커뮤니케이션 패러다임을 옹호하거나 또는 미국 외교정책을 적극적으로 지지하지 않는 학자들을 —이 둘은 흔히 얽혀있는데— 지목하여 전체주의 정치체제와 관련된 정신적인 질병이나 심신장애를 가진 사람이라고 비난했다.[22] 이러한 해석은 폭넓은 지지를 받았으며, 가브리엘 앨먼드Gabriel Almond가 프린스턴의 허버트 크루그만Herbert Krugman, 엘스베스 르윈Elsbeth Lewin, 하워드 뤼긴스Howard Wriggins와 함께 저술한 『공산주의의 매력』이라는 연구[23]는 이에 대한 가장 정교하고 과학적인 해석을 제시하였다. 앨먼드와 그의 동료들은 서구 4개 국가의 공산당에서 탈퇴한 250명의 공산주의자들을 인터뷰했

7장 지배 패러다임의 내면화와 강제

다. 이 왜곡된 표본들에 기초하여[24] 그들은 주로 "자기정체성이 혼란스럽거나 불확실한 개인들"이 공산주의에 매력을 느낀다고 결론 내렸다. 이 결론에 따르면 공산주의 단체의 조직원들은 일반적으로 그들의 지도자들을 "무자비하고, 비판적이며, 사교성이 없고, 교조적이며, 또 기회주의적이고", "권력을 유지할 수 있는 모든 가치들을 거세당한" 사람들로 간주했다.[25]

이것이 사실이건 아니건 맑스주의자들이 심리적으로 결점이 있거나 또는 있을 것 같다는 무자비한 선전의 결과 1950년대 내내 비판적인 관점들은 철저하게 유린당했다. 사실 "혼란스러운 개인……"이 공산당에서 탈퇴하기 쉽다는 것이 앨먼드의 자료에 대한 대안적 해석이며, 이러한 해석이 프린스턴의 결론보다 기본적인 사회과학의 원칙에 더 부합한다. 그러나 앨먼드와 그의 동료들은 이 문제에 대해서 별다른 변명도 하지 않았고, 그들의 연구는 심각하게 논의되지 않은 채 발표되었다. 현재의 학술지들은 그 연구의 방법론에 문제가 있다고 지적하고 있지만, 앨먼드 자신은 주류 사회심리학계에서 걸출한 경력을 쌓았다.

미국 사회에서 매카시즘이 확대되자 매스커뮤니케이션 연구자들에 대한 사회적 압력도 증가하였다. 그 결과 매스커뮤니케이션 연구자들이 세계에서 미국의 역할에 대한 선입견을 비판할 수 있는 여지는 더욱 줄어들었다. 1950년대 초기에 매카시 상원의원과 그의 정치적 동맹자들은 미국 공보 프로그램 및 사회과학계 전반을 비판하고 나섰다. 매카시의 공격은 VOA 방송에 대한 공격으로 시작하여 USIA 도서관의 숙청, VOA 관리들의 해고로 이어졌고, 아무런 근거 없이 VOA에 공산주의자들이 있다며 의회 청문회를 반복했다.[26] 덜 알려지긴 했지만 역시 중요한 사건으로 미국 테네시

주 하원의원 캐롤 리스Carroll Reece가 미국의 주요 비과세 재단들에 대해 의회 조사를 추진한 것을 들 수 있다. 리스는 록펠러 재단, 포드 재단, 카네기 재단, 사회과학연구평의회SSRC 등을 포함하는 미국의 주요 재단들이 사회과학 연구에 자금을 지원함으로써 사회주의를 조장하고 '세계'One World 정부를 만들려는 캠페인을 벌이고 있다고 주장했다. 그는 이 재단들이 지원한 사회과학 연구들이 미국과 '자유 기업' 경제체제에 비판적이라고 보았다. 그는 사회과학 연구자들 가운데 존 듀이John Dewey, 사무엘 스투퍼, 버나드 버렐슨을 주모자로 지목했다.27)

위 재단들은 매카시즘의 공격에 대해서 미국 사회과학이 매우 효과적인 냉전의 무기라고 반박했다. 사회과학연구평의회 회장 펜들턴 헤링Pendleton Herring은 리스 위원회에 다음과 같은 보고서를 보냈다. "공산주의 지도자들은 사회과학을 공산주의 이데올로기와 공산주의 팽창에 가장 위협적인 적으로 여기고 있다. 사회학에 대한 적대감이 너무나 강하기 때문에 소련에서는 이를 가르치지도 않고 있다." 헤링은 소련에서 간행된 "제국주의에 봉사하는 미국 부르주아 심리학과 사회학", "미국의 팽창에 봉사하는 현재 미국 부르주아 심리학"이라는 제목의 두 개의 적대적인 보고서를 인용하며 냉전에 사회학이 효과적으로 공헌했다고 주장했다.28)

냉전에 대한 합의를 지지하지 않은 학자들은 매우 큰 대가를 치러야 했다. 동료들로부터 배척당했고, 해고되었으며, 승진 및 종신교수직에서 제외되었고, 대학이나 정부의 조사기구에 소환되었으며, FBI의 조사를 받았고, 신문의 적대적인 공격을 받았으며, 그보다 더 심한 것들도 감수해야 했다.29) 아주 저명한 학자들도 예외가 아니었다. 예를 들어 '비미국적 행동에 대한 하원 조사위원회'

7장 지배 패러다임의 내면화와 강제

The House Committee on Un-American Activities는 1953년 증언을 위해 시카고 대학의 다니엘 부어스틴Daniel Boorstin을 소환했다. 그가 10년도 더 지난 과거에 잠시 공산당에 참여한 적이 있기 때문이었다. 부어스틴은 그 조사에 협조했다.30) FBI와 미국 군부의 정보요원들은 미국사회학회 회의를 계속 감시하면서 급진주의자들을 색출하려 했다.31) 원로 역사학자이자 미국역사협회American Historical Association 전회장인 찰스 비어드Charles Beard는 새로운 정치적 현실에 맞춰서 그의 연구를 수정하라는 요구를 거부했고, 결국 교수직을 박탈당했다.32) 하버드, MIT, 콜롬비아, UCLA 및 다른 유명한 대학들은 맑스주의자나 좌파로 지목당한 교수들을 쫓아냈다. 그중에는 그들과 이념적으로 경쟁하는 다른 교수들이 모함한 경우도 많았다.33) 메릴랜드 주는 좌파를 학교에서 쫓아내는 데 선도적 역할을 했다. 1949년 메릴랜드 주는 '오베르 반공산주의자법'Over Anti-Communist Act을 통과시켰으며, 이는 많은 다른 주의 모델이 되었다. 그러나 사실 그 법은 주 의회를 통과한 것도 아니었다.34)

FBI와 다른 국내 안보 기관들은 맑스주의적 사회과학 해석을 지지하는 기관이나 학자들을 특별히 강력하게 처벌했다. 공산당의 후원을 받는 기관으로 알려진 제퍼슨 사회과학학교The Jefferson School of Social Science는 1950년대 초에 뉴욕 주에서만 매년 5,000명의 우수한 학생들을 모집했다. 그러나 지방검사의 체제전복 조직 목록에 올랐으며, 비과세 조치가 취소되었고, 학생 명단을 제출해야 했으며, 1955년에 결국 폐교되었다.35) '비미국적 행동에 대한 하원 조사위원회'는 제퍼슨 사회과학학교의 직원들을 소환했고 그 후임자들의 모든 기록을 요구했다. 사회분석기금The Fund of Social Analysis에 대해서도 동일한 조치를 취한 결과 이 기구도 곧 폐쇄되었다. 한편

사회연구기금The Fund of Social Research은 윌리엄 애플만 윌리암스William Appleman Williams나 허버트 앱데커Herbert Aptheker와 같은 좌파 학자들에게는 적은 금액만을 지원했다.36) 긴급시민자유위원회The Emergency Civil Liberty Committee는 '비미국적 행동에 대한 하원 조사위원회'의 활동에 반대하는 사회과학자들의 저항을 조직하려고 시도했다. 그러나 주류 사회학자들과 커뮤니케이션 연구자들의 지원을 전혀 받지 못했으며, 별다른 성과도 없었다.37)

10년간 지속된 이 탄압은 사회과학계를 실제로 냉각시켰다. 폴 라자스펠드는 1955년 공화국기금Fund of the Republic의 지원을 받아서 정치 검열이 사회과학에 끼친 영향에 대한 연구를 수행했다. 연구 결과에 따르면 1,445명의 대학 교수요원 중 27%가 자신의 의지와는 상관없이 "자신은 극좌도 극우도 아니라는 것을 공개적으로 표명"하기 시작했다. 그중 20%는 토론 주제, 참고 문헌 또는 연구 과제를 변경했다. 선생들 가운데 거의 절반은 학생들이 자신의 말을 왜곡하거나 맥락에 맞지 않게 인용하여 학교 당국이나 FBI에 보고하지 않을까 우려한다고 응답했다. 394명의 응답자들은 자신들의 "정치적인 주제에 대한 관점이 상급자들에게 악의적으로 보고되거나 또는 되어 왔다"고 믿었다.38)

이러한 상황에서 심리전 연구에 학문적으로 기여하는 것이 부분적으로 개인의 정치적인 신뢰도를 재확인하는 하나의 수단이 되었다. 앞에서 인용한 재단들의 증언에서도 볼 수 있듯이 심리전에 대한 사회학의 공헌이야말로 그 정치적 정당성의 증거였다.『계간 여론』의 편집자가 각 연구자들의 저작에 대해 쓴 소개 글에서도 비슷한 경향을 볼 수 있다. 약간 논쟁적인 발상들을 다룬 글의 소개 글에서는 "저자의 의도가 중립층을 미국 중심의 연합으로 이끄는 것"39)이었다든가, "선전전에서 미국의 영향력을 제고하는 것"40)이었다는 편집자의 논평을 자주 발견할 수 있다.

『계간여론』은 많은 학문 기구들이 매카시 시대에 수행한 역설적인 역할의 한 사례다. 이 잡지는 극우로부터 공격을 방어하기 위해 스투퍼나 버렐슨 같은 학자들의 저작을 게재하면서 자신의 적법성을 암암리에 변호했다. 그러나 동시에 그들의 적법성을 지키기 위해서라도 필연적으로 '비합법성'이 무엇인가에 대한 기준이 필요했으며, 만약 그것이 전제되어 있지 않다면 '책임감 있는' 관점으로부터 '무책임한' 관점을 구분해내는 방벽을 점진적으로 구축해야 했다.

매스커뮤니케이션 연구 및 다른 분야에서 매카시즘에 대항하는 피난처로서 학문 공동체는 이론체계, 연구방법론, 행동기준을 정의하거나 변호하는 데 중요한 역할을 했다. 이를 위해 학계의 '중심' 또는 주류 교수들이 결집하여 말하자면 마차로 둘러싼 원진圓陣을 만들었다.41) 비록 그 전선戰線에서 수사修辭는 끊이지 않았지만, 그것이 시민의 자유나 학문의 자유를 위한 싸움은 아니었다. 안전한 중심에서 너무 멀리 가버린 학자들의 안전은 운명에 맡겨야 했으며, 대부분 찰스 비어드나 제퍼슨 사회과학학교와 같은 결과를 맞이했다.

이러한 중심으로의 후퇴는 매스커뮤니케이션 연구에서 중요한 함의를 가지고 있다. 그것은 학계의 중심부, 그리고 정부 및 재단과 연결망을 형성하여 정치적 지원을 끌어내던 주류 학자들의 권위를 강화하는 경향을 만들었다. 그 결과 앞서 살폈던 라자스펠드의 설문조사 결과처럼 학자들이 커뮤니케이션을 이해하기 위한 새로운 접근을 아예 포기하는 경향이 현저해졌다. 이는 주류 사회과학에 대한 '좌파적', '우파적' 비판 모두의 학문적 정당성에 크게 타격을 가했다. 1950년대 미국 사회과학에 대한 극우적인 비판은 극좌파들의 방식과 그리 다르지 않았다. 둘 다 국가와 엘리트 학자들 사이의 점증하는 연대에 항의했고, 사회과학의 전문성을 높이는 것이 종종 반계몽주의나 독점성을 강화한다고 의심했다. 그리고 각각 다른 이유 때문이긴 하지만 둘 다 현대 사회통제기술이 유권자들에게 심각한 위협을 제기한다고 믿었다.[42]

커뮤니케이션 패러다임에 대한 맑스주의자들의 비평을 불법으로 규정하는 것은 매카시즘으로부터 연구 분야를 방어하는 한 가지 방법이었다. 『계간여론』에서, 또 미국여론연구협회 같은 주요 학술 협회에서도 심리전 프로젝트에 학자들이 참여하는 것이 윤리적인 문제로 간주되지 않았다. 심지어 학자들이 자신들의 후원자를 공개하지 않거나,[43] 문제가 있는 방법론을 적용하는 경우도 마찬가지였다.[44] 사회과학과 정부 사이의 유착을 지적하는 비판은 학계의 중심에 문제를 제기하는 것이었으나 그것들은 좌, 우 어디에서 나왔건, 학술지나 학술회의 등 어디에서도 발표되지 못했다.

『계간여론』은 다른 권위 있는 학술지들과 마찬가지로 1950년대 학계의 주류에서 벗어난 글을 쓰는 학자들을 무시하거나 심지어 조롱하곤 했다. 반면에 커뮤니케이션의 성격에 대해 합의된 전제 위에서 수행한 세련된 연구들은 계속 발표될 수 있었고, 끊임없이 찬사를 들었다. 예를 들어『계간여론』은 1950년대에서 1960년대까지 시어도어 아도르노Theodore Adorno, 막스 홀크하이머Max Horkheimer, C. 라이트 밀스C. Wright Mills의 글을 한 번도 게재하지 않았다. 다만 이들의 저서에 대한 세 개의 미적지근한 서평을 내놓았을 뿐이다. 밀스가 1954년 가을, 1956년 가을에 쓴 책과 홀크하이머가 1956년 여름에 쓴 책에 대한 서평이 그것으로,[45] 이는 『계간여론』 자체는 비주류 학자들과 거리를 두고자 했지만, 그들의 주장에는 그 시기 매스커뮤니케이션을 공부하는 연구자들이 배워야 할 부분이 있음을 암묵적으로 시인하는 것이었다. 한편 러너, 해롤드 라스웰, W. 필립스 데이비슨 등 『계간여론』이 선호하는 학자들의 글이나 책의 발췌문, 객원 사설 등은 계속 게재되었다.

『계간여론』은 매스커뮤니케이션의 논점에 대해 이단적 관점을 제시하는 필자들을 '과학적인' 형식을 사용하지 않았다며 노골적으로 조롱했다. 조지 셀데스George Seldes의 『인민은 모른다』에 대한 애버리 레이저슨Avery Leiserson의 신랄한 비평과 밴스 팩커드Vance Packard의 『숨은 설득자』[46]에 대한 로이드 바렌블라트Lloyd Barenblatt의 언급이 그 좋은 사례다. 셀데스와 팩커드는 모두 미국의 대중 매체가 이념에 좌우되는 획일적인 '진실'만을 제공하여 일반적으로 알려진 것보다 훨씬 더 강력하게 대중의 의식을 조종해왔다고 주장했다. 이에 대해 『계간여론』은 이들이 모두 무책임하며 제정신이 아니라고 평가했다.

요점은 『계간여론』이 아도르노, 홀크하이머, 밀스, 셀데스의 글을 더 많이 게재했어야 했다거나, 셀데스와 팩커드가 탁월한 비평가였다는 것이 아니다. 그것보다는 『계간여론』이 매스커뮤니케이션에 관한 특정한 선입견들을 정교화하고 변호했으며, 아도르노 등 많은 비평가들을 기준에서 크게 벗어난 사람으로 암묵적으로 규정해버렸다는 점이다. 오직 기준 안에서만 '책임감 있는' 대화가 이뤄질 수 있었다.

요컨대 학자들이 미국 심리전 프로젝트에 참여한 것에는 긍정적 보강, 부정적 연상이 모두 있다. 긍정적 보강이란 참여를 통해

애국심을 인정받고, 금전적 보상과 학문적 특권을 누릴 수 있는 기회를 부여받는 것을 의미했다. 또 지식인이나 동조하지 않는 자들에게 자주 의심의 눈초리를 보내는 사회에서 심리전 연구는 자기 자신 또는 자기 학문의 적법성을 증명하는 유용한 수단이었다. 부정적인 연상이란 해외의 적에게 패배하였을 때 따라올 부정적인 결과를 회피하고 싶은 욕망, 정치적 사회적 적법성을 획득하지 못했을 때 수반되는 처벌에 대한 두려움을 포함한다. 두 경우 모두 중요한 것은 '절연', 즉 자신의 연구가 다른 사람에게 끼치는 영향으로부터 자기 자신을 분리시키려는 현상이었다. 한편 이른바 매카시즘에 대한 학계의 저항은 정치적·학문적 중심부를 강화하는 동시에 좌파, 우파 모두로부터 도전을 묵살하면서 수행되었다.

주註

1) Jean Converse, *Survey Research in the United States* (Berkeley: University of California Press, 1987), pp.305, 308. 1940년대 이전 많은 사회 조사의 개혁적 지향에 대해서는, Albert Biderman and Elisabeth Crawford, *Political Economics of Social Research: The Case of Sociology* (Springfield, VA: Clearinghouse for Federal Scientific and Technological Information, 1968), p.18을 보시오.
2) Biderman and Crawford, *Political Economics of Social Research*, p.30.
3) Ibid., p.31.
4) Ibid.
5) Ibid., p.32.
6) Converse, *Survey Research in the United States*, pp.212, 484, 각주 92~94. 재래식 폭격 및 핵 폭격이 일본 국민들의 사기에 끼친 영향을 계측한 것에 대해서는 Alexander Leighton, *Human Relations in a Changing World* (New York: Dutton, 1949) pp.58~95를 볼 것.
7) Edward Suchman, Samuel Stouffer, Leland DeVinney, Irving Janis, "Attitudes Toward Leadership and Social Control," Samuel Stouffer et al., *The American Soldier*, Vol. 1 (Princeton: Princeton University Press, 1949), pp.362~429. 선전 효과에 대해서는 Carl Hovland, Arthur Lumsdaine, Fred Sheffield, *Experiments on Mass Communication* (Princeton: Princeton University Press, 1949) 참고. Irving Janis가 같은 주제를 좀 더 깊이 있게 다루었다. Irving Janis and Seymour Feshbach, "Effects of Fear-Arousing Propaganda," *Journal of Abnormal Social Psychology* 48, no. 1 (1953), pp.78~92.
8) Biderman and Crawford, *Political Economics of Social Research*. 표지 이면의 계약 자료 참고.
9) Ibid., pp.46~47.
10) Morris Janowitz, *Sociology and the Military Establishment* (New York: Russel Sage Foundation, 1965), p.121 ; Biderman and Crawford, *Political Economics of Social Research*의 p.46으로부터 인용.
11) Biderman and Crawford, *Political Economics of Social Research*, pp.45~46에서 인용.
12) Samuel Stouffer, "1665 and 1954"(AAPOR Presidential Address), *POQ* 18, no. 3 (Fall 1954), p.233. 이하 *POQ*에 게재된 글의 경우 이 장에서 특별히 출처를 언급하지 않았다.

13) 예를 들어 Hadley Cantril, "Psychology Working for Peace," *American Psychologist* 4, no. 3 (March 1949), pp.69~73.
14) L. John Martin과 저자의 인터뷰 (December 6, 1989).
15) Stouffer, "1665 and 1954"
16) Samuel Stouffer, Edgar Borgatta, David Hays, and Andrew Henry, "A Technique for Improving Cumulative Scales," 16, no. 2 (Summer 1952), pp.273~291 ; Andrew Henry, "A Method for Classifying Non-Scale Response Patterns in a Guttman Scale," 16, no. 1 (Spring 1952), pp.94~106 ; Edgar Borgatta and David Hays, "The Limitations on the Arbitrary Classification of Non-Scale Response Patterns in a Guttman Scale," 16, no. 3 (Fall 1952), pp.410~416 ; Edgar Borgatta, "An Error Ratio for Scalogram Analysis," 19, no. 1 (Spring 1955), pp.96~99. 각각의 글들은 미국 공군이 지원한 것으로 계약번호 AF 33(038)-12782에 의해 수행되었다. 앨라배마 주 맥스웰Maxwell 공군 기지에 있는 인간자원연구소HRRI에 소장되어 있다. 이 연구들이 스투퍼의 유명한 'H-Technique'의 기초를 이루었다.
17) Clyde Kluckhohn, Alex Inkeles, and Raymond Bauer, *Strategic Psychological and Sociological Strengths and Vulnerabilities of the Soviet System* (Cambridge, MA: Russian Research Center, Harvard University, 1954).
18) Stouffer et al., "A Technique for Improving Cumulative Scales."
19) Eric Marder, "Linear Segments: A Technique for Scalogram Analysis," 16, no. 3 (Fall 1952), pp.417~431.
20) Daniel Lerner, "International Coalitions and Communications Content: The Case of Neutralism," 16, no. 4 (Winter 1952), pp.681~688, 682, 683, 685로부터 인용.
21) Christopher Lasch, "The Cultural Cold War: A Short History of the Congress for Cultural Freedom," Barton Bernstein (ed.), *Towards a New Past* (New York: Pantheon, 1968), pp.322~359 ; Peter Coleman, *The Liberal Conspiracy* (New York: Free press, 1989).
22) David Rodnick and Elizabeth Rodnick, "Notes on Communist Personality Types in Czechoslovakia," 14, no. 1 (Spring 1950), pp.81~88 ; Jean-Marie Domenach, "Leninist Propaganda," 15, no. 2 (Summer 1951), pp.265~273 ; Herbert Krugman, "The Appeal of Communism to American Middle Class Intellectuals and Trade Unionists," 16, no. 3 (Fall 1952), pp.331~355 ; Morris Janowitz and Dwaine Marvick, "Authoritarianism and Political Behavior," 17, no. 2 (Summer 1953), pp.185~201.
23) Gabriel Almond, with Herbert Krugman, Elsbeth Lewin, Howard Wriggins,

The Appeals of Communism (Princeton: Princeton University Press, 1954). Gabriel Almond correspondence file, Psychological Strategy Board, Truman Library, Independence, MO를 보시오. 이 서신들 가운데 하나에서 앨먼드는 심리전전략위원회에서 '이 연구를 검토하고……심리전전략위원회의 관점에서 우리가 프린스턴에서 수행한 작업의 유용성을 평가해 달라'고 요청했다. (memo of April 16, 1952)

24) 앨먼드의 연구 대상은 이미 공산당을 탈당한 사람들이므로 전체 공산주의자들을 대표할 수 없다. 필자는 이 점을 지적하여 앨먼드가 추출한 표본이 '왜곡되었다'고 한 것이다. (역자 주)

25) Almond, *The Appeals of Communism*, pp.15, 18, 142.

26) '미국의 소리' 방송에 관한 청문회에 대해서는 David M. Oshinsky, *A Conspiracy So Immense: The World of Joe McCarthy* (New York: Free Press, 1983), pp.266~277 ; Robert William Pirsein, *The Voice of America* (New York: Arno, 1979), pp.235를 볼 것.

27) House Special Committee to Investigate Tax-Exempt Foundations, *Tax Exempt Foundations* 83rd Cong. 2nd sess., (Washington, DC: GPO, 1954). 하원 특별 위원회의 조사 주제에 대해서는 위원회 조사국장 노만 도드Norman Dodd의 증언(pp.5~23)과 그의 비서인 캐트린 캐이시Kathryn Casey의 증언(pp.64~89)을 볼 것. 스투퍼의 대응에 대해서는 찰스 돌라드(카네기 재단)의 증언(pp.972~974)을 볼 것. 버렐슨의 대응에 대해서는 H. 로완 게이더H. Rowan Gaither(포드 재단)의 증언(pp.1035~1036)을 볼 것.

28) Ibid., Pendleton Herring testimony (pp.794~865 passim.), p.838로부터 인용.

29) Ellen Schrecker, *No Ivory Tower: McCarthyism and the Universities* (New York: Oxford University Press, 1986) ; David Caute, *The Great Fear: The Anti-Communist Purge under Truman and Eisenhower* (New York: Simon & Schuster, 1978) ; Jane Sanders, *Cold War on the Campus: Academic Freedom at the University of Washington 1946~1964* (Seattle: University of Washington Press, 1979). 또 관련 연구로 Philip Meranto, Oneida Meranto, Matthew Lippman, *Guarding the Ivory Tower: Repression and Rebellion in Higher Education* (Denver: Lucha, 1985) ; Jonathan Feldman, *Universities in the Business of Repression* (Boston: South End Press, 1989) ; John Trumpbour (ed.), *How Harvard Rules: Reason in the Service of Empire* (Boston: South End Press) ; Athena Theodore, *The Campus Troublemakers: Academic Women in Protest* (Houston: Cap and Gown Press).

30) Schrecker, *No Ivory Tower*, p.42.

31) U.S. Federal Bureau of Investigation, "Daniel Lerner," FBI file no. 123-10557, A. H. Belmont가 V. P. Kay에게 보낸 1953년 8월 3일자 편지.

32) Peter Novick, *That Noble Dream: The 'Objectivity Question' and the American Historical Profession* (Cambridge: Cambridge University Press, 1988). 보다 간결한 설명으로는 Peter Novick, "Historians, 'Objectivity' and the defense of the West," *Radical History* No. 40 (January 1988), pp.7ff ; Jesse Lemisch, *On Active Service in War and Peace: Politics and Ideology in the American Historical Profession* (Toronto: Hogtown, 1975) 참고.

33) Schrecker, *No Ivory Tower; Caute, The Great Fear*, pp.403~445.

34) Schrecker, *No Ivory Tower*, pp.114~115. 메릴랜드 주의 입법 과정에 대해서는 *Laws of Maryland* (1949), Chapter 86, pp.96 이하를 보시오.

35) Caute, *The Great Fear*, pp.174~175.

36) House Committee on Un-American Activities, *Hearings Related to H. B. 4700, to Amend Section 11 of the Subversive Activities Control Act(the Fund for Social Analysis)*, 87th Cong., 1st sess. (Washington, DC: GPO, 1961).

37) Emergency Civil Liberties Committee, "Petition to the Congress of the Unites States" (advertisement) *Washington Post* (May 31, 1961), p. A16. 신문 광고에 서명한 사람 중에는 미국의 저명한 사회학자들 이름이 거의 포함되어 있지 않다.

38) Paul Lazarsfeld, Wagner Thielens, *The Academic Mind* (Glencoe, IL: Free Press, 1958), pp.193, 194, 197~204, 218~222, 206, 382.

39) Lerner, "International Coalitions," p.681.

40) William Glaser, "The Semantics of the Cold War," 20, no 4 (Winter 1956), pp.691~716.

41) Schrecker, *No Ivory Tower*, pp.219~338.

42) 예를 들어 House Special Committee to Investigate Tax-Exempt Foundations, *Tax Exempt Foundations*, pp.114~188에 있는 A. H. 홉스A. H. Hobbs의 증언을 볼 것.

43) 다음의 연구가 대표적일 것이다. Stuart Dodd, "Testing Message Diffusion from Person to person," 16, no. 2 (Summer 1952), pp.247~262 ; 응용사회연구소BASR는 관례적으로 계약의 내용을 밝히지 않고 응용사회학연구소 자체가 연구 후원자라고 주장했다. Patricia Kendall, "The Ambivalent Character of Nationalism among Egyptian Professionals," 20, no. 1 (Spring 1956), p.277.

44) Almond, *Appeals of Communism*. 슈람이 대對동유럽 선전방송에 관한 연구에서 처음으로 사용했고, 최근에는 미국의 대對쿠바 선전 방송에도 적용된 연구 방법론에 대한 최근의 흥미있는 비평으로는 U.S. General Accounting Office, *Broadcasts to Cuba: TV Marti Surveys Are Flawed* (GAO/NSIAD-90-252, August 1990).

45) Eliot Mishler, review, *Character and Social Structure*, by Hans Gerth and C. Wright Mills, 18, no. 3 (Fall 1954), p.323 ; W. Philips Davison, review, *Sociologica: Aufsaetze, Max Horkheimer zum Sechzigsten Geburstag Gewidmet*, introduction by Horkheimer, 20, no. 2 (Summer 1956), p.480 ; Arnold Rogow, review, *The Power Elite*, by C. Wright Mills, 20. no. 3 (Fall 1956), pp.613~615.
46) Avery Leiserson, review, *The People Don't Know*, by George Seldes, 14, no. 1 (Spring 1950), pp.156~157 ; Lloyd Barenblatt, review, *The Hidden Persuaders*, by Vance Packard, 22, no. 4 (Winter 1958), p.579.

심리전의 유산

월버 슈람은 미국 커뮤니케이션 연구의 발전에 기여한 모든 사회과학자들 가운데 단연 특별히 언급될 자격이 있는 인물이다. 슈람의 전기를 쓴 스티븐 채피는 슈람을 '우리 분야에 우뚝 선 탑'과 같은 존재로 그리면서 커뮤니케이션 연구에 관한 한 1933년에서 1973년에 이르는 시기를 '슈람의 시대'로 불러도 무방할 것이라고 말했다. 슈람의 경력 전체를 통틀어 손꼽을 만한 특색으로는 학계에서 펼친 뛰어난 행정 능력과 함께 그가 당시 매스커뮤니케이션의 '지식'을 정의하고 보급했다는 점을 들 수 있다. 채피는 슈람을 '미국 매스커뮤니케이션 이론의 시대정신, 매스커뮤니케이션 연구를 통해 생산된 패러다임과 지식의 전파자'였다고 평가한다.[1] 제임스 탠커드James Tankard 역시 '월버 슈람이……커뮤니케이션 연구 분야와 이론을 정의하고 설립하는 데 어느 누구보다 많은 일을 했다'는 점에 동의한다.[2] 이런 논평들을 과장된 것으로 치더라도 슈람이 1948~1970년까지 미국 학계의 매스커뮤니케이션 연구에서 중심적 인물이었다는 점은 분명한 사실이다.

슈람의 저작들은 후속 세대 학자들에게 지속적인 영향을 주었고, 냉전 초기에 주요 커뮤니케이션 학자들에게서 나타나는 이데올로기적·정치적 선입견의 실례를 보여준다는 점에서 여전히 중요하다. 1945년에서 1960년 사이에 저술한 그의 저작들은 분명히 이분법적인 흑백 논리와 마니교도적인3) 세계관을 드러낸다. 이를 통해 슈람은 열정적인 미국주의로 무장하고, 국내외의 이데올로기적 경쟁자들과 싸웠다.4)

슈람을 노골적으로 옹호하는 사람들조차 미국 저널리즘 교육 분야에서 그의 위세가 절정에 달했던 시기의 저작들이 "매스커뮤니케이션 행위를 대부분 이분법적인 '선과 악'의 잣대로, 그리고 '자민족중심주의'로 해석한 것"이었다는 점을 인정했다.5) 오늘날에는 거의 잊혔지만 슈람에게 일종의 분수령의 의미를 가진 『매스커뮤니케이션의 과정과 효과』를 포함하여 그가 쓴 영향력 있는 저작들은 미국 정부의 선전 프로그램을 위한 교재로 쓰였다.6) 이와 유사하게 슈람의 이론적 기여 중 가장 널리 알려진 것의 하나이자 또 아직까지 널리 수용되는 '권위주의적' 미디어체제와 소비에트의 '전체주의적' 미디어체제 간의 이분법적 구분은 그가 USIA와 맺은 계약에서 발전한 것으로서 1950년 초 미국의 심리전 프로그램에서 준비한 소련에 대한 2차 자료들에 많은 부분 근거를 두고 있다.7)

슈람은 그러한 구분을 통해 흐루시초프 시기 동유럽 공산주의 국가의 커뮤니케이션 시스템보다 권위주의 및 반공주의 국가의 그것이 질적으로 더 우월하고 자유로우며 인간적이라고 주장했다. 슈람은 서로 완전히 다른 사회를 선험적으로 '선'과 '악'이라는 범주로 일괄하여 다루었고, 한 사회에서 '주장'과 그 '실제 행위' 사이에 놓인 여러 복잡한 관계들을 무시했으며, 그 결과 공산주의 국가와 비공산주의 국가 모두의 정치적 생활에 내재한 기본 요소들을 설명하는 데 실패했다. 그의 접근법은 과학적 엄밀함이 결여되었지만 그의 논리가 가진 정치적 유용성은 그것을 보상해 주었다. 왜냐하면 그의 논리가 실제로는 극도로 타락하고 야만적인 정부들을 이른바 '전체주의적 위협'에 맞서는 수단으로 보증해줌으로써 겉무늬뿐이지만 이들 정부를 민주주의로 합리화할 수 있는 기초를 제공했기 때문이다. 물론 이러한 슈람의 공식화는 미국의 국가안보 집단에 주입되었고, 이제는 진부한 것이 되어버렸다. 최근 진 커크패트릭이 유엔 미국대사로 재임한 기간에는 특히 그런 경향이 현저했다.[8]

커뮤니케이션에 대한 슈람의 몇몇 중요한 저술은 1950년대부터 지금까지 열람이 불가능하다. 그 이유는 그 저술들이 CIA와 군이 후원했던 심리전 프로젝트와 관계를 맺으며 준비되었기 때문이고, 정부는 적어도 30년 이상 비밀로 분류되어야 한다고 주장한다. 그렇더라도 미국 심리전 캠페인과 관련된 슈람의 경력을 추적하는 것이 불가능하지는 않다. 아래에 그 몇 가지 사례를 들어보자.

1. 한국전쟁기 미국의 심리 작전에 대한 미 공군의 연구 — 이 연구들은 정부의 후원에 힘입어 학술적, 대중적인 형태로, 그리고 여러 언어로 광범하게 재활용되었다.[9]
2. USIA를 위해 수행한 몇몇 주요 연구들 — 여기에는 슈람이 USIA 작전의 확대를 대변하던 민간 위원회의 위원으로 재직하던 당시에 수행한 이 기관에 대한 평가도 포함되어 있다.[10]
3. 1950년대 내내 표면적으로는 민간 프로젝트나 실제로는 CIA가 지휘

한 자유유럽방송을 위한 분석과 자문. NSC와 '자유방송'Radio Liberty, 또는 '자유방송' 자체를 위한 분석과 자문.11)
4. 특수작전에 관한 국방부장관 자문위원회 의장으로서 활동 — 이 기관은 선전과 심리전, 그리고 은밀작전의 기획을 전문으로 하는 특화된 조직이었다.12)
5. 매우 영향력이 컸던 국방과학위원회Defense Science Board의 구성원.13)
6. 슈람의 『매스커뮤니케이션의 과정과 효과』(1954), 『선전 이론에 관한 네 개의 글』(1955), 『인간 커뮤니케이션의 과학』(1963)에 대한 USIA와 VOA의 후원, 그리고 일반적으로 유통되는 교과서들.14)
7. 해군연구소와 맺은 광범위한 계약.15)
8. 만년에 엘살바도르와 콜롬비아, 그리고 기타 다른 나라들에서 매스미디어의 '발전'을 정의한 국제개발청Agency for International Development (AID)의 일련의 프로그램에 참여.16)

전체적으로 현재 슈람의 저술 중 접근 가능한 부분을 보면 탠커드가 말했듯이 슈람이 "커뮤니케이션 연구에서 십년 동안 폭넓게 사용된 패러다임을 거의 일방적으로 정의한" 시기의 그의 경력에 정부의 심리전 프로그램이 중요한 역할을 했다는 점을 확인할 수 있다.17)

정부가 재정을 지원한 심리전 프로그램들, 그리고 그 프로젝트들 특유의 '국가안보'와 커뮤니케이션에 대한 개념들은 커뮤니케이션 연구에서 이루어진 과학적 지식의 사회적 구성에서 이른바 '긍정적인 환류'positive feedback를 제공했다. '긍정적인 환류'라는 용어는 체계분석system analysis에서 가져온 것으로서, 이른바 정보산업의 전반적인 행위와 이 산업들에서 수용된 형식이나 기술적 표준 사이의 관계를 지칭하는 것이다.

MIT의 W. 브라이언 아서W. Brian Arthur에 의하면 긍정적인 환류의 문제점은 그것이 새로운 지식의 출현을 제한하는 위상고정phase lock

을 만들어낼 가능성이 있고, 고정된 형식으로 지적인 혁신을 제한하는 경향이 있다는 것이다. 아서는 "어떤 개념이 가지는 초기의 우월성이 장기간 적합하리라는 보장은 없다", "1950년대의 컴퓨터 언어인 포트란FORTRAN 같이 초기에 확립된 표준은 이후에 제거되기 힘들다.18) 아무리 후속 표준들이 강력하다고 하더라도 참호로 잘 둘러싸여 있는 지식의 형태나 표준은 더 강력한 외부적 힘에 직면하거나 스스로의 무게로 붕괴할 때만 변하는 닫힌 관념체계를 생산할 수 있다"고 주장한다.

그러한 관념의 '형태들'은 토드 기틀린Todd Gitlin이 '지배적 패러다임'19)이라고 부르고, 스티븐 채피가 매스커뮤니케이션 연구의 '시대정신'이라고 명명한 것의 구성요소들로 이해할 수 있다.20) 요컨대 모든 패러다임과 시대정신은 연구 주제, 그것을 검증할 도구들, 적절히 규정된 연구 의제, 그리고 무책임한 관점과 책임 있는 관점을 구분해내기 위해 암묵적으로 받아들여지는 규율들의 총체 등에 관한 학계의 동의를 아우른다.21)

미국 정부의 심리전에 대한 지출의 역사는 미국 사회과학의 '지식기반 산업' 내에 긍정적 환류의 순환회로가 존재했음을 암시한다. 커뮤니케이션 연구에 비용을 대는 정부는 비용을 지불함으로써 그 기관이 얻게 되는 단기적 가치를 중시한다. 그 기관들은 주로 선전과 정보, 그리고 군사적 업무에 관심을 가진다. 이런 한정적인 경향은 자원의 제한, 의회에서 연방 기구 예산을 정당화해야 할 필요성, 매카시즘의 공포, 그리고 소련에 대처하기 위해 즉각적인 조치가 필요하다는 신념 등에 의해 보다 강화된다. 수량적인 방법을 사용하는 사회과학이 특히 정부가 제공하는 시장에 적합했다. 그것은 '경성'硬性, hard 과학의 인상을 준다. 또 통계학을 강조함으로써 미국 의회와 강력한 압력단체들이 만들어낸 여러 정치적인 장애물들을 회피할 수 있다. 정부의 재정지원은 도드의 확산 연구, 러너의 발전 연구 등 1950년대 매스커뮤니케이션 연구에서 가장 유명한 개념적 '형태들'formats을 검증하고 발전시키는 데 상당한 영향을 주었다.

물론 미국 커뮤니케이션 연구에서 과학적 발견의 경로가 정부나 다른 누군가에 의해 미리 '결정'된 것은 아니다. 비록 정부의 재정지원이 사회과학자들이 말해야 할 것을 결정하지는 않았지만, 그럼에도 그것은 누가 커뮤니케이션에 대해 '권위 있는' 말을 할 것인지를 결정하는 데 중요한 역할을 했다. 또 누가 그 분야의 다른 사람들에게 생각을 알리는 데 필요한 '학문적 매체'에 접근할 수 있는가를 결정하는 데 간접적인 역할을 했다. 심리전 프로젝트에서 이 '긍정적인 환류'는 처음에는 정부 계약이라는 형태의 금전으로 돌아오고, 이어서 다른 이득을 가져온다. 그 이득이란 사회관계를 측정한 클로젠의 연구가 보여주듯이 전문가 집단 내에서 큰 영향력을 행사하며 학계의 사회적 네트워크에 참여할 기회, 도드의 리비어 프로젝트 관련 서지목록이 보여주듯이 연구 결과물의 출판을 위해 학술 저널에 접근할 가능성, 학회의 한 분과로 참가할 수 있는 기회, 대학 등에서의 직업적 보장, 그 밖에 그 직업 내에서 확고한 지위를 구축할 수 있는 여타 유사한 기회 등으로 구성된다.[22]

이러한 맥락에서 1945년에서 1960년 사이에 정부가 자금을 지원한 심리전 연구를 통해 남겨진 과학적 유산들을 살펴보는 일은 무척 중요하다. 그것은 적어도 아래의 아홉 가지 매스커뮤니케이션 분야로 나누어 살펴볼 수 있다.

1. 효과Effects 연구.
2. 미국 정책 입안자들에게 중요한 의미를 지니는 소련과 다른 국가들의 국가 커뮤니케이션 체계에 대한 연구들.
3. 여론조사 설문지의 문항과 이로부터 유용한 정보를 이끌어내기 위해 적용하는 연산법 모두에 사용되는 척도기법scaling technique의 정교화.
4. 미국의 바깥, 특히 미국 관찰자에게 적대적인 지역에 유용한 여론조사 및 수용자 연구기법의 창조.
5. 초기 확산 연구.
6. 초기 발전 이론 연구.
7. 매스커뮤니케이션 연구와 교육 분야에서 '시대정신'에 대한 윌버 슈람의 정교화.
8. '준거집단'과 '2단계' 커뮤니케이션 이론의 정교화에 대한 기여.
9. 상업적인 홍보PR에 폭넓게 사용된 '동기'motivation 연구 및 이와 유사한 사기morale 유지 기법에 대한 기여.

    심리전 프로젝트를 위해서, 또 커뮤니케이션 연구가 별도의 연구 분야로 발전하는 데 커뮤니케이션 효과에 대한 연구는 특히 중요했다. 미국 정부는 『미국인 병사』 보고서 시리즈 발간과 이와 관련해서 예일 대학의 칼 호블랜드가 이끄는 연구에 간접적이기는 하지만 매우 결정적인 역할을 했다. 『미국인 병사』 시리즈를 내는 데 필요한 정보수집에 든 비용, 값비싼 IBM 펀치 카드에 해당정보를 기입하는 데 든 비용, 초기의 이론모델 개발에 든 비용, 연구원들에게 지급된 월급, 그리고 그 외에도 이 보고서를 내는 데 든 여러 추가비용들은 모두 미군의 사기와 규율을 유지하는 것을 목적으로 하던 2차대전 당시 육군 프로그램의 재정 지원을 받았다.[23] 이 프로젝트는 비용이 그다지 들지 않았음에도 매우 중요한데, 호블랜드와 그의 동료들은 전후에 카네기 재단의 재정 지원을 받아 그 자료를 분석했다.[24] 앞서 논의한 것처럼 『미국인 병사』 프로젝트는 표면적으로는 '민간' 영역의 성격을 지녔지만 심리전 프로젝트와 인적인 측면에서 많이 겹치며, 상호협력 속에서 수행되었다. 연구자료의 신뢰도, 다양한 청중을 상대로 한 일방향 또는 쌍방향 선전의 효과, 공포와 가혹행위가 동기에 미치는 효과, 그리고 의견 변화의 지속시간 같은 문제에 대해 호블랜드 실험으로부터 도출된 자료들과 결론은 1950년대 내내 미국 커뮤니케이션 연구를 정교하게 만드는 데 결정적 역할을 했다.[25]

미국의 설득 노력이 목표로 간주한 나라들의 국가 커뮤니케이션 체계에 대한 상세한 연구들도 초기 매스커뮤니케이션 연구의 중요한 초점이 되었다. 이는 소련과 우크라이나, 카자흐스탄 등 소련을 구성하는 여러 공화국, 동유럽 위성국가, 이란, 터키 등 소련의 주변 국가, 그리고 프랑스, 이탈리아, 칠레, 쿠바, 인도네시아 등 미국 정보기관에 의해 정치적으로 문제가 있다고 간주된 국가들의 매스커뮤니케이션에 관한 상세하고 상대적으로 보다 정교해진 연구로 이어졌다. 사회과학연구소[26]가 1950년대 중반에 수행한 소련 커뮤니케이션 시스템에 대한 연구들은 현대적인 학술용어 사전에서 일반적으로 사용되는 의미 그대로의[27] 국가적 커뮤니케이션 '체계' system에 대한 포괄적인 연구 중 첫 번째라고 할 만 하다.

방법론적 발전이라는 문제로 시야를 돌려보면 심리전 프로그램은 매스커뮤니케이션 연구와 이를 완곡하게 표현한 공공커뮤니케이션, 즉 PR 연구의 기초로 여전히 이용되는 여러 수량적 방법론의 발전을 지원했다. 여기에는 수량적인 연구방법으로 내용분석 content analysis의 정교화에 관여한 최초의 작업들도 포함된다. 또한 선도적인 조사기관을 지원함으로써 조사연구를 정교하게 만드는 데도 기여했다. 스투퍼, 호블랜드 등의 경험적인 연구 기법 또는 경험적 연구에 준하는 기법의 발전에 자금을 지원했고, 리커트·스투퍼 등의 척도기술 발전을 지원했으며 사회과학 연구에 컴퓨터를 도입하려는 최초의 노력들에도 재원을 조달했다.[28] 군과 선전 기관은 이시엘 드 솔라 풀, 윌버 슈람 등이 직접 조사가 불가능한 주민들, 특히 소련 주민들의 여론 및 미디어 사용에 관한 정보를 추출하는 데 적합한 전문적인 조사기법을 고안하는 것을 지원했다.[29] 이들 기법들은 적대적인 하위문화 일반, 범죄자, 극빈자, 부자 등에 대한 연구에 폭넓게 적용되었으나, 무엇보다도 미국의 해외선전 프로그램 예산을 정당화하는 데 가장 빈번하게 사용되었다.[30]

확산이론 분야에서 미 공군의 선전프로그램은 도드, 드플러, 그리고 워싱턴 대학의 다른 사회과학자의 확산연구에 결정적인 역할을 했다. 로워리와 드플러는 이 연구들을 매스커뮤니케이션 연구에서 여러 '이정표'들 가운데 하나라고 정당화하였다.[31] 공군은 사실상 그 프로그램의 비용 전체를 부담했고, 실험상의 자극으로 공중에서 투하할 삐라를 선택했으며, 그것을 실어 나를 수단을 제공했고, '확산' 현상의 연구내용 선택에 중요한 기여를 했다. 도드와 그의 동료들이 처음에 그 실험의 허가를 얻는 데에 공군이 제공하는 권위의 우산이 필요했다는 것은 분명한 사실이다.

확산이론에서 관찰할 수 있는 심리전 프로그램의 실질적인 역할은 발전이론 연구의 초기에서도 찾아볼 수 있다. 커뮤니케이션 이론 가운데 이 분야는 해가 감에 따라 상당히 발전했는데,[32] 1950년대에 이 이론의 중심은 MIT의 국제학연구소 프로그램이었다. 러너의 『전통사회의 소멸』은 여러 해 동안 이 연구경향을 대표하는 중심적인 저서로서 지위를 유지했는데, 이 책은 중동에서 이루어진 VOA의 활동에 대한 연구에 그 기초를 두었다. 러너와 세 명의 유명한 발전이론가들, 이시엘 드 솔라 풀, 가이 포커Guy Pauker, 그리고 에버렛 하겐Everett Hagen은 1950년대 후반에 국제학연구소의 연구원이었다.33) 이들은 모두 제3세계에서 이루어지는 미국의 반혁명 프로그램들에 적용되는 여러 커뮤니케이션 쟁점들에 대해 조언하거나 강의를 맡은 학자들이었다.34)

1950년대 매스커뮤니케이션 연구의 지배적인 패러다임에서 가장 영향력 있는 발언자인 윌버 슈람의 작업은 미국 심리전 프로젝트와 너무나 밀접하게 연결되어 있어서 어디에서 슈람의 '교육적' 작업이 시작되고 어디에서 '국가안보'를 위한 작업이 끝나는지 결정하기가 어려울 정도다. 앞서 언급한 것처럼 미·소 갈등에 대한 슈람의 마니교도적인 관점은 정부 계약자로서의 성공과 채피가 현대 매스커뮤니케이션 연구의 시대정신이라고 불렀던, 매우 영향력 있는 발언들에 필수적이었다.35)

이제 1950년대 매스커뮤니케이션 연구에서 가장 큰 영향력을 행사한 두 가지 경향을 살펴보면, '2단계' 이론과 '준거집단' 이론의 발전에 심리전 프로그램이 제한적으로나마 기여한 것을 지적할 수 있다.

폴 라자스펠드와 엘리후 카츠, 그리고 로버트 머튼과 허버트 하이만Herbert Hyman으로 각각 대표되는 이 학파들은 주로 '비군사적' 연구의 산물이었다. 말하자면 미국에서 투표 행위와 커뮤니케이션 연구들이 이에 속한다.36) 그럼에도 불구하고 브루스 라네스 스미스Bruce Lannes Smith 등 당시의 관찰자들은 정부가 재정을 댄 심리전 연구들이 이 두 이론을 정교하게 만드는 데에도 중요한 역할을 했다고 결론을 내렸다. 스미스는 1952년 초에 쓴 글에서 한스 스페이어의 심리전 연구와 폴 라자스펠드의 선거연구 작업을 하나로 묶어서 이들을 현재 '2단계' 미디어 이론으로 불리는 분야를 연 두 개의 중요한 지적 자원으로 꼽았다. 스미스는 스페이어와 라자스펠드 모두 "정치적 영향력을 가지는 커뮤니케이션이란 매스미디어의 직접적인 작용을 통해 사회 각계각층에 전달되는 것이 아니라 그 대신 스페이어가 '사회적 중계지점'이라 불렀고, 라자스펠드가 '여론 주도자'라고 불렀던 개인이나 집단을 통해서 매개된다"는 점에 관심을 가졌다고 썼다.[37] 스미스는 라자스펠드의 2단계 개념 연구가 응용사회연구소가 VOA를 위해 수행한 중동 연구를 중요한 실험장치로 해서 안출되었다고 지적했다.[38] 이와 유사하게 그는 '준거집단' 이론을 정교하게 만든 대부분의 공을 로버트 머튼과 허버트 하이만에게 돌렸지만, 실즈와 자노위츠가 2차대전 당시 독일군의 분열에 대해 수행한 연구와 국제커뮤니케이션 분야의 국제학연구소 프로그램 두 가지도 준거집단 개념을 이해하는 데 중요한 기여를 했다고 주장했다.[39] 스탠리 빅맨의 USIA에 대한 연구 역시 1955년에 카츠와 라자스펠드의『대인적 영향력』이 나오기 이전에 '대인적 영향' 이론의 창안에 기여했다.[40]

  마지막으로 심리전 프로그램은 제한적이나마 '동기'에 대한 연구와 민간 상업 분야에서 광범위하게 사용되는 몇몇 PR 기법의 발전에도 기여했다. 산업적 동기에 대한 연구는 그 기원과 자금 지원부터 대부분 상업적인 것이었다. 그러나 군인과 민간인의 사기를 유지하려는 정부의 노력과 주요 기업에서 피고용인의 사기를 강제하기 위한 경영 프로그램 사이에 분명한 개념적 유사성이 존재한다. 이 분야에서 선구적인 스투퍼의 연구는 군사적인 기원을 가지고 있음을 상기할 필요가 있다. 1950년에 이루어진 기업 이미지 선전은『계간여론』에서 지적한 것처럼 명백하게 '사회내적 심리전'의 양상을 띠었고, 말하자면 미국의 청중들에게 사용하기 위해 그것을 정부로부터 빌려온 것이다.41) 이와 마찬가지로 1950년대 동기 이론에 대한 중요한 논평가인 허버트 크루그만은 비록 그것의 효율성에 대한 정부의 초기 주장에 대해서 그리 낙관적이지는 않았지만, 심리전에 대한 정부의 열정이 동기 연구 기법을 발전시킨 여섯 가지 조건 중 하나라고 말했다.42)

위에서 서술한 바와 같이 1945년에서 1960년까지 미국 정부의 심리전 프로그램은 그 시기 매스커뮤니케이션 연구들 중 가장 선도적인 몇몇 연구들에서 직·간접적인 역할을 수행했다. 효과 연구의 기초가 되었던 것들은 대부분 2차대전의 심리전이 만들어냈다. 매스커뮤니케이션 연구가 별개의 연구 분야로 정립할 수 있도록 기반을 제공한 것으로 지적되는 실험적 또는 유사실험적인 연구 방법과 양적인 내용분석에서 여러 혁신들은 미국의 군, 정보기관, 선전기구들이 지원한 여러 연구 프로그램들에서 그 기원을 찾을 수 있다. 마찬가지로 외국 커뮤니케이션 체계, 메시지의 확산, 그리고 발전 이론 등에 대한 냉전기 다수의 연구들은 당시 미국의 국가안보적 필요에 의해 형성되었다.

1945년부터 1960년까지 정부가 재정을 지원한 심리전 프로그램과 미국의 매스커뮤니케이션 연구 사이에는 적어도 세 가지 기본적인 특성이 있다. 첫째, 미국의 심리전은 부분적으로 매스커뮤니케이션 이론의 응용 형태였다. 매스커뮤니케이션 연구를 포함하여 미국의 사회과학은 일반적으로 미국 정부와 서구적 산업문화가 목표로 삼은 집단을 강제하기 위한 근거를 정교하게 만드는 데 도움을 주었다. 미국의 사회과학은 지배를 행사하기 위한 시도들에서 사용된, 상대적으로 복잡한 기법들을 발전시켰다. 1954년에 윌버 슈람이 언급한 것처럼 당시 수많은 커뮤니케이션 연구가 단단히 얽매여 있던 '선전은 사회통제의 도구'였다.[43]

둘째, 정부의 심리전 프로그램은 1940년대 후반부터 1950년대 전반까지 매스커뮤니케이션 연구에 드는 자금의 대부분을 제공했다. 특히 커뮤니케이션 연구가 별도의 분과로 등장한 1950년대 초기의 중대한 시기에 응용사회연구소, 사회연구소 같은 핵심적인 연구소는 군, 정보기관, 선전기관과 계약을 통해 생존할 수 있었다.

셋째, 자료들은 정부의 프로젝트가 과학자들이 무엇을 말할 것인가를 결정하지는 않았지만, 누가 말을 할 것인가에 강력한 영향을 주었다는 것을 알려준다. 사회과학자들의 관점에서 볼 때 연구 결과에 대한 직접적인 간섭으로부터 상대적으로 독립된 것은 군이 재정을 지원하는 사회적 연구들이 갖는 바람직한 측면이었다.[44] 그리고 미국 학계는 때론 계약 기관으로부터 환영받지 못할 연구 결과를 만들어내기도 했다.[45] 그러나 클로젠의 연구가 보여주듯이 정부 계약이 과학자들의 비공식적인 네트워크를 조직하고 그들을 먹여 살리는 데 큰 도움이 되었고, 나아가 그들이 미국의 커뮤니케이션 연구 분야를 십여 년간 지배한 것은 분명한 사실이다.[46]

커뮤니케이션 학계의 주장과는 달리 미국에서 커뮤니케이션 연구들은 중립적이거나 객관적이지도 않았고, 언제나 당시의 정치·경제 권력이 팔을 뻗으면 닿는 곳에 있었다. 커뮤니케이션 연구는 권력 기관들과 밀접하게 얽혀있고, 주류 경제학이나 원자 물리학이 그랬던 것처럼 정치적이고 군사적인 기관들과의 동종 번식 경향을 광범위하게 확립시켜서, 그것이 하나의 상식이 될 정도였다.

심리전을 대변하는 이들의 오랜 주장은 이러한 형태의 강압이 더 저렴하고 더 유연하며, 때로는 전통적인 전쟁보다 덜 잔인하고,

나아가 갈등을 완화하거나 피할 수 있다는 것이었다. 그들은 미국이 이러한 전술들을 해외에 사용하는 것이 해외에서 미국 정부, 그리고 미국의 대다수 학문 공동체가 지지한다고 천명한 인간주의적이고 민주적인 가치들을 출현시키는 데 도움이 될 것이라고 주장했다.

그러나 그러한 주장의 문제는 미국이 후원하는 심리전의 수혜자로 예정되어 긴 목록에 올라있던 국가들의 상황이 오늘날 그 어느 때보다 더 악화되었다는 점이다. 여러 중요한 전장, 과테말라, 니카라과, 엘살바도르, 필리핀, 터키, 인도네시아, 최근의 파나마와 이전의 소련에 거주하는 주민들 대다수가 그렇게 인자하다고 소문난 형태의 개입이 시작된 이후 여전히 물질적으로나 정신적으로 더 가난하고, 덜 민주적이며, 덜 자유롭고, 때로는 더 큰 공포와 악화된 생활조건하에서 살고 있다. 심지어 몇몇 전통적으로 보수적인 지도자들, 가령 교황 요한 바오로 2세 Pope John Paul II 같은 사람도 심리전이 가장 중심적인 전략의 지위를 유지해온 제3세계에서, 초강대국들이 경쟁했던 수십 년이 지나자 남은 것이라곤 황폐함뿐이었다고 결론짓고 있다.[47]

심리전에 대한 논의는 그 기록에 대한 재평가가 바로 이단적인 결론을 도출하기 때문에 여전히 논쟁적이다. 우리가 살아온 일생동안 세계의 여러 문제들에 대한 미국의 역할은 탐욕스럽고 파괴적이며, 학살을 용인하는 것이었고, 전례 없이 커져 버린 안보라는 괴물 chimera을 좇아서 언제든 수많은 사람들을 기꺼이 희생시킬 준비가 되어 있다. 커뮤니케이션 연구에서 심리전의 역할을 다시 생각한다는 것은 거꾸로 현대의 서양 이데올로기가 어디에서 왔고 그것이 누구의 이익에 기여했는지, 그리고 그것의 포교에 사회과학자가 어떤 역할을 했는지 재고해 볼 것을 요청한다. 그러한 논의는 항상 현재 질서에 만족하는 사람들의 속을 뒤집어 놓았다. 하지만 그러한 논의가 나머지 우리들에게는 반짝이는 한 가닥 희망을 준다.

주 註

1) Steven Chaffee (ed.), "The Contributions of Wilbur Schramm to Mass Communication Research," *Journalist Monographs*, No. 36 (October 1974), pp.1~8.
2) James Tankard, "Wilbur Schramm: Definer of a Field," *Journalism Educator* 43, no. 3 (Autumn 1988), p.11. 이데올로기적으로 '책임이 있는' 분석을 규정한 사람으로서 슈람의 역할은 커뮤니케이션 연구를 넘어선다. 예컨대 그가 가브리엘 알몬드와 함께 스탠포드 대학의 국제학연구소 편집위원회에서 한 역할을 보라.
3) 3세기에 페르시아 왕국의 마니Mani가 창시한 이란 고유의 종교. 마니교는 간명한 교의와 예배 양식, 엄격한 도덕계율을 가졌다. 그 교의는 광명·선과 암흑·악의 이원론을 근본으로 하고 있다. 현실세계는 명·암이 혼돈되어 있으나 멀지 않아 광명의 세계가 예정되어 있고, 그 예언자이며 지상의 구제자로서 마니가 파견되었다고 한다. 마니교도에게는 각자 속에 내재하는 광명의 소인素因을 기르기 위한 엄한 계율이 요구되었다. 육식과 음주를 엄금하고, 악행을 삼가며, 정욕을 멀리하여야만 했다. (역자주)
4) 예를 들어 John Riley and Wilbur Schramm, *The Reds Take a City: The Communist Occupation of Seoul* (New Brunswick, NJ: Rutgers University Press, 1951)를 보라. 또는 Wilbur Schramm, "The Soviet Concept of 'Psychological' Warfare," in Hideya Kumata and Wilbur Schramm (eds.), *Four Working Papers on Propaganda Theory* (Urbana: Illinois Institute of Communication Research, 1955)를 참고.
5) Chaffee, "The Contributions of Wilbur Schramm," pp.4, 5.
6) Wilbur Schramm (ed.), *The Process and Effects of Mass Communication* (Urbana: University of Illinois Press, 1954) 서문에서 슈람은 USIA에 감사를 표했다. 맥클리어드McLeod와 블럼러Blumler가 슈람의 1954년 저서의 출판을 기점으로 커뮤니케이션 연구가 '자율적인 분과학문'으로 출현했다고 말할 정도로 이 책의 영향은 컸다. Jack McLeod and Jay G. Blumler, "The Macrosocial Level of Communication Science," in Charles Berger and Steven Shaffee (eds.), *Handbook of Communication Science* (Newbury Park, CA: Sage, 1987), p.284.
7) 경쟁적인 커뮤니케이션 체계에 대한 슈람의 의견은 Schramm, "The Soviet Concept of Psychological Warfare," and Wilbur Schramm, "Soviet Communist Theory," in Fred Siebert, Theodore Peterson, and Wilbur Schramm, *Four*

Theories of the Press (Urbana: University of Illinois Press, 1956), pp.105~146 [(국역), 『언론의 4이론』]을 참고. 슈람이 소련의 커뮤니케이션 체계를 기술하는 데 일차 자료로 사용했다고 말한 자료들은 Frederick Barghoon, Raymond Bauer, Merle Fainson, Alex Inkeles, Paul Kecskemeti, Nathan Leites, Philip Selznick 등의 작업이고, 이들 각각은 하버드 대학의 러시아 연구 프로젝트로 생산되었다. CIA가 출판과 저술을 후원한 W. W. Rostow and Alfred Levin, *Dynamics of Soviet Society* (New York: Norton, 1952), Sidney Hook이 미 공군을 위해 수행한 연구, 슈람 자신이 USIA와 미공군을 위해 한국에서 선전에 대해 연구한 것들이 있다. 이 저술들의 완전한 목록은 Siebert, Peterson, and Schramm, *Four Theories*, pp.152~153.

8) Kirkpatrick에 대해서는 Christopher Hitchens, "How Neoconservatives Perish: Good-bye to "Totalitarianism" and All That," *Harpers* 281, No. 1682 (July 1990), p.65. '권위주의' 대 '전체주의' 개념의 창안과 대중화에서 슈람의 역할은 Schramm, "Soviet Communist Theory"를 보시오. 오늘날 커뮤니케이션 이론에서 이 개념적 구조의 영속적이고 점진적인 변형의 사례로 Denis Mcquail, *Mass Communication Theory: An Introduction* (London and Beverly Hills: Sage, 1987), pp.111~119 참고.

9) Riley and Schramm, *Reds* ; John Riley, Wilbur Schramm, and Frederick Williams, "Flight from Communism: A Report on Korean Refugees," *POQ* 15, no. 2 (Summer 1951), p.274 (다른 언급이 없으면 이 장에서 별도로 전거를 제시하지 않은 글은 모두 *POQ*에 실린 글이다.) ; Wilbur Schramm and John Riley, "Communication in the Sovietized States, as Demonstrated in Korea," *American Sociological Review* 16 (1951), pp.757~766 ; Wilbur Schramm, *F.E.C. Psychological Warfare Operations: Radio* (Washington and Baltimore: Operations Research Office, Johns Hopkins University, 1952, ORO-T-20[FEC]).

10) Chaffee, "The Contributions of Wilbur Schramm," p.34 ; Wilbur Schramm(chair), *U.S. Information Agency: A Program of Research and Evaluation for the International Information Administration* (Washington, DC: USIA, 1953).

11) Robert Holt, *Radio Free Europe* (Minneapolis: University of Minnesota Press, 1958), p.236 ; Joseph Whelan, *Radio Liberty: A Study of Its Origins, Structure, Policy, Programming and Effectiveness* (Washington DC: Congressional Research Service, 1972), pp.299~301 ; Chaffee, "The Contributions of Wilbur Schramm," p.31.

12) "Schramm, Wilbur Lang," *Contemporary Authors*, Vol. 105, p.432 ; Chaffee, "The Contributions of Wilbur Schramm," p.31.

13) Chaffee, "The Contributions of Wilbur Schramm," p.31.

14) Schramm, *The Process and Effects of Mass Communication* (USIA의 후원에

대한 감사의 말이 들어있는 서문을 보라) ; Kumata and Schramm, *Four Working Papers* (USIA 계약 1A-W-362) ; Wilbur Schramm, *The Science of Human Communication* (New York: Basic Books, 1963) ; Chaffee, "The Contributions of Wilbur Schramm," p.7.

15) *Contemporary Authors*, Vol. 105, p.432.
16) Chaffee, "The Contributions of Wilbur Schramm," p.17, 43~44.
17) Tankard, "Wilbur Schramm," p.11.
18) W. Brian Arthur, "Positive Feedbacks in the Economy," *Scientific American* 262 (February 1990), pp.92~99, 인용은 p.99로부터. 관련된 더 자세한 사항은 다음 책들을 참고하시오. W. Brian Arthur, "Self-Reinforcing Mechanisms in Economics," in Philip Anderson Kenneth Arrow and David Pines. (eds.) *The Economy as an Evolving Complex System* (Reading, MA: Addison Wesley, 1988) ; Paul David, *Path Dependence: Putting the Past into the Future of Economics* (IMSSS Technical Report No. 533, Stanford University, November 1988) ; Elhanan Helpman and Paul Krugman, *Market Structure and Foreign Trade* (Cambridge: MIT Press, 1985).
19) Todd Gitlin, "Media Sociology: The Dominant Paradigm," *Theory and Society* 6, no. 2 (1978), pp.205~253.
20) Chaffee, "The Contributions of Wilbur Schramm,"의 서문과 p.1.
21) Thomas Kuhn, *The Structure of Scientific Revolutions*, 2nd ed. (Chicago: University of Chicago Press, 1972).
22) John Clausen, "Research on the American Soldier as a Career Contingency," *Social Psychology Quarterly* 47, no. 2 (1984), pp.207~213 ; Stuart Dodd, "Formulas for Spreading Opinions," 22, no. 4 (Winter 1958), pp.537~554. 1950년대 내내 미국여론연구협회 연례회의 패널로 반복적으로 참여했다. 연례회의에 정기적으로 참여하여 정부가 지원한 심리전 프로젝트 관련 연구를 발표했다. 이 패널들의 요약문은 매해 *Public Opinion Quarterly* 겨울호에 실리는 것이 일반적이었다. 학계에서 출세의 사례에 대해서는 Clausen, "Research," p.212를 보시오.
23) 이 프로젝트의 여러 단계별 재정지원과 기원에 대한 확대된 논의를 위해서는 Samuel Stouffer et al., *The American Soldier*, (Princeton: Princeton University Press, 1949), pp.3~54를 보시오. IBM 천공카드에 대한 논의는 p.viii를 보시오.
24) Ibid. 또 카네기재단에 대한 감사를 표하는 책의 표제를 보시오. Stouffer, Lumsdaine, Hovland가 정부의 지원에 의존했던 것에 대해서는 Samuel Stouffer et al., "A Technique for Improving Cumulative Scales," 16, no. 2

(Summer 1952), pp.273~291을 보시오. Stouffer의 유명한 'H-technique'의 발전에 대한 가장 중요한 후원자로서 미 공군 계약 no. AF33(038)-12782에 대한 감사가 포함되어 있다. Arthur Lumsdaine and Irving Janis, "Resistance to 'Counterpropaganda' Produced by One-Sided and Tow-Sided 'Propaganda' Presentations," 17, no. 3 (Fall 1953), p.310. Lumsdaine이 Stouffer에게 제공된 미 공군 계약의 '검수자'였다고 언급하고 있다. 그리고 "Psychological News and Notes," *American Psychologist* 3, no. 12 (December 1948), p.559를 보시오.

25) 예를 들어 Lumsdaine and Janis, "Resistance to 'Counterpropaganda'"; W. Phillips Davison, "On the Effects of Communication," 23, no. 3 (Fall 1959), p.343을 보시오. Davison은 "Hovland의 연구실 실험들이 커뮤니케이션 효과에 대해 인상적인 주장들을 가능하게 했다.……이 분야에서 걸러진 상대적으로 작은 부분의 질적 경험으로부터 주장들을 뽑아내고 체계화하려는 시도들이 수사학, 정치커뮤니케이션, 심리전에 관한 연구들에서 이루어졌다"고 서술했다. 호블랜드의 실험 자료를 USIA가 응용한 사례는 Ralph White, "The Resistance to International Propaganda," 16, no. 4 (1952~1953), p.541을 보시오.

26) Bureau of Social Science Research, "An Outline for the Study of National Communication Systems" (November 1953), series Ⅱ, box 4, project 642 ; "Kazakhstan and the Kazakhs: Targets and Vulnerabilities in Psychological Warfare" (December 1954), series Ⅱ, box 5, project649 ; "The Kazakhs: A Background Study for Psychological Warfare" (November 1955), series Ⅱ, box 4, project 649 ; "Mass Communications in Eastern Europe" (January 1958), series Ⅱ, box 10~11, project 303 ; 각각 BSSR Archives, University of Maryland Libraries Special Collections, College Park.

27) Michael Gurevitch and Jay G. Blumler, "Linkages Between Mass Media and Politics: A Model for Analysis of Political Communication Systems," in James Curran, Michael Gurovitch, and Janet Weellacott (eds.), *Mass Communication and Society* (Beverly Hills, CA: Sage, 1979)

28) 내용분석에 대해서는 Harold Lasswell and Nathan Leites, *The Language of Politics* (New York: George Stewart, 1949)과 전쟁시기 Laswell, Leites, Janis, de Sola Pool 등의 라스웰의 작업 사례 참고. 조사 조직과 기법 발전에 관한 지원에 대해서는 Jean Converse, *Survey Research in the United States* (Berkeley : University of California Press, 1987), pp.275~276, 340~341, 353, 357, 506~507 각주 37, 42, p.531의 각주 17 ; Carl Hovland, Arthur Lumsdaine, and Fred Sheffield, *Experiments in Mass Communication* (Princeton: Princeton University Press, 1949) 등을 참고. Likert와 Institute for Social Research에 대

한 지원은 Converse, *Survey Research in the United States*, pp.340~341, 353, 537, 531 각주 17 ; 그리고 Stouffer et al., "A Technique for Improving Cumulative Scales." 컴퓨터 사용에 대한 재정지원은 Stouffer et al., *The American Soldier*. Vol. 1, p.28을 보시오.

29) de Sola Pool에 대한 지원에 대해서는 Sig Mickelson, *America's Other Voice: The Story of Radio Free Europe and Radio Liberty* (New York: Prager, 1983), p.211를, Schramm에 대한 후원은 Whelan, Radio Liberty, pp.299~301을 보시오.

30) Whelan, *Radio Liberty* ; 또 House Committee on International Organizations and Movements, *Winning the Cold War: The U.S. Ideological Offensive* (Washington, DC: GPO, 1964), Part 6 "US Government Agencies and Programs," 그리고 Part 7 "Research Studies of the US Information Agency"를 보시오.

31) Shearon Lowery and Melvin De Fleur, *Milestones in Mass Communication Research* (New York: Longman, 1983), pp.204ff. 미 공군 계약 no. 13(038)-27522가 Dodd의 Project Revere 연구를 후원했다. 재정 지원에 대해서는 pp.207~208을 보시오.

32) Everett Rogers, "The Passing of the Dominant Paradigm of Development," in *Diffusion of Innovations*, 3rd ed. (Glencoe, IL: Free Press, 1983), p.121.

33) Ithiel de Sola Pool, "The Mass Media and Politics in the Modernization Precess," in Lucien Pye (ed.), *Communication and Political Development* (Princeton: Princeton University Press, 1963), pp.234~253 ; Guy Pauker, "Indonesian Images of Their National Self," 22, No. 3 (Winter 1958), pp.305~324 ; Everett Hagen, *On the Theory of Social Change* (Homewood, IL: Dorsey Press, 1962) ; MIT, CENIS, *The Center for International Studies: A Description* (Cambridge: Mit, July 1955), pp.59~60.

34) 반혁명 작전에 대한 Pool과 Pauker, Hagen의 역할에 대해서는 U.S. Department of State, Foreign Service Institute, *Problems of Development and Internal Defense*, Report of a Country Team Seminar (on counterinsurgency), June 11~July 13, 1962 (Washington DC: Foreign Service Institute, 1962), Ithiel de Sola Pool (ed.), *Social Science Research and National Security* (Washington, DC: Smithsonian Institution [Odffece of Naval Research Project], 1963) 등을 참고. 제3세계에서 미국의 반혁명 작전에 적용된 '발전이론'의 정교화에 대해서는 Special Operations Research Office, *The U.S. Army's Limited-War Mission*에 나오는 Daniel Lerner, Ithiel de Sola Pool, Guy Pauker, Lucien Pye, Morris Janowitz, W. Phillips Davison, Hans Speier 등의 언급을 보시오.

35) Chafee, "The Contributions of Wilbur Schramm," p.1.

36) '2단계'와 '준거집단' 이론의 기원에 대해서는 Elihu Katz and Paul Lazarsfeld,

Personal Influence (1949) in Robert Merton, *Social Theory and Social Structure* (Glencoe, IL: Free Press, 1957) ; Herbert Hyman and Paul Sheatsley, "Some Reasons Why Information Campaigns Fail," 11. no. 3 (Fall 1947), pp.412~423 참고.

37) Bruce Lannes Smith, "Trends in Research in International Communication and Opinion, 1945~1955," 20, no. 1 (Spring 1952), pp.182~196, 인용은 p.191로부터.

38) Ibid.

39) Ibid.

40) Stanley Bigman, *Are We Hitting the Target? A Manual of Evaluation Research Methods for USIE* (Washington, DC: U.S. Department of State, 1951).

41) Leonard Pearlin and Morris Rosenberg, "Propaganda Techniques in Institutional Advertising," 16, no. 1 (Spring 1952), p.5.

42) Herbert Krugman, "An Historical Note on Motivation Research," 20, no. 4 (Winter 1956), pp.719~723.

43) Hideya Kumata와 Wilbur Schramm, "The Propaganda Theory of the German Nazis," in Kumata and Schramm, *Four Working Papers*, p.37. 원래 슈람의 개념에서 선전의 이러한 특성은 단지 '전체주의' 사회에만 적용되었다. 선전이론 프로젝트는 USIA와 계약(USIA contrract 1A-W-362)으로 수행되었다.

44) Albert Biderman and Elisabeth Crawford, *The Political Economics of Social Research: The Case of Sociology* (Springfield, VA: Clearinghouse for Federal Scientific and Technological Information, 1968), pp.46~47.

45) 예를 들어 Joseph Klapper (chair) "Propaganda and People in the Cold War" (AAPOR panel report), 20, no. 4 (Winter 1956), pp.757~760.

46) Clausen, "Research on the American Soldier."

47) Pope John Paul II, *Sollicitudo rei Socialis* (Encyclical Letter) (February 19, 1988) ; Roberto Suro, "Papal Encyclical Says Superpowers Hurt Third World," Peter Steinfels, "An Unspring View of Economic Ills,"와 "Excepts from Papal Encyclical on Social Concerns of Church," 각각 *New York Times*, 1988년 2월 20일자에 실림.

문헌해제

　이 책은 1945년부터 1960년까지 미국의 심리전과 매스커뮤니케이션 이론 및 연구방법론 발달 간의 상호작용을 다루었다. 이 책에서 인용한 문헌들은 아래와 같이 다시 몇 개의 소주제로 분류할 수 있다.

1. 냉전 초기라 불리는 1945년부터 1960년까지 국제적 사건들과 전반적인 사회·정치적 맥락.
2. 이 시기 미국의 심리전 작전들.
3. 이 시기 미국의 매스커뮤니케이션 이론과 연구.
4. 심리전과 매스커뮤니케이션 연구에 관여한 몇몇 저명한 학자들의 글과 그들에 대한 정보.
5. 매스커뮤니케이션 연구와 심리전에 적극적이었던 주요 사설 기관들과 정부 관련 기관의 역사.

6. 심리전, 매스커뮤니케이션 연구에 관한 소련과 서유럽 연구
   의 비교.

이제부터 이 책에서 참고한 문헌들을 이상 여섯 개 분야로 나누어 검토할 것이다.

1. 사회·정치적 맥락, 1945～1960

냉전 초기의 정치와 사건들에 관해서는 수많은 연구들이 있지만, 그 모든 것들을 전부 개관하는 것은 명백히 이 책의 범위를 넘어서는 일이다. 그러나 그 시기의 전반적인 사회정치적 맥락에 관해 몇 개의 문헌을 살펴보는 것은 그 당시 사건들의 배경을 이해하고, 저명한 학자들과 정치인들이 그러한 사건들을 어떻게 해석했는지 살펴보는 데 유용하다.

대외관계를 다룬 연구들은 주로 냉전을 보는 관점에 따라 네 개의 학파로 나눌 수 있다. 전통주의, 소비에트 노선, 수정주의, 후기 수정주의가 바로 그것이다. 라이벌 관계인 전통주의와 소비에트 노선은 1940년대와 1950년대에 거의 동시에 등장했다. 이 학파들은 각각 미국과 소비에트 지배층의 관점에서 이른바 냉전의 '공식적' 해석을 정교하게 다듬었다.[1] 이들의 기본적인 특징은 냉전 형성과 확대의 책임이 상대방에게 있다는 것,[2] 상대 진영을 강력하고 악마적인 적으로 간주하는 이원론,[3] 상대방의 침략으로부터 살아남기 위해서는 자기편도 격렬한 또는 심지어 필사적인 전투를 치러야 한다는 신념이다.[4] 미국의 전통주의와 소비에트 노선에 입각한 글들

을 비교해 보면 양쪽 모두 상대방 견해의 그 어떤 실제적인 요소도 정당한 것으로 받아들이지 않는다는 것을 알 수 있다. 이 두 조류는 1945년에서 1960년까지 단연코 지배적인 학파였다.

전통주의 학파에 대한 수정주의자들의 도전이 1950년대 후반과 1960년대 초반 서구에서 일어났다. 수정주의자 내에 다양한 편차들이 존재하지만, 이 학파의 공통된 주장은 냉전기에 주된 침략자는 소련이 아니라 미국이었다는 것이다.[5] 후기수정주의 학파는 1970년대 서구에서 수정주의의 균열을 재통합하기 위한 수단으로 등장했다. 즉, 후기수정주의 학파는 수정주의의 몇몇 사실적 주장은 인정하고, 전통주의 학파의 마니교적 이원론을 경시하지만 동시에 냉전의 상당부분, 특히 1945~1960년의 기간에 대해서는 소련이 비난받을 만하다고 재천명하였다.[6]

1945~1960년 기간의 미국 내 사정을 다룬 연구들은 쉽게 학파별로 분류할 수 없다. 부분적으로 그 이유의 하나는 간행된 연구들 가운데 더욱 풍부하고 복잡한 범주가 있기 때문이다. 그러나 이 책의 용도에 맞는 유용한 구분이 가능할 것이다. 공산주의를 당면한 위협으로 간주하고, 그것에 대한 국내적 반응이 급박하다는 측, 전형적으로 국가안보와 이념적 통일을 위해 심리전 기술을 미국 주민들에게도 사용해야 한다고 생각하는 측과[7] 그러한 반응 자체가 공산주의보다 미국에 더 크고 실질적인 위험을 제공한다고 생각하는 측으로 구분할 수 있다.[8]

전체적으로 보았을 때 일반적인 맥락에 관한 연구들은 냉전에서 미국의 역할과 미·소 관계에 대해서 미국 사회 내에 계속되는 분열을 논하거나 함축적으로 그것을 보여준다. 앞에서 보았듯이, 이러한 구분은 해당 기간 심리전이 매스커뮤니케이션 이론에 미친 영향의 동력으로서 중요한 역할을 하였다.

2. 심리전 관련 문헌

심리전 관련 문헌은 매스커뮤니케이션 연구에서는 일반적으로 마주치지 않는 특별한 문제들을 제기한다. 먼저 미국 심리전 정책에 관한 글 대다수와 제2차 세계대전 이래의 작전 기록이 생성 당시에 비밀로 분류되었다.[9] 오늘날까지도 많은 수가 기밀로 분류되어 있거나 정보공개법에 따라 위생처리sanitized된 형태, 즉 일부분이 삭제된 형태로 공개되고 있다.[10] 어떤 경우엔 미국 정보기관이 심리전에 대한 의회 청문회를 회피하기 위한 수단으로 세균전, 인간에 대한 화학실험, 살인과 같이 특별히 민감한 작전들의 모든 기록을 교묘하게 파괴해버렸다.[11]

그러나 다행히도 정부 기록에 관하여 비교적 개방적인 미국의 정책은 심리전에 관한 정책 기록 중 상당수 문서들, 그리고 보다 한정된 분량의 남아있는 작전 기록의 기밀해제를 촉진하였다.

이러한 자료 중 많은 부분이 출판되지 않았지만 연구자들은 미국 국립문서관National Archives, 트루먼 대통령 도서관Truman Presidential Library, 아이젠하워 대통령 도서관Eisenhower Presidential Library에서 자료들을 이용할 수 있다. 그 가운데 중요한 문서철은 NSC의 심리전 관련 정책 문서들,[12] 심리전전략위원회의 기록물,[13] 미 육군·공군 그리고 국무부의 기밀 해제된 갖가지 기록을 들 수 있다.[14] CIA의 심리작전에 대한 논의와 문서는 위에서 언급한 문서철들에서 산발적으로 찾을 수 있으며,[15] 몇몇 CIA 작전들에 대한 단편적인 기록들을 국가안보문서관National Security Archive(사설 문서관),16) 국가안보연구소Center for National Security Studies,17) 그리고 여타 다른 기관들이 수집하여 소장하고 있다.

CIA의 심리전 작전에 대한 2차 문헌들은 광범하게 존재한다. 이들 중에는 여러 가지 다양한 관점에 입각한 역사서들, 참여자들의 회고록 그리고 보도 자료들이 있다. 이 자료들은 신빙성이 낮은 것에서부터 높은 것까지를 망라한다. 어떤 자료들은 미국 심리작전에 관한 의도적인 허위정보로 보이지만 대개 그런 문제는 여러 저자들의 설명을 서로 비교 검토하거나 이를 입증할 수 있는 사실들과 비교해 보면 해결할 수 있다.18) 심리전과 관련해서 추천할 만한 2차 문헌들은 '심리전'이라는 용어 정의,19) 심리전 예산과 요원,20) 신문, 잡지, 출판사, 라디오 방송국에 대한 CIA의 은밀한 소유 및 보조금 지원,21) 기자들과 언론 관계자들의 매수,22) 미국과 해외 학자들에 대한 선택적인 재정 지원 및 조종,23) 자유유럽방송과 '자유방송'Radio Liberty을 포함한 비밀 라디오 방송,24) 선전용 풍선과 같은 여러 가지 비밀 통신 기술들,25) 과테말라·이란 등지에서의 쿠데타 시 미국이 행한 심리작전,26) 이탈리아나 프랑스, 그리고 그 밖의 서구 국가들의 선거기간 동안 미국이 펼친 심리작전,27) 소비에트 블록 내 정권을 약화시키거나 내부 쿠데타를 지원하려는 시도,28) 미국 내에서 심리전 이용,29) LSD와 같은 환각제의 개발과 사용,30) 소비에트 및 중국의 선전에 맞선 역선전,31) 심리전이 정보평가에 끼친 영향,32) 소련에 대한 사회학적·사회심리학적 연구,33) 일반적인 첩보 임무에서 사회과학 연구의 역할에 관한 개괄적 설명을 포함한다.34)

또한 심리전 이론을 다룬 것으로서 1945년과 1960년 사이에 발간된 흥미로운 문헌들이 있다. 이들은 내용과 어조 면에서 앞서 언급한 후대의 역사서, 회고록과 차이가 있다. 초기 냉전기에 출판된 연구들은 대체로 2차대전 경험을 심리전 기술들과 함께 열거하거나,35) 전통주의 관점에서 소련과의 전투에서 심리전이 필수적인 무기라고 주장하였다.36) 이 책의 본문에서 지적한 것과 같이 심리전에 대한 많은 글이 당시 『계간여론』과 여러 커뮤니케이션 학술지에 실렸다.37) 그 글들은 심리전에 대한 가치 있는 몇몇 사례집과 논문집으로 묶였는데, 그 책들은 여러 연구자들, 고문들, 그리고 그 분야에서 활동한 정치적 인사들이 쓴 심리전에 관한 대중적 글들의 개요를 제공한다.38)

심리전에 관한 일련의 발간 또는 미간행 문헌목록이 있다. 가장 초기의 것은 1930년대의 것으로 '심리전'이라는 단어가 영어에 도입되기 이전이었다.39) 아마 이 책의 용도에 가장 적합한 문헌목록은 1951~1952년에 랜드연구소와 계약하여 사회과학연구소의 치트라 스미스Chitra Smith가 편찬한 책일 것이다.40) 이 책은 후에 랜드연구소와 프린스턴 대학 출판부에서 개정판이 출간되었다.41)

마이론 스미스 쥬니어Myron Smith, JR.가 비교적 최근에 심리전에 관한 두 개의 선별 문헌목록을 작성했다.42) 스미스 책의 첫 권은 2차 대전기의 활동들에 관해 190개의 문헌을 선별했고, 둘째 권은 1945~1980년의 활동들에 관한 668개의 문헌목록을 담고 있다. 후자의 목록은 주제영역과 나라별로 분류되어 있다. 소시오화일사Sociofile는 데이터베이스를 전산화했는데, 그 가운데 외국어로 된 약간의 연구들과 보다 최근 자료들 목록이 포함되었다.43) 국무부의 전직 역사가인 닐 피터슨Neal Peterson은 최근 정보 관련 주제와 냉전에 관한 글들의 목록을 주석을 달아 출간했다. 이 책은 지난 10년간 출판된 냉전의 은밀한 측면들을 다룬 연구들을 검토하였다.44)

또 상업적이고 학술적인 커뮤니케이션 연구에 대해 주석을 단 최근의 서지해제도 주목할 만하다. 이러한 작업은 미래 심리작전의 밑그림을 그리는 데 유용할 것이다. 이 서지해제는 로날드 맥클로린Ronald McLaurin, 존 마틴L. John Martin, 슈리라메스 크리스나머시Sriramesh Krishnamurthy가 작성했고, 애봇 출판사Abbott Associates가 국방부 정책차관실과 계약하여 출간했다.45)

위에서 제시한 연구들은 결코 1945년에서 1960년 사이에 이루어진 심리전에 대한 모든 연구들을 망라한 것은 아니지만 그 범위와 일반적인 경향을 나타내 줄 것이다.

3. 미국의 매스커뮤니케이션 이론과 연구, 1945~1960

매스커뮤니케이션 이론과 연구는 지난 10년간 학문 세계에서 활발한 논제가 되었다. 이 분야에 대한 현재의 많은 연구가 당시 어떤 사회적 맥락이 아이디어를 형성하는 데 도움을 주었는가에 대한 것보다는 이 분야에 영향을 준 아이디어들의 발달에 초점을 맞추었다. 그 결과 이 분야가 독립된 연구 분야로 정립하기까지 몇 년 동안의 매스커뮤니케이션 연구에 대한 제도적·재정적 지원의 원천에 대한 연구가 상대적으로 거의 없다. 컨버스의 연구와46) 비더만과 크로포드의 연구를47) 예외로 하면 2차대전 이후 커뮤니케이션 연구의 발전에서 미국의 심리전 프로그램이 담당한 역할은 대체적으로 아직까지 학술적인 관심에서 벗어나 있다. 실제로 오늘날 매스커뮤니케이션 이론의 역사를 다룬 표준적인 교과서들은 심리전을 단지 지나가듯이 언급하거나 전혀 언급하지 않았다.48)

이 책은 윌리엄 앨빅William Albig,49) 알렌 바튼Allen Barton,50) 토니 베넷Tony Bennett,51) 버나드 버렐슨,52) 제이 블럼러Jay Blumler,53) 스티븐 채피,54) 채피와 존 호크하이머John Hochheimer,55) 진 컨버스,56) 다니엘 치트롬Daniel Czitrom,57) 제시 델리아,58) 에버렛 데니스Everette Dennis,59) 하인즈 율라우,60) 토드 기틀린Todd Gitlin,61) 스튜어트 홀Stuart Hall,62) 해노 하트Hanno Hardt,63) 엘리후 카츠,64) 폴 라자스펠드,65) 시어론 로워리와 멜빈 드플러,66) 잭 맥클리어드Jack McLeod와 블럼러,67) 에버렛 로저스Everett Rogers,68) 윌버 슈람,69) 마이클 J. 스프룰Michael J. Sproule,70) 사무엘 스투퍼,71) 그리고 제임스 탠커드 등의 커뮤니케이션 역사에 대한 선행 연구들72)에 의지하였다. 또 연방정부와 사회과학의 관계에 관한 초기 연구로는 랄프 빌즈Ralph Beals,73) 앨버트 비더만과 엘리자베스 크로포드,74) 크로포드와 진 M. 리온즈Gene M. Lyons,75) 이렌느 겐지어Irene Gendzier,76) 어빙 루이스 호로윗츠Irving Louis Horowitz,77) 호로윗츠와 카츠,78) 의회도서관,79) 리온즈,80) 제임스 맥카트니James McCartney,81) 이시엘 드 솔라 풀82) 등의 글이 있다.

강조점과 상세함의 정도 그리고 정치적 관점 등은 다르지만 위 연구들은 어느 것이나 다소 명확하게 정의된 미국 매스커뮤니케이션 이론과 연구의 '단계'에 대한 역사적 패러다임을 반영한다. 단계 개념은 부분적으로 그 자체로 오도의 측면이 명백히 있지만,83) 저명한 연구자들이 이 분야 연구의 진화를 어떻게 생각했는지 논의하는 데 유용한 틀이 될 수 있다.

매스커뮤니케이션 연구의 첫 단계는 일반적으로 매스커뮤니케이션의 광범위한 거시사회적 그리고 이데올로기적 역할에 대한 연구로부터 시작되었다. 19세기 후반에서 1940년경까지가 그 시기에 해당하고, 에밀 뒤르껭Emile Durkheim · 페르디난드 퇴니스Ferdinandne

Tönnis · 헨리 제임스 섬너 메인Henry James Sumner Maine과 같은 사상가가 그 흐름을 대변한다.84) '어둡고', '밝은' 면이 함축된 '대중사회' 모델이 그들의 연구와 관련이 있다. 논의에 참여한 연구자들은 일반적으로 매스미디어가 현대사회에서 새롭고 통합적인 역할을 수행했다는 점에 동의하지만, 그 사회의 특성과 그것이 제공하는 삶의 질에 관해서는 종종 의견을 달리 하였다.85)

미국에서는 대략 1945년까지 '중범위'middle range 커뮤니케이션 효과에 초점을 맞춘 매우 실증적이고 수량적 접근에 기반한 커뮤니케이션 연구가 거시사회적이고 이데올로기적 커뮤니케이션을 주제로 한 논의를 대부분 대체했다. 이러한 접근방식은 1970년대까지 이 분야에서 확실하게 '지배적인 패러다임'으로 자리 잡았다.86) 커뮤니케이션 연구의 역사를 연구한 최근 연구자들은 이와 같은 1945년 이후의 흐름이 적어도 세 가지 특징을 가졌다는 것에 대부분 동의한다. 첫째, 이 분야에서 재정을 지원받은 연구는 커뮤니케이션 행동의 '효과'를 발견하고, 그것을 계량하는 데 노력을 집중하였다. 이 작업에 적용된 사회과학 도구들은 대부분 조사, 내용분석 그리고 심리학과 사회심리학에서 차용한 실험적 · 유사실험적 기술을 위한 것들이었다. 둘째, '2단계설', '준거집단' 그리고 '제한된 효과' 모델이라는 커뮤니케이션 행동 모델이 등장했다. 이 이론들 각각은 상당부분 매스미디어 메시지가 개인의 행동에 미치는 상대적으로 제한되고 일시적인 효과에 기초하였다. 이때 개인의 행동은 그 당시 선호되는 연구방법론에 의해 입증될 수 있다고 보았다. 어쨌든 이러한 이론들은 미디어의 거시사회적 또는 이데올로기적 역할을 숙고할 때 작은 양의 수량화할 수 있는 '미시적' 효과를 가지고 '거시적' 수준의 예측을 대체하려는 경향이 있다. 셋째, 커뮤니케이션 연구는 1945년 이후 명백히 학문의 한 분야가 되었는데, 전문적 교수진, 제도적 독자성, 연구 의제의 설정 그리고 합의된 지식의 실질적 체계를 완비하였다. 이렇게 독자적 분야로의 촉진이 이루어진 시점을 측정하는 것은 물론 억지겠지만 일반적으로 1949년과 1955년 사이라고 할 수 있다.[87]

별 공통성은 없지만 이 책과 부분적으로 듀이,[88] 제임스 캐리[James Carey,[89] 홀,[90] 비더만과 크로포드,[91] 그리고 다른 사람들의 연구에서 논의된 것들이 있다. 사회에서 자신들의 현재의 역할을 보존하고 개선시키기 위해 새로운 기술을 찾는 기업가, 정치가, 군인 집단은 많은 액수의 기금을 커뮤니케이션 행동의 실증적 모델을 정교하게 다듬는 계량적 연구들에 지원했다.[92] 미국 정부의 심리전 프로그램은 특히 매스커뮤니케이션 연구가 독자적 분야로 부상하던 몇 년간 중요한 자금 제공자였다.[93] 자금 제공자가 매스커뮤니케이션 연구의 결과를 결정한 것은 아니었지만 그들은 어떤 질문이 주목을 받을 것인지 결정했으며, 대규모 연구에 필요한 자원을 확대 또는 유보함으로써 그 분야의 '지도자'와 '권위자'를 뽑는 데 간접적으로 상당한 영향력을 행사했다. 이러한 과정이 초래한 결과의 하나는 듀이 사상의 유명한 한 부분이었던 의식(儀式) 또는 행동의 공유라는 커뮤니케이션 개념이 사실상 사라지고,[94] 설득과 강압을 위한 고도의 도구적 과정으로서 커뮤니케이션 이론의 화려한 치장이 이를 대체하였다는 것이다.[95]

4. 핵심 인물에 대한 전기적 자료

1945~1960년에 심리전 프로젝트에서 활동한 네 명의 저명한 매스커뮤니케이션 연구자들은 이 책이 탐구하려는 이 분야 핵심 인물들의 출발점이다. 해들리 캔트릴, 해롤드 라스웰, 다니엘 러너 그리고 윌버 슈람이 그들이다. 이들은 매스커뮤니케이션과 심리전 그리고 정치에 관해 상당히 많은 업적을 남겼다.

앨버트 해들리 캔트릴은 적어도 책 24권 분량의 연구들을[96] 혼자 또는 동료들과 쓰거나 편집했으며, 전문 학술지에 120편의 논문을 실었다.[97] 캔트릴은 자신의 지적인 편력을 책으로 출간했으며,[98] 그의 경력을 몇 개의 표준적인 참고문헌에서 찾아볼 수 있다.[99] 캔트릴은 무엇보다 심리학을 정치적·사회적 사건에 적용한 사람으로 기억되며, 여론조사에 대한 그의 공헌으로도 알려져 있다.[100] 캔트릴의 오랜 동료인 로이드 A. 프리도 주목해야 한다. 그는 캔트릴과 함께 국제사회연구소[IISR]에서 일하였으며,[101] 그와 함께 여러 저술을 남겼다.[102]

해롤드 라스웰은 아마도 이 책에서 언급한 사람 중에서 가장 다작의 저술가일 것이다. 그는 1924년에서 1980년 사이에 책 47권에 상당하는 분량의 저술을 쓰거나 편집했으며, 그 책들 가운데 여러 권은 세 번, 네 번째 개정판이 출간되었다.[103] 라스웰은 아마도 정치와 미디어의 동력에 관한 그의 구호 같은 공식으로 가장 잘 기억될 것이다. 그 공식은 1940, 1950, 1960년대의 많은 기능주의 이론의 기초가 되었다.[104] 라스웰의 『세계대전에서 선전 기술』은 초판이 1927년에 나왔고, 그 후 개정판이 세 번 나왔는데, 현대 매스커뮤니케이션 이론상의 독창적 연구들 가운데 하나로 꼽힌다.[105]

라스웰과 자주 공저를 출간한 다니엘 러너는 최소 4권의 책을 그와 함께 저술하거나 편집했고,106) 그 책은 각각 선전과 심리전을 일정하게 다루었다. 러너는 적어도 책 18권 분량의 저술과107) 수많은 논문을 발표했다.108) 러너의 연구는 캔트릴이나 라스웰보다 심리전과 선전, 사회과학 연구의 방법론적 문제들에 더 초점을 맞추었다.109) 러너는 사실상 1945년과 1980년 사이에 발표된 심리전에 대한 모든 주요 논문집을 저술하거나, 편집하거나, 또는 그 논문집에 기고했다.110)

월버 슈람은 미국의 매스커뮤니케이션 연구를 과학적 탐구의 한 독립된 영역으로 만드는 데 중추적 역할을 한 인물로 평가된다.111) 그러나 심리전의 계약자, 운영자, 진흥자로서 그의 면모는 그보다 덜 알려졌다. 1950년대에 슈람의 개인소득과 전문가로서의 위신은 상당부분 미 공군과 USIA, 국방부, CIA가 후원한 선전 조직 자유유럽방송을 위한 그의 작업에 의지한 것이다.112)

여기에서 언급한 4명의 학자들, 즉 캔트릴, 라스웰, 러너 그리고 슈람이 물론 냉전 초기의 심리전 프로젝트 분야에서 활동한 저명한 사회과학자나 매스커뮤니케이션 이론가들 전부는 아니다. 매스커뮤니케이션 연구 분야에서 정도의 차이는 있지만 실질적으로 심리전 연구에 참여한 다른 저명인사들로는 커트 백,113) 에드워드 배렛,114) 레이몬드 바우어,115) 로버트 바우어,116) 앨버트 비더만,117) 스탠리 빅맨,118) 레너드 커트렐,119) 레오 크레스피,120) 윌리엄 도허티,121) W. 필립스 데이비슨,122) 레너드 둡,123) 머레이 다이어Murray Dyer,124) 해리 엑스타인Harry Eckstein,125) 로이드 프리,126) 조지 갤럽,127) 알렉산더 죠지Alexander George,128) 로버트 홀트Robert Holt,129) 칼 호블랜드,130) 알렉스 인켈레스,131) 어빙 재니스,132) 모리스 자노위츠,133)

문헌해제 243

조셉 클래퍼,134) 클라이드 클럭혼,135) 클라우스 크노르Klaus Knorr,136) 히데야 쿠마타Hideya Kumata,137) 폴 라자스펠드,138) 알렉산더 레이튼,139) 네이산 레이테스,140) 폴 M. 라인바거,141) 레오 로웬탈,142) L. 존 마틴,143) 마가렛 미드,144) 제시 올란스키Jesse Orlansky,145) 사울 패도버,146) 이시엘 드 솔라 풀,147) 드윗 풀,148) 루시앙 파이,149) 존 W. 라일리,150) 캐롤 샤틀,151) 치트라 스미스,152) 한스 스페이어,153) 사무엘 스투퍼,154) 랄프 화이트Ralph K. White,155) 그리고 윌리엄 영William R. Young156)이 있다.

5. 기관의 역사

1945~1960년 동안 한편으로는 미국 매스커뮤니케이션 연구의 제도적 틀이, 다른 한편으로는 미국 심리전 작전이 서로 얽히고 맞물리면서 진화하였다. 이러한 변동을 잘 아는 것은 이 두 가지 조류의 관계를 이해하는 데 필수적이다. 진 컨버스157)는 응용사회연구소, 전국여론연구소 그리고 미시건 대학교 사회연구소의 역사에 대해 아마도 최고의, 또 가장 접근하기 쉬운 연구를 제공한다. 각 기관들은 매스커뮤니케이션 학계의 중심이었으며, 1945년부터 1960년 사이의 여러 시기에 심리전 관련 연구의 계약자였다. 랜드연구소,158) 응용사회연구소,159) 전국여론연구소,160) 미시건대 사회연구소,161) MIT의 국제학연구소162) 그리고 하버드대의 러시아연구소163) 등의 기관들에 관해 이용 가능한 추가 연구들이 있다. 1950년대에 매스커뮤니케이션 연구와 심리전 계약의 중요 기관 중 하나인 사회연구소 기록물은 이제 메릴랜드 대학 도서관 특별수집과와 아메리칸

대학이 소장하고 있다. 사회연구소에 관한 역사서는 없지만 아키비스트들이 상세한 검색자료를 메릴랜드 도서관 측에 제공했기 때문에 사회연구소 활동의 많은 부분을 재구성할 수 있다.164)

심리전 작전 관련 기관의 역사는 일반적으로 매스커뮤니케이션 학자들이 접근하기가 쉽지 않으며, 학자들에게 익숙하지도 않은 것 같다. 이 책의 '심리전' 부분에서 인용한 자료들은 이 분야를 많이 다루었다. 자유유럽방송165)에 대한 두 개의 역사서와 미군 특수전 부대에 관한 최근의 여러 연구들은 특별히 주목할 만하다.166)

6. 소비에트와 유럽의 심리전

이 책은 심리전에서 미국의 경험에 초점을 맞추었기 때문에 이 분야에서 미국의 적대국이나 동맹국들의 활동에 대한 풍부한 검토는 시도되지 않았다. 그러나 미국의 노력이 어떤 맥락에서 이루어졌는지를 파악하는 데 비교 자료들은 유용하게 쓰일 수 있다.

소련과 그 동맹국들이 수행한 심리전 작전의 발전에 대한 내부 문건은 이 책에서 다룰 수 없었다. 그러나 동구권 망명자가 이와 관련하여 한 증언이 있으며,167) 다음 10년 동안 아마도 이와 관련한 소련 기록들이 공개될 것이라는 예측이 있다.168) 또 소련의 이 분야 활동을 연구한 서구 전문가들이 생산한 상당히 많은 양의 2차 문헌들이 있다.169) 그 저술들은 대부분 냉전에 대한 전통주의적 시각을 반영하며, 소련의 선전이 목표로 삼은 청중들의 여론을 형성하는 데 효과적이었다는 우려를 나타낸다.170)

유럽의 미 동맹국들의 심리전 활동에 관한 1차 자료들은 상대적으로 빈약하지만, 약간의 2차 문헌들은 이용 가능하다.[171] 이 저술들은 그 성격이 이론적이라기보다 기술적descriptive이지만, 서유럽 정부의 선전과 심리전에 대한 사고가 대체로 미국에서 나타난 것과 같은 진화를 따랐음을 보여준다.[172]

주註

1) 서구의 관찰자들 중에서 Dean Acheson, *Present at the Creation* (New york: New American Library, 1969) 또는 James Forrestal, *The Forrestal Diaries*, edited by Walter Millis (New York: Viking, 1951)를 보시오. 이 문제들에 대해 의외로 솔직한 '소비에트 노선'에 입각한 분석으로 Nikita Krushchev, *Krushchev Remembers*, edited and translated by Strobe Talbot (Boston: Little, Brown, 1970), pp.361~362, 367~363, 392~393, 453~460 ; Nikita Krushchev, *Krushchev Remembers: The Last Testament*, edited and translated by Strobe Talbot (Boston: Little, Brown, 1974), pp.47~67을 보시오.

2) John Foster Dulls, *War or Peace* (New York: Macmillan, 1950) 또는 William Welch, *American images of Soviet Foreign Policy* (New Haven: Yale University Press, 1970) ; Vojtech Mastny, *Russia's Road to the Cold War* (New york: Columbia University Press, 1979).

3) 중화인민공화국 지도자들은 1949년부터 마오쩌둥이 사망하는 1976년까지 특히 극단적이고 지속적인 이원론 지지자였다. Mao Tsetung, *Selected Works of Mao Tsetung*, Vol. 5 (Beijing: Foreign Language Press, 1977) 또는 Editorial Department of *Renmin Ribao and Honggi, Apologists of Neo Colonialism*, 그리고 *Peaceful Coexistence — Two Diametrically Opposed Policies* (Beijing: Foreign Languages Press, 1963) 두 개의 소논문을 보시오. 서구학자들 중에서는 James Burnham, *The Coming Defeat of Communism* (New York: John Day, 1950) ; James Burnham, *Containment or Liberation?* (New York: John Day, 1953) 또는 House Committee on Un-American Activities, *The Communist Conspiracy: Strategy and Tactics of World Communism* 84th Cong. 2nd sess (Washington, DC: GPO, 1956)를 보시오.

4) 전형적인 서구 저작들로는 Anthony Bouscaren, *A Guide to Anti-Communist Action* (Chicago: Henry Renery, 1958) ; American Security Council, *Guidelines for Cold War Victory* (Chicago: American Security Council Press, 1964) ; Chamber of Commerce of the United States, *Communist Infiltration of the United States: Its Nature and How to Stop It* (Washington, DC: Chamber of Commerce of the United States, 1946)이 있다. 이 주제에 관한 소비에트 저작으로는 L. Skvortsov, *The Ideology and Tactics of Anti-Communism*, translated by J. Turner (Moscow: Progress Publishers, 1969) ; Nikolai Yakovlev, *CIA Target: The USSR*, translated by V. Schneierson and D. Belyavsky (Moscow: Progress Publishers, 1984) ; D. Volkogonov, *The Psychological War*, translated by Sergei Chulaki (Moscow: Progress Publishers, 1986)이 있다. 소비에트의 전

술에 관해서는 Paul Lendvai, *The Bureaucracy of Truth: How Communist Governments Manage the News* (Boulder, CO: Westview Press, 1981)를 보시오.

5) 아마 이 조류의 가장 세련된 예는 Daniel Yergin, *Shattered Peace: The Origins of this Cold War and the National Security State* (Boston: Houghton Mifflin, 1977)일 것이다. 그 이전의 것으로 널리 인용되는 '수정주의자들'의 저작은 William Appleman Williams, *The Tragedy of American Diplomacy* (New York: Delta, 1961) ; Joyce Kolko and Gabriel Kolko, *The Limits of Power: The World and United States Foreign Policy, 1945~1954* (New York: Harper & Row, 1972) ; David Horowitz (ed.), *Corporations and the Cold War* (New York: Monthly Review Press, 1969)를 들 수 있다.

6) Walter Isaacson and Evan Thomas, *The Wise Men* (New York: Simon & Schuster, 1986) 또는 John Lewis Gaddis, *The Long Peace: Inquires into the History of the Cold War* (New York: Oxford University Press, 1987). 소비에트 활동에 대한 서구적 관점의 '후기수정주의' 해석의 예로 Joseph L. Nogee and Robert Donaldson, *Soviet Foreign Policy Since World War II* (New York: Pergamon Press, 1981)가 있다.

7) Bouscarin, *Guide* ; American Security Council, *Guidelines for Cold War Victory*.

8) David Caute, *The Great Fear; The Anti-Communist Purge under Truman and Eisenhower* (New york: Simon & Schuster, 1978) ; Richard Freeland, *The Truman Doctrine and the Origins of McCarthyism* (New York: Knopf, 1972) 또는 Robert Griffith and Athan Theoharis (eds.), *The Specter: Original Essays on the Cold War and the Origins of McCarthyism* (New York: Franklin Watts, 1974)을 보시오.

9) 개괄을 위해서는 Edward P. Lilly, "The Psychological Strategy Board and Its Predecessors: Foreign Policy Coordination 1938~1953", in Gaetano Vincitorio (ed.), *Studies in Modern History* (New York: St. Johns University Press, 1968), pp.337~382를 보시오.

10) 예를 들어 "Hot Files"(Record Group 319, entry 154, U.S. National Archives)로 알려진 1940년대 미 육군 기록의 일부분은 필자의 정보공개법에 의한 열람 요청에 따라 1989년 이래 겨우 기밀 해제 되었으나, 상당수 기록들은 여전히 기밀 상태로 남아있다. 1989년 CIA는 기밀 해제되어 거의 10년간 외부에 공개된 심리전전략위원회의 기록물을 재봉인하기 위해 트루먼 대통령 도서관에 개입하였다.

11) John Marks, *The Search for the "Manchurian Candidate": The CIA and Mind Control* (New York: Times Books, 1979), pp.204~205 ; Thomas Powers, *The*

Man Who Kept the Secrets: Richard Helms and the CIA (New York: Pocket Books, 1979) ; Senate Select Committee to Study Governmental Operations with Respect to Intelligence Activities, *Alleged Assassination Plots Involving Foreign Leaders: An Interim Report and Final Report* 94th Cong. 2nd Sess (Washington, DC: GPO. 각각 1975, 1976).

12) 기본적인 정책 문건들은 다음과 같다. U.S. National Security Council, *NSC 4: Coordination of Foreign Information Measures* (December 9, 1947) ; *NSC 4-A: Psychological Operations* (December 9, 1947) ; *NSC 10/2: Office of Special Projects* (June 18, 1948) ; *NSC 43: Planning for Wartime Conduct of Overt Psychological Warfare* (March 9, 1949) ; *NSC 59: The Foreign Information Program and Psychological Warfare Planning* (December 20, 1949) ; *NSC 59/1: The Foreign Information Program and Psychological Warfare Planning* (Report to President Truman) (March 9, 1950) ; *NSC 59/1: Progress Reports* (March 9, 1950, December 26, 1950, July 31, 1952, October 30, 1952 and February 20, 1953) ; *Index to National Psychological Warfare Plan for General War* (April 9, 1951) ; *National Psychological Warfare Plan for General War* (May 8, 1951) ; *NSC 74: A Plan for National Psychological Warfare* (July 10, 1950) ; *NSC 127: Plan for Conducting Psychological Operations During General Hostilities* (February 21, 1952) ; *NSC 135, No. 6: The National Psychological Warfare Effort* ; *NSC 5412/2: Covert Operations* (December 28, 1955). 이러한 결정들과 관련해서 각 파일들의 비밀 해제 범위는 사안들마다 다르다. 각 문건들은 U.S. National Archives, Washington, DC에 소장되어 있다.

13) 심리전전략위원회 관련 기록물은 Truman Library, Independence, MO에서 이용할 수 있다. Dennis E. Bilger, "Records of the Psychological Strategy Board, 1951~1953, Shelf List" Truman Library, (December 1981)을 보시오. 이 위원회의 활동에 대한 개괄로는 Psychological Strategy Board, "Progress Report on the National Psychological Effort for the Period July 1, 1952, Through September 30, 1952," President's Secretary's Files, Truman Library를 보시오. 또 Department of State, Office of the Assistant Secretary for Public Affairs, "Emergency Plan for Psychological Offensive (USSR)," April 11, 1951, President's Secretary's Files, subject file b. 199, Truman Library를 보시오.

14) 특히 Records of the U.S. Joint Chiefs of Sraff, RG 218, CCS 385 (6-4-46), sections 7, 11, 16~17, 21~26, 31~47, 52~53, 71, 75~76, 79, 86 그리고 U.S. Army Staff Organizations, RG 319, entry 154 "Hot Files" series, 특히 P&O 091.412 TS를 보시오. 양쪽 모두 현재 Washington, DC의 National Archives 에서 이용 가능하다. RG 331(Records of Allied Operational and Occupation Headquarters)에 있는 심리전 기록물에 대해서는 "기록 안내"finding aid가 있지만, 1945~1960년을 다룬 기록들은 불행하게도 대부분 여전히 기밀로

분류되어 있다.

15) Records of U.S. Army Staff Organizations, RG 319, entry 154, "Hot Files" series, Particularly P&O 091.412 TS, National Archives, Washington, DC ; Records of the Psychological Strategy Board, Truman Presidential Library, Independence, MO.

16) National Security Archive, 1755 Massachusetts Ave NW, Washington DC 20036.

17) Center for National Security Studies, 122 Maryland Ave NE, Washington DC 20002.

18) 미국 정부의 기밀유지와 허위정보 사용에 대한 훌륭하고 광범한 논의로는 David Wise, *The Politics of Lying: Government Deception, Secrecy and Power* (New York: Vintage, 1973)를 보시오.

19) Lilly, "Foreign Policy Coordination" ; Alfred Paddock, *U.S. Army Special Warfare: Its Origins* (Washington, DC: National Defense University Press, 1982) ; William Daugherty and Morris Janowitz (eds.), *A Psychological Warfare Casebook* (Baltimore: John Hopkins [for U.S Army Operations Research Office], 1958), pp.12~47 ; *Psychological Warfare Study for Guidance in Strategic Planning*; State-Army-Navy-Air Force Coordinating Committee (SANACC) case file no. 304, "Psychological Warfare: Concepts and Organization" (May 1946~May 1949)은 Scholarly Resources microfilm series of State-War-Navy Coordinating Committee (SWNCC) 그리고 State-Army-Navy-Air Force Coordinating Committee(SANACC) records (Wilmington DE: Scholarly Resources, 1978)가 제작한 마이크로필름의 형태로 이용할 수 있다.

20) 미국 심리전 활동을 위해 포괄적인 예산이 존재한다고 알려진 적은 없다. 그러나 CIA 심리전 고문인 James Burnham은 1950년대 초반 전성기에 매년 대략 10억 달러의 예산이 있다고 하였다. Burnham, *Containment or Liberation?* p.188을 보시오. 또 Comptroller General of the United States (General Accounting Office), *U.S. Government Monies Provided to Radio Free Europe and Radio Liberty* (Washington, DC: GPO, 1972) 그리고 Victor Marchetti and John Marks, *The CIA and the Cult of Intelligence* (New York: Dell, 1974), pp.74~78, 174를 보시오. 인물에 대한 책들 가운데 Daniel Lerner, *Sykewar: Psychological Warfare Against Germany, D-Day to VE-Day* (New York: George Stewart, 1948)는 2차대전기 미국 영국의 요원들에 대해 완벽하진 않지만 광범위한 목록을 담고 있다(pp.438~439). 또 Larry D. Collins, "The Free Europe Committee: American Weapon of the Cold War," (Ph.D. diss., Carlton University, 1975) ; James R. Price, *Radio Free Europe: A Survey and Analysis* (Washington, DC: Congressional Research Service Document

No. JX 1710 U.S. B, March 1972) ; Joseph Whelan, *Radio Liberty: A Study of Its Origins, Structure, Policy, Programming and Effectiveness* (Washington, DC: Congressional Research Service, 1972)를 보시오.

21) John Crewdson and Joseph Treaster, "The CIA's 3-Decade Effort to Mold the World's Views," *New York Times* (December 25, 26 and 27, 1977) ; House Subcommittee on Oversight of the Permanent Select Committee on Intelligence, *Hearings: The CIA ad the Media*, 95th Cong., 1st and 2nd sess (Washington, DC: GPO, 1978) ; Peter Coleman, *The Liberal Conspiracy* (New York: Free Press, 1989), pp.59~102. 동부 유럽 현지 보고에 관해서는 Vitaly Petrusenko, *A Dangerous Game: The CIA and the Mass Media* (Prague: Interpress Prague, n.d. [1978?])를 보시오.

22) Daniel Schorr, "Are CIA Assets a Press Liability?" [More] 8, no. 2 (February 1978) ; Arlene Sanderson, "The CIA Media Connection," Freedom of information Center Report No, 432 (University of Missouri School of Journalism, 1981) ; Loch Johnson, *America's Secret Power: The CIA in a Democratic Society* (New York: Oxford University Press, 1989), pp.183~203이 개괄로 유용하다.

23) Robin W. Winks, *Cloak and Gown: Scholars in the Secret War, 1939~1961* (New York: Morrow, 1987) ; Coleman, *The Liberal Conspiracy*, pp.1~12 (summary), pp.253~276(주요 활동들에 대한 표) ; David Wise and Thomas Ross, *The Espionage Establishment* (New York: Bantam, 1968).

24) Marchetti and Marks, *The CIA*, p.174 ; Sig Mikelson, *America's Other Voice: The Story of Radio Free Europe and Radio Liberty* (New York: Praeger, 1983).

25) "Company-Made Balloons Aid 'Winds of Freedom' Effort," *The Modern Millwheel* (General Mills employee publication) (September 1951).

26) John Ranelagh, *The Agency: The Rise and Decline of he CIA* (New York: Simon & Schuster, 1987), pp.260~269.

27) James Miller, *The United States and Italy 1940~1950: The Politics and Diplomacy of Stabilization* (Chapel Hill: University of North Carolina Press, 1986) ; William Blum, *The CIA: A Forgotten History* (London: Zed, 1986), pp.23~31, 130~133, 166~170 ; Arnold Cortesi, "Observer," "Two Vital Case Histories," in Lester Markel (ed.), *Public Opinion and Foreign Policy* (New York: Harper & Brothers for the Council on Foreign Relations, 1949) ; Robert holt and Robert van de Velde, *Strategic Psychological Operations and American Foreign Policy* (Chicago: University of Chicago Press, 1960), pp.159~205. 1975년 '정보에 관한 하원 청문회'House Select Committee on Intelligence는 이탈리아와 프랑스의 선거를 조작하려는 CIA의 비밀노력을 강력히 비판하는 보

고서를 준비했다. CIA와 백악관은 이 조사가 공식적으로 발표되는 것을 막는 데 성공했지만, 복사본이 미디어에 누출되어 *Village Voice*의 1976년 2월 15일, 22일자 부록으로 출판되었다. 이탈리아 선거 개입에 대해서는 *Village Voice*의 2월 16일자 p.86, "Special Supplement: The CIA Report the President Doesn't Want you to Read"의 논의 내용을 보시오. 중요한 원본 문서를 U.S. Psychological Strategy Board files, *Italy*, Truman Library, Independence, MO에서 찾을 수 있다.

28) John Prados, *Presidents' Secret Wars* (New York: Marrow, 1986), pp.40~60. 또한 Blum, *The CIA* ; Ranelagh, *The Agency*를 보시오.

29) Jay Peterzell, "How U.S. Propaganda Has Fooled Congress," *First Principles* 8, no. 3 (1983), p.1 ; Christopher Simpson, *Blowback* (New York: Weidenfeld & Nicolson, 1987), pp.125~137, 218~219.

30) Martin Lee and Bruce Shlain, *Acid Dreams: The CIA, LSD and the Sixties Rebellion* (New York: Grove Press, 1985) ; Marks, *The Search for the "Manchurian Candidate."*

31) Richard F. Staar (ed.), *Public Diplomacy: USA versus USSR* (Stanford, CA: Hoover Institution Press, 1986) ; Mikelson, *America's Other Voice*. 이 점에 대한 소련의 논평에 대해서는 A. Panfilov, *Broadcasting Pirate: Outline of External Radio Propaganda by the USA, Britain and FRG*, translated by Nicholas Bobrov (Moscow: Progress Publishers, 1981)를 보시오.

32) John Prados, *The Soviet Estimate, U.S. Intelligence Analysis and Russian Military Strength* (New York: Dial, 1982), pp.38~50 ; Jay Peterzell, "How U.S. Propaganda Has Fooled Congress," ; Simpson, *Blowback* ; Kurt Glaser, "Psychological Warfare's Policy Feedback." *Ukrainian Quarterly* 9 (1953).

33) Clyde Kluckhohn, Alex Inkeles, Raymond Bauer, *Strategic Psychological Strengths and Vulnerabilities of the Soviet Social System* (Cambridge, MA: Russian Research Center, Harvard University, 1954), U.S. Air Force contract no. 33 (038)-12909 ; Alexander Dallin, Ralph Movrogordato, Wilhelm Moll, *Partisan Psychological Warfare and Popular Attitudes under the German Occupation* (Washington, DC: U.S. Air Force, 1954 [the War Documentation Project, Columbia University]). 또 Tami Davis Biddle, "Handling the Soviet Threat: Arguments for Preventative War and Compellence in the Early Cold War Period," ; Society for Historians of American Foreign Relations (Washington, DC, 1988) 연례회의 발표문을 보시오.

34) Walter Laqueur, *A World of Secrets: The Uses and Limits of Intelligence* (New York: Basic Books, 1985) ; Carleton Mabee, "Margaret Mead and Behavioral Scientists in World War Ⅱ: Problems of Responsibility, Truth and Effectiveness,"

Journal of the History of the Behavioral Sciences 23 (January 1987), pp.3~13 또한 Winks, *Cloak and Grown*을 보시오.

35) Lerner, *Sykewar;* Daniel Lerner (ed.), *Propaganda in War and Crisis* (New York: George Stewart, 1951) ; Samuel Stouffer et al., *The American Soldier*, Vol. I (Princeton: Princeton University Press, 1949), pp.3~53. 또 각주 33에서 언급한 War Documentation Project 연구들도 보시오.

36) Lerner, *Sykewar;* Kluckhohn, Inkels, Bauer, *Strategic Psychological and Sociological Strengths.*

37) 국제적 커뮤니케이션 연구에 대한 *Public Opinion Quarterly*의 특별호를 보시오(Winter 1952~1953).

38) 주요한 사례집을 연대기 순으로 열거하면 다음과 같다. Bruce Lannes Smith, Harold Lasswell, Ralph Casey, *Propaganda, Communication and Public Opinion: A Comprehensive Reference Guide* (Princeton: Princeton University Press, 1946) ; Paul Linebarger, *Psychological Warfare* (1948; rpt. Washington, DC: Combat Forces Press, 1956) ; Lerner, *Propaganda* ; Wilbur Schramm, *FEC Psychological Warfare Operations* (Baltimore: Operations Research Office, John Hopkins Press, 1952) ; Daugherty and Janowitz, *Psychological Warfare Casebook* ; Itiel de Sola Pool (ed.), *Social Science Research and National Security* (Washington, DC: Smithsonian Institution [Office of Naval Research Project], 1963). 좀 더 최근에 편찬된 것으로는 U.S. Department of the Army, *The Art and Science of Psychological Operations: Case Studies of Military Application*, 2 vols, edited by Ronald McLaurin (Washington, DC: Department of the Army contract no. 525-7-1, April 1976) ; Harold Lasswell, Daniel Lerner, Hans Speier (eds.), *Propaganda and Communication in World History* (Honolulu: University of Hawaii Press, 1980), 3 Volumes ; Carnes Lord and Frank Barnett (eds.), *Political Warfare and Psychological Operations* (Washington, DC: National Defense University Press, 1989) ; Paul A. Smith, *On Political War* (Washington, DC: National Defense University Press, 1989) 등이 있다.

39) Harold Lasswell, Ralph Casey, Bruce Lannes Smith, *Propaganda and Promotional Activities: An Annotated Bibliography* (1935; rpt. Chicago: University of Chicago Press, 1969). 이 책은 선전의 엄격한 '미디어'로서의 개념을 넘어서서 폭력의 적용, 사회관리, 정보의 역할을 고려하였다. pp.43~49, 196~203, 230~234를 보시오.

40) Bureau of Social Science Research, Chitra Smith, *International Propaganda and Psychological Warfare: An Annotated Bibliography*, BSSR Archives, series II, box 7, project 819, University of Maryland Libraries Special Collections, College Park. 관련된 것으로는 Vera Riley, *An Annotated Bibliography of*

Operations Research (Chevy Chase, MD: Operations Research Office, Johns Hopkins University, 1953) ; U.S. Department of State, Bureau of Intelligence and Research, Office of External Research, Government Resources *Available for Foreign Affairs Research* (Washington, DC: W.S. Department of State, 1965)가 있다.

41) Bruce Lannes Smith and Chitra Smith, *International Communication and Political Opinion* (Princeton: Princeton University Press, 1956).

42) Myron J. Smith, *The Secret Wars: A Guide to Sources in English*, 2 vols. (Santa Barbara, CA: ABC-Clio, 1980, 1981).

43) Sociofile사의 데이터베이스로 '심리전'을 검색해서 세 개의 최근 연구를 찾아냈다. 그중 하나가 '반혁명 심리전의 원형'으로서 칠레의 쿠데타를 다룬 것이다. Silvia Molina-Vedia, "EL Caso Chileno Como un Prototipo de Guerra Psicologica Contrarevolucionaria," *Revista Mexicana de Ciencias Politicas y Socioles* (October~March 1976~1977)를 보시오.

44) Neal Peterson, "Recent Intelligence Literature and the History of the Cold War 1945~1960" Society of Historians of American Foreign Relations의 연례회의 발표문(June 1988).

45) Ronald McLaurin, L. John Martin and Sriramesh Krishnamurthy, "Recent Developments in the Analysis of Audience Effects of Persuasive Communications, A Selected, Annotated Bibliography," Abbott Associates, Springfield, VA, July 1988 (Undersecretary of Defense for Policy contract no. MDA-903-88-C-0048).

46) Jean Converse, *Survey Research in the United States* (Berkeley: University of California Press, 1987).

47) Albert Biderman and Elisabeth Crawford, *Political Economics of Social Research: The Case of Sociology* (Springfield, VA: Clearinghouse for Federal Scientific and Technological Information, 1968).

48) Denis McQuail, *Mass Communication Theory: An Introduction* (London and Beverly Hills: Sage, 1987) 또는 John C. Merrill, *Global Journalism: A Survey of the World's Mass Media* (White Plains, NY: Longman, 1953)을 보시오. 두 책 모두 심리전과 선전에 대한 언급이 없다. 최근의 Garth Jowett and Victoria O'Donnell, *Propaganda and Persuasion*, 2nd ed. (Newbury Park, CA: Sage, 1992)는 예외적인 조류에 속한다.

49) William Albig, "Two Decades of Opinion Study: 1936~1953," *POQ* 21, no. 1 (Spring 1957), pp.14~22. 이 장에서 특별히 출전을 밝히지 않은 글은 모두 *POQ*로부터 인용하였다.

50) Allen Barton, "Paul Lazarsfeld and Applied Social Research," *Social Science*

History (October 1979), pp.4~44.

51) Tony Bennett, "Theories of the Media, Theories of Society," in Michael Gurevitch and Tony Bennett (eds.), *Culture, Society and the Media* (London: Methuen, 1982), pp.30~55.

52) Bernard Berelson, "The Present State of Communication Research," 22, no. 2 (Summer 1958), p.178. "The State of Communication Research," 23, no. 1 (Spring 1959), pp.1~5는 위의 글을 더 발전시킨 것이다.

53) Jay Blumler, "European-American Differences in Communication Research," in Everett Rogers and Francis Balle (eds.), *The Media Revolution in America and in Western Europe* (Norwood, NJ: Ablex, 1985), pp.185~199.

54) Steven Chaffee (ed.), "The Contributions of Wilbur Schramm to Mass Communication Research," *Journalism Monographs* No. 36 (October 1974).

55) Steven Chaffee and John Hochheimer, "The Beginnings of Political Communications Research in the United States: Origins of the 'Limited Effects' Model," in Micheal Gurevitch and Mark Levy (eds.), *Mass Communications Yearbook*, vol. 5 (Beverly Hills: Sage, 1985).

56) Converse, *Survey Research*.

57) Daniel Czitrom, *Media and the American Mind* (Chapel Hill: University of North Carolina Press, 1982), pp.122~146.

58) Jesse Delia, "Communication Research: A History," in Charles Berger and Steven Chaffee (eds.), *Handbook of Communication Science* (Newbury Park, CA: Sage, 1987), pp.20~98.

59) Everette Dennis, "Whence We Came: Discovering the History of Mass Communication Research," in Nancy Weatherly Sharp (ed.), *Communication Research: The Challenge of the Information Age* (Syracuse, NY: Syracuse University Press, 1988), pp.3~20.

60) Heins Eulau, "The Columbia Studies of Personal Influence," *Social Science History* 2, no. 4 (May 1980), pp.207~208.

61) Todd Gitlin, "Media Sociology: The Dominant Paradigm," *Theory and Society* 6, no. 2 (1978), pp.205~253.

62) Stuart Hall, "The Rediscovery of 'Ideology': Return of the Repressed in Media Studies," in Gurevirch and Bennett, *Cultures, Society and the Media*, pp.56~90.

63) Hanno Hardt, "Comparative Media Research: The World According to America," *Critical Studies in Mass Communication* 5 (June 1988), pp.129~146.

64) Elihu Katz, "Communication Research Since Lazarsfeld," 51 (1987), pp.525~545.

65) Paul Lazarsfeld, "Historical Notes on the Empirical Study of Action: An Intellectual Odyssey [1958]," in *Qualitative Analysis: Historical and Critical Essays* (Boston: Allyn and Bacon, 1972).
66) Shearon Lowery and Melvin Defleur, *Milestones in Mass Communication Research* (New York: Longman, 1983).
67) Jack McLeod and Jay Blumler, "The Macrosocial Level of Communication Science," in Charles Berger and Steven Chaffee (eds.), *Handbook of Communication Science* (Newbury Park, CA: Sage, 1987), pp.271~322.
68) Everett Rogers, "Contributions and Criticisms of Diffusion Research," in *Diffusion of Innovations*, 3rd ed. (Glencoe, IL: Free Press, 1983).
69) Wilbur Schramm, "The Unique Perspective of Communication: A Retrospective View," *Journal of Communication* 33, no. 3 (Summer 1953) ; Wilbur Schramm, "The Beginnings of Communication Study in the United States," in Everett Rogers and Francis Balle (eds.), *The Media Revolution in America and in Western Europe* (Norwood, NJ: Ablex, 1985), pp.200~211.
70) Michael J. Sproule, "Progressive Propaganda Critics and th Magic Bullet Myth," *Critical Studies in Mass Communication* 6 (September 1989), pp.225~246.
71) Stouffer et al., *The American Soldier*, vol. 1, pp.3~54는 Stouffer의 미 육군 연구과가 가진 강력한 영향력을 짐작하게 한다.
72) James Tankard, "Wilbur Schramm: Definer of a Field," *Journalism Educator* 43, no. 3 (Autumn 1988), pp.11~16.
73) Ralph Beals, *Politics of Social Research* (Chicago: Aldine, 1969).
74) Biderman and Crawford, *The Political Economics of Social Research* ; Albert Biderman and Elisabeth Crawford, "The Bases of Allocation to Social Scientific Work," 미국사회학협회American Sociological Association 발표 논문 (September 1969), 지금은 BSSR Archives에 있다. series V, box 3, University of Maryland Libraries Special Collections, College Park: Albert Biderman and Elisabeth Crawford, "Paper Money: Trends of Research Sponsorship in American Sociology Journals," *Social Sciences Information* (Paris) (February 1970), pp.51~77.
75) Elisabeth Crawford and Gene Lyons, "Foreign Area Research: A Background Statement," *American Behavioral Scientist* (June 1967) ; Elisabeth Crawford and Albert Biderman, *Social Science and International Affairs* (New York: Wiley, 1969).
76) Irene Gendzier, *Managing Political Change: Social Scientists and the Third World* (Boulder, CO: Westview Press, 1985).
77) Irving Louis Horowitz (ed.), *The Use and Abuse of Social Science* (New

Brunswick, NJ: Transaction, 1971) ; Irving Louis Horowitz (ed.), *The Rise and Fall of Project Camelot* (Cambridge: MIT Press, 1974).

78) Irving Louis Horowitz and James Everett Katz, *Social Science and Public Policy in the United States* (New York: Praeger, 1975).

79) Legislative Reference Service, Library of Congress, *The U.S. Ideological Effort: Government Agencies and Programs*, 하원 대외관계위원회House Committee on Foreign Affairs의 간행물로 출판되었다. 88th Cong., 1st sess (Washington, DC: GPO, January 1964).

80) Gene M. Lyons, *The Uneasy Partnership: Social Science and the Federal Government in the Twentieth Century* (New York: Russell Sage Foundation, 1969). 더욱 최근의 분석으로는 Richard Nathan, *Social Science in Government: Uses and Misuses* (New York: Basic Books, 1988) 참고.

81) James McCartney, "On Being Scientific: Changing Styles of Presentation of Sociological Research," *American Sociologist* 5 (February 1970), pp.30~35.

82) Ithiel de Sola Pool, "The Necessity for Social Scientists Doing Research for Governments," *Background* 10, no. 2 (August 1966), pp.111~122.

83) 사회과학에서 이론적 발달의 가장 중요한 사회적 동력은 새로운 사고의 '발견'이나 단순한 정교화가 아니라 이론의 '통합'과 '수용'으로 나타난다. 구별은 부분적으로 이전의 과정들이 대부분 그 분야 기득권의 승인에 의존하고 있기 때문에 중요하다. 한편 '단계' 개념은 과학적 진보는 '진실'에 기반한 규범적 과정이라는 가정을 선호한 나머지 이론의 수용에 연루된 정치화된 과정을 경시하는 경향이 있다. 단순한 정교화보다 수용의 중요성을 보여주는 예들은 쉽게 확인할 수 있다. 로워리와 드플러는 매스커뮤니케이션에서 일차집단의 역할에 대한 라자스펠드의 유명한 '1955' 이론이 사실은 비록 아직 완전히 통합되지는 않았지만 기존의 로스리스버거Rothlisberger와 딕슨Dixon 그리고 다른 사람들의 연구를 재발견한 것이라고 주장한다. Lowery and Defluer, *Milestones*, pp.180~182.

비슷하게 맥클리어드와 블럼러는 용어와 이론적 범주로서 '대중사회'를 얘기할 때, 그 용어에 꼬리표처럼 쫓아다니는 이론가들조차 그 용어를 결코 채택하지 않았다고 지적한다. '대중사회'는 사실은 전혀 다른 관점에서 1959년에 그 이전의 이론가들을 범주화한 것이고, 적어도 부분적으로는 논쟁적 목적에서 구성된 것이다. McLeod and Blumler, "The Macrosocial Level," p.282.

그럼에도 불구하고 '대중사회' 이론가의 범주는 매스커뮤니케이션 이론의 '단계' 구분에서 널리 사용되고 있다.

84) McLeod and Blumler, "The Macrosocial Level," p.282.

85) Ibid.

86) Gitlin, "Media Sociology."
87) Czitrom, *Media and the American Mind*, pp.131~139 ; Delia, "Communication Research," pp.54~73 ; McLeod and Blumler, "The Macrosocial Level," p.284.
88) 듀이는 James Carey, *Communication as Culture* (Boston: Unwin Hyman, 1989), p.22로부터 인용.
89) Ibid., pp.13~68.
90) Stuart Hall, "The Rediscovery of 'Ideology'," pp.59~65.
91) Biderman and Crawford, *Political Economics of Social Research*, pp.29~55.
92) Hall, "The Rediscovery of 'Ideology'," pp.59~62.
93) Biderman and Crawford, *Political Economics of Social Research*, pp.32~38, 45~46 ; National Science Foundation, *Federal Funds* 1953, pp.37~40.
94) Carey, *Communication*, p.22로부터 재인용.
95) Ibid., 그리고 다른 관점으로는 Hall, "The Rediscovery of 'Ideology'," pp.59~62.
96) 이러한 수치는 *Who Was Who*, Vol. 5, p.113와 *National Cyclopedia of American Biography*, Vol. 55, pp.211~212의 목록들 그리고 메릴랜드 대학의 GEAC 전산문헌검색시스템에서 얻은 것을 종합해서 얻은 것이다. 심리전, 선전, 또는 매스미디어 이론 문제에 초점을 맞춘 저술들로는 *The Psychology of Radio* (with Gorden Allport, 1935) ; *The Invasion from Mars* (1940) ; *The Psychology of Social Movements* (1941) ; *Gauging Public Opinion* (contributing editor, 1944) ; *Understanding Man's Social Behavior* (1947) ; *The "Why" of Man's Experience* (1950) ; *Public Opinion, 1935~1946* (1951) ; *How Nations See Each Other: A Study in Public Opinion* (with William Buchanan, 1953) ; *The French Left* (with David Rodnick, 1956) ; *The Politics of Despair* (1958) ; *Soviet Leaders and Mastery over Man* (1960) ; *Human Nature and Political Systems* (1961) ; *The Pattern of Human Concerns* (1965) ; *The Human Dimension: Experiences in Policy Research* (1967) ; *The Political Beliefs of Americans* (with Lloyd Free, 1967)가 있다.
97) "Cantril, [Albert] Hadley," *National Cyclopedia of American Biography*, Vol. 55, p.212.
98) Hadley Cantril, *The Human Dimension: Experiences in Policy Research* (New Brunswick, NJ: Rutgers University, 1967).
99) *Obituaries on File* (1979), Vol. 1, p.93 ; *Who Was Who*, Vol. 5, p.113 ; *National Cyclopedia of American Biography*, Vol. 55, pp.211~212.
100) Converse, *Survey Research*.
101) Ibid. 또 Howland Sargeant, "Oral History Interview, December 15, 1970,"

Columbia University Library.

102) Free and Cantril, *The Political Beliefs of Americans*. Lloyd Free는 캔트릴의 공동저자였거나, 또는 캔트릴로부터 신임을 얻어 국제사회연구소의 많은 연구에 주기고자가 되었다. 그러한 연구들로 *Attitude, Hopes and Fears of Nigerians* (Princeton: Princeton University Press, 1964) 그리고 *Six Allies and a Neutral* (Glencoe, IL: Free Press, 1959), 또 캔트릴 자신의 저작인 *The French Left* (1956), *The Politics of Despair* (1958) 그리고 *Soviet Leaders and Mastery over Man* (1960)이 있다.

103) 이 수치는 *Current Biography* (1947), pp.78~77 ; *Who's Who* (1976~1977), pp.1833~1834에 있는 Lasswell의 연구 목록과 메릴랜드 대학의 GEAC 전산 문헌검색시스템에서 얻은 것이다. 심리전, 선전, 매스미디어 이론 문제에 초점을 맞춘 것으로는 *Propaganda Technique in the World War* (1927) ; *Psychopathology and Politics* (1930) ; *Propaganda and Promotional Activities: An Annotated Bibliography* (with Bruce Lannes Smith and Ralph Casey, 1935) ; *Politics: Who Gets What, When, How* (1936) ; *Propaganda, Communication and Public Opinion* (with Bruce Lannes Smith and Ralph Casey, 1946) ; *Study of Power* (1950) ; *World Revolution in Our Time* (1951) ; *National Security and Individual Freedom* (1951) ; *Comparative Studies of Elites* (1952) ; *Comparative Studies of Symbols* (with Ithiel de Sola Pool and Daniel Lerner, 1952) ; *The Policy Sciences* ; *Recent Developments in Scope and Method* (with Daniel Lerner, 1951) ; *World Revolutionary Elites: Studies in Coercive Ideological Movements* (with Daniel Lerner, 1966) ; *World Revolutionary Propaganda* (1970) ; *Propaganda and Communication in World History*, 3 vols (edited with Daniel Lerner and Hans Speier, 1980)가 있다. 여러 번 개정판이 나온 것으로는 *Propaganda Technique in the World War* (1927, 1938, 1971, 1972) ; *Psychopathology and Politics* (1930, 1934, 1960, 1969) ; *Politics: Who Gets What, When, How* (1936, 1950, 1958)가 있다.

104) 예를 들어 "Politics: Who Gets What, When, How"와 라스웰이 1980년까지 지지했던 공식 "매스커뮤니케이션 연구는 누가, 무엇을, 어떤 통로를 통해, 누구에게, 어떤 효과를 위해 말하는가를 연구하는 것이다"를 상기하라. 또 고전적인 기능주의가 미디어의 '임무' 또는 기능이라고 묘사한 것에 대한 라스웰의 기여를 참고하시오. McQuail, *Mass Communication Theory*, p.70, 191. 라스웰식의 미디어 이론을 간결하게 요약한 것으로는 *Propaganda and Communication in World History*, Vol. I, '서론'을 보시오.

105) McQuail, *Mass Communication Theory*, p.70, 191 ; Roger Wimmer and Joseph Dominick, *Mass Media Research* (Belmont, CA: Wadsworth, 1987), p.6, 16 ; *Current Biography* (1947), pp.375~377.

106) 러너가 라스웰과 공동으로 저술한 것으로는 *Comparative Studies of Symbols* (with Ithiel de Sola Pool, 1952) ; *The Policy Sciences; Recent Developments in Scope and Method* (1951) ; *World Revolutionary Elites: Studies in coercive Ideological Movements* (1966) ; *Propaganda and Communication in World history*, 3 vols (edited, with Hans Speier, 1980)가 있다.

107) 이러한 수치는 *Contemporary Authors* (New Revision Series), Vol. 6, p.292 에 있는 목록과 메릴랜드 대학의 GEAC 전산문헌검색시스템에서 얻은 것이다.

108) *Contemporary Authors*, Vol. 6, p.292.

109) Ibid.

110) 이러한 예로는 *Sykewar: Psychological Warfare Against Germany* (1949, 1971년 재발행) ; *Propaganda in War and Crisis* (editor, 1951) ; *Passing of Traditional Society: Modernizing th Middle East* (with Lucille Pevsner, 1958)가 있다.

111) Tankard, "Wilbur Schramm," pp.11~16 ; Chaffee, "Contributions of Wilbur Schramm."

112) 미 공군을 위해 일한 것으로 John W. Riley and Wilbur Schramm, *The Reds Take a City: The Communist Occupation of Seoul* (New Brunswick, NJ: Rutgers University Press, 1951) ; John Riley, Wilbur Schramm, Frederick Williams, "Flight from Communism: A Report on Korean Refugees." 15, no. 2 (Summer 1951), pp.274~286 ; Wilbur Schramm and John Riley, "Communication in th Sovietized State, as Demonstrated in Korea," *American Sociological Review* 16 (1951), pp.757~766이 있다. *POQ* 본문(p.274)에는 미 공군대학 인적자원연구소에서 후원을 받은 것으로 되어 있다.
USIA를 위해 일한 것으로는 다음과 같은 연구들이 있다. Wilbur Schramm, "The Soviet Concept of 'Psychological' Warfare," in Hideya Kumata and Wilbur Schramm, *Four Working Papers on Propaganda Theory* (Urbana, IL: Institute of Communication Research, 1955). USIA가 후원했음을 나타내는 표지의 'USIA contract 1A-W-362' 표식을 보시오. Wilbur Schramm (chair), *U.S. Information Agency: A Program of Research and Education for the International Information Administration* (Washingron DC: USIA, 1953) ; Wilbur Schramm (ed.), *The Process and Effects of Mass Communication* (Urbana: University of Illinois Press, 1954). 이 책이 USIA의 후원을 받았음을 나타내는 서문을 보시오. 이 책의 영향은 누구보다 맥클리어드와 블럼러가 1954년 슈람의 이 책이 출간됨으로써 커뮤니케이션 연구가 '자율적인 학문 분야로 부상하였다고 한 것에 잘 나타난다("The Macrosocial Level," p.284). Wilbur Schramm, *The Science of Human Communication* (New York: Basic Books, 1963)(Voice of America lecture Series) ; Chaffee, "The Contributions of Wilbur Schramm,"

p.34를 보시오.
국방부를 위해 일한 것에 관해서는 Schramm, *FEC Psychological Operations* ; Chaffee, "The Contributions of Wilbur Schramm," p.31을 보시오.
'자유유럽방송'을 위해 일한 것에 관해서는 Robert Holt, *Radio Free Europe* (Minneapolis: University of Minnesota Press, 1958) p.236 ; Whelan, *Radio Liberty*, pp.299~301.

113) Bureau of Social Science Research (Kurt Back), *Information Transmission and Interpersonal Relations*, Technical Report No. 1, U.S. Air Force contract no. AF 18(600)1797. 지금은 BSSR Archives, series Ⅱ, project 322, University of Maryland Libraries Special Collections, College Park에 있다.

114) Edward Barrett, *Truth is Our Weapon* (New York: Funk & Wagnalls, 1953). Barrett는 OSS 요원, 국무부 해외선전프로그램 차관보Assistant Secretary of State for U.S. Foreign Propaganda Programs, *Columbia Journalism Review*의 창간인, Columbia Graduate School of Journalism 학장 등을 지냈다. "Edward W. Barrett Dies; Started Columbia Journalism Review," *Washington Post*, October 26, 1989를 보시오.

115) Kluckhohn, Inkels and Bauer, *Strategic Psychological and Sociological Strengths*, U.S. Air Force contract no. 33(038)-12909. 이 책은 결국 제목이 바뀌어 Raumond Bauer, Alex Inkeles, Clyde Kluckhohn, *How the Soviet System Works: Cultural, Psychological and Social Themes* (New York: Vintage, 1956)로 출판되었고, 대학 교재로 널리 사용되었다.

116) Bureau of Social Science Research (Robert Bower), "Kazakhstan and the Kazakhs: Targets and Vulnerabilities in Psychological Warfare," working paper for Psychological Warfare Division, Human Resources Research Office, December 1954, BSSR Archives, series Ⅱ, box 5, project 649, University of Maryland Libraries Special Collections, College Park.

117) Albert Biderman, "Social-Psychological Needs and 'Involuntary' Behavior as Illustrated by Compliance in Interrogation," *Sociometry* (June 1960), pp.120~147 (U.S. Air Force contract no. AF 18 [620]1797). Biderman은 이 연구가 부분적으로 인간생태연구회의 자금으로 수행되었다고 인정했다. 그 조직은 CIA가 지원하는 심리학 연구 자금을 대는 통로 역할을 했다고 한다. Marks, *The Search for the "Manchurian Candidate,"* pp.133n, 137, 139n, 147~167을 보시오. Biderman에 대해서는 또 Bureau of Social Science Research (Albert Biderman et al.), *A Selected Bibliography on Captivity Behavior*, BSSR Research Report 339-1 (U.S. Air Force contract no. AF 49[638]727)을 보시오. 지금은 BSSR Archives, series Ⅱ, box 14, project 339, University of Maryland Libraries Special Collections, College Park에 있다.

118) Bureau of Social Science Research (Stanley Bigman, project director), "An Outline for the Study of National Communications Systems," the Office of Research and Evaluation을 위해 작성됨. USIA, November 1953, BSSR Archives, series Ⅱ, box 4, project no. 642, University of Maryland Special Collections, College Park.

119) Leonard Cotterell은 1952~1953년에 국방부 심리전·비정규전자문위원회 Advisory Committee on Psychological and Unconventional Warfare, U.S. Department of Defense 위원장을 역임했다(Daugherty and Janowitz, *Psychological Warfare Casebook*, p.xi를 보시오). 또 John Riley and Leonard Cottrell, "Research for Psychological Warfare," 27, no. 1 (Spring 1957), pp.147~159 ; Leonard Cottrell, "Social Research for Psychological Warfare," *Sociometry* 23, no. 2 (June 1960), pp.103~119를 보시오.

120) Leo Crespi, "Some Social Science Research Activities in the USIA (Unclassified Abstract)," in Special Operations Research Office, *The U.S. Army's Limited-War Mission and Social Science Research* (symposium proceedings, March 1962), pp.317~318. Crespi는 USIA 조사연구부survey research division 우두머리로 일했다.

121) Daugherty and Janowitz, *Casebook*. Daugherty의 다방면에 걸친 심리전 경험에 보다 자세히 알기 위해서는 U.S. Department of The Army, *The Art and Science of Psychological Operations*, p.xi를 참고.

122) Special Operations Research Office, *The U.S. Army's Limited-War Mission and Social Science Research*, pp.xvi, 157ff ; W. Phillips Davison, "Alliances," in Ithiel de Sola Pool (ed.), *Social Science Research and National Security* (Washington, DC: Smithsonian Institution, 1963), pp.26~44 ; Office of Naval Research contract no. 1354(08). Davison은 1950년대에 랜드연구소에서 일하였다. 예를 들어 "Some Observations on the Role of Research in Political Warfare" (RAND), p.226 ; "Psychological Aspects of Foreign Policy (with Hans Speier), P.665 ; "A Note on the Political Role of Mass Meetings in a Mass Communications Society", P.812 ; "Power-The Idea and Its Communication", P.1869를 보시오. 또 Davison과 필자의 인터뷰도 참고하시오(November 14, 1990).

123) Leonard Doob, "The Utilization of Social Scientists in the Overseas Branch of the Office of War Information," *American Political Science Review*, 41, no. 4 (August 1947), pp.649~667 ; Leonard Doob, "The Strategies of Psychological Warfare," *POQ* 13, no. 4 (Winter 1949), pp.635~644.

124) Murray Dyer, *The Weapon on the Wall: Rethinking Psychological Warfare* (Baltimore: Johns Hopkins Press, 1959). Dyer는 존스홉킨스 대학의 작전연

구실Operations Research Office at Johns Hopkins University에서 일했다.

125) Harry Eckstein, "The Internal War: Problem of Anticipation," in Ithiel de Sola Pool (ed.), *Social Science Research and National Security* (Washington, DC: Smithsonian Institution, 1963), pp.102~147. Eckstein은 MIT의 국제학연구소에서 일한 반혁명 전쟁 분야의 전문가였다.

126) Lloyd Free "General Premises for VOA," in U.S. Department of the Army, *The Art and Science of Psychological Operations*, pp.364~368. Free의 업적에 대한 세부사항을 알려면 p.xiii을 보시오.

127) George Gallup, "The Challenge of Ideological Warfare," in John Boardman Whitton (ed.), *Propaganda and the Cold War* (Washington, DC: Public Affairs Press, 1963), pp.54~56.

128) Alexander George, *Propaganda Analysis: A Study of the Inferences Made from Nazi Propaganda in World War II* (Evanston, IL: Row, Peterson, 1959).

129) Holt, *Radio Free Europe* ; Holt and van de Velde, *Strategic Psychological Operations* ; Robert Holt, "A New Approach to Political Communication," in John Boardman Whitton (ed.), *Propaganda and the Cold War* (Washington, DC: Public Affairs Press, 1963), pp.41~53.

130) 군 심리전 관리에서 Hovland의 역할을 알려면 "Psychological News and Notes," *American Psychologist* 3, no. 12 (December 1948), p.559를 보시오. 인적자원위원회Committee on Human Resources에 대한 더 자세한 사항은 Lyle Lanier, "The Psychological and Social Sciences in the National Military Establishment," *American Psychologist* 4, no. 5 (May 1949), pp.127ff, 131~133을 보시오.

131) Alex Inkeles, *Public Opinion in Soviet Russia: A Study in Mass Persuasion* (Cambridge. MA: Harvard University Press, 1950) ; Kluckhohn, Inkeles and Bauer, *Strategic Psychological and Sociological Strengths* ; Daugherty and Janowitz, *Psychological Warfare Casebook*, p.xii 참고.

132) Irving Janis, "Persuasion," in U.S. Department of the Army, *The Art and Science of Psychological Operations*, pp.609~624. 세부사항에 대해서는 p.xvi을 보시오.

133) Daugherty and Janowitz, *Psychological Warfare Casebook*.

134) Joseph Klapper and Leo Lowenthal, "Contributions of Opinion Research to Evaluation of Psychological Warfare," 15, no. 4 (Winter 1951~1952), pp.651~662. Klapper는 USIA의 연구·평가 부서에서 일했고, Lowenthal 밑에 있었다.

135) Klukchohn, Inkeles and Bauer, *Strategic Psychological and Sociological Strengths*. Kluckhohn이 지휘한 러시아연구소가 심리전에서 한 역할에 대

해서는 Biddle, "Handling the Soviet Threat"를 보시오.

136) Klaus Knorr, "The Intelligence Function," in Ithiel de Sola Pool (ed.), *Social Science Research and National Security* (Washington, DC: Smithsonian Institution, 1963), pp.75~101, Knorr는 MIT에 있는 국제학연구소의 핵무기 전문가였다.

137) Kumata and Schramm, *Four Working Papers on Propaganda Theory*. USIA contract 1A-W-362가 후원했음을 나타내는 표지 글을 보시오. Kumata는 또 Fort Bragg(North Carolina)에 있는 그린베레 심리전학교Green Berets' Psychological Warfare School의 교수로 일했다. Dauhgerty and Janowitz, *Psychological Warfare Casebook*, p.xiii.

138) USIA와 해군연구소 프로젝트에서 Lazarsfeld가 한 역할에 대해서는 Converse, *Survey Research*, p.290 ; Bruce Lannes Smith, "Trends in Research in International Communication and Opinion," 20, no. 1 (Spring 1956), p.191 ; Bureau of Social Science Research (Stanley Bigman), "An Outline for the Study of National Communications Systems" ; Robert Merton and Paul Lazarsfeld, "Studies in Radio and Film Propaganda," in Robert Merton (ed.), *Social Theory and Social Structure* (Glencoe, IL: Free Press, 1957), pp.509~528 ; Paul Lazarsfeld, "An Episode in the History of Social Research: A Memoir," in Donald Fleming and Bernard Bailyn, *The Intellectual Migration: Europe and America 1930~1960* (Cambridge, MA: Harvard University Press, 1969), pp.270ff ; Paul Lazarsfeld, "The Policy Science Movement (An Outsiders View)," *Policy Sciences* 6 (September 1975), pp.211~222 ; Paul Lazarsfeld Oral History, Columbia University Library, recorded November 1961~August 1962 ; Inkeles, *Public Opinion in Soviet Russia*, p.xiii를 보시오.

139) Alexander Leighton, *Human Relations in a Changing World* (New York: Dutton, 1949).

140) Nathan Leites, "The Third International on Its Change of Policy"와 Nathan Leites and Ithiel de Sola Pool, "The Response of Communist Propaganda to Frustration," 모두 Harold Lasswell and Nathan Leites, *The Language of Politics* (New York: George Stewart, 1949)에 수록. Nathan Leites and Ernst Kris, "Trends in Twentieth Century Propaganda," in Lerner, Propaganda in War, pp.39~54 ; Nathan Leites, *A Study of Bolshevism* (Glencoe, IL: Free Press, 1953). Leites는 랜드연구소의 사회과학 부서에서 일했다.

141) Paul Linebarger, *Psychological Warfare*, 2nd ed. (Washington, DC: Combat Forces Press, 1954) ; Paul Linebarger, "Warfare Psychologically Waged" in Lerner, *Propaganda in War*, pp.267~273 ; Special Operations Research Office, *The U.S. Army's Limited-War Mission*, pp.xvi, 79. Linebarger는 프린스턴 대

학교 국제학대학원School of Advanced International Studies Princeton의 아시아학 교수가 되었다. Lerner, *Propaganda in War*, p.viii을 보시오. CIA 요원들을 위한 Linebarger의 심리전훈련 프로젝트에 관해서는 Joseph B. Smith, *Portrait of a Cold Warrior* (New York: Ballentine, 1976), pp.74~103을 보시오.

142) Leo Lowenthal (guest editor), "Special Issue on International Connunications Research," 16, no. 4 (Winter 1952~1953) ; Joseph Klapper and Leo Lowenthal, "Contributions of Opinion Research to Evaluations of Psychological Warfare" 15, no. 4 (Winter 1951~1952), pp.651~662. Lowenthal 본인의 견해를 보려면 Leo Lowenthal, *An Unmastered Past: Autobiographical Reflections of Leo Lowenthal*, edited by Martin Jay (Berkeley: University of California Press, 1987), pp.81~110을 보시오.

143) L. John Martin, *International Propaganda* (Minneapolis: University of Minnesota Press, 1969) ; L. John Martin (ed.), "Propaganda in International Affairs," *Annals of the American Academy of Political and Social Science* (special issue) 398 (1971) ; L. John Martin, Ronald D. McLaurin and Sriramesh Krishnamurthy, *Psychological Operations Program Evaluation*와 Ronald D. McLaurin, L. John Martin, Sriramesh Krishnamurthy, et al., *Recent Developments in the Analysis of Audience Effects of Persuasive Communications: A Selected Annotated Bibliography*, 두 연구 모두 국방(정책) 대학Undersecretary of Defense(Policy)을 위해 작성되었다, contract no. MDA-903-88-0048, 1988. 또 마틴이 Lasswell, Lerner and Speier, *Propaganda*, Vol. 3, pp.249~294에 기고한 것을 보시오. Martin은 USIA에서 해외조사부, 기획분석부 부장 등 여러 직책을 맡았다. 그에 대한 전기적인 정보는 U.S. Department of the Army, *The Art and Science of Psychological Operaions*, p.xix를 보시오.

144) Mabee, "Margaret Mead," pp.3~13.

145) Special Operations Research Office, *The U.S. Army's Limited-War Mission*, p.xvi.

146) Saul Padover and Harold Lasswell, *Psychological Warfare and the Strategy of Soviet Propaganda* (New York: Foreign Policy Association, 1951) ; Saul K. Padover, "Psychological Warfare in an Age of World Revolution," *Columbia Journal of International Affairs* 5 (1951), pp.3~12. Padover는 2차대전기간에 유럽에서 OSS의 심리전 요원으로 일했고, 전후 뉴욕에 있는 뉴스쿨 정치학부School of Politics at the New School for Social Research의 교수, 학장이 되었다. Daugherty and Janowitz, *Psychological Warfare Casebook*, p.xiii을 보시오.

147) Nathan Lietes and Ithiel de Sola Pool, "The Response of Communist Propaganda to Frustration," in Harold Lasswell and Nathan Leites (eds.), *Language of Politics* (New York: George Stewart, 1949), p.334 ; Special Operations Research

Office, *The U.S. Army's Limited-War Mission*, pp.xvi, 199ff ; Ithiel de Sola Pool, "Social Science in the Nuclear Age," in Ithiel de Sola Pool (ed.), *Social Science Research and National Security*, pp.1~25 ; Ithiel de Sola Pool, "The Changing Soviet Union," in U.S. Department of the Army, *The Art and Science of Psychological Operations*, pp.1043~1050(전기적인 정보를 위해서는 p.xxi을 보시오) ; Ithiel de Sola Pool, "The Necessity for Social Scientists."

148) Mikelson, *America's Other Voice*, p. 24, 41, 60, 259 ; "Poole, Dewitt Clinton," *Current Biography 1950*, pp.461~463을 보시오.

149) Lucian Pye, *Guerrilla Communism in Malaya* (Princeton: Princeton University Press, 1956). Pye는 MIT 국제학연구소 교수였고, 정부 기관들의 아시아인을 겨냥한 심리전 고문이었다. 또 말레이시아, 버마, 여타 동남아시아의 아시안들에 대한 공산주의 선전에 관한 정보를 수집하는 수많은 정부 계약의 수혜자였다. 이에 대해서는 U.S. Department of State, Foreign Service Institute, *Problems of Development and Internal Defense*에 있는 Pye의 전기를 보시오. Report of a Country Team Seminar, June 11~July 13, 1962 (Washington, DC: 1962) Foreign Service Institute.

150) Riley and Schramm, *Reds; John Riley* ; Wilbur Schramm and Frederick Williams, "Flight from Communism: A Report on Korean Refugees." *POQ* (Summer 1951), p.274 ; Schramm and Riley, "Communication in the Sovietized State" ; Riley and Cottrell, "Research for Psychological Warfare." Riley는 또 특수전에 관한 국방장관자문위원단의 부의장을 역임했다. *Who's Who* (1974~1975), p.2589를 보시오.

151) 공군대학 인적자원연구소 소장(1952~1953), 군부의 고문이자 계약자(1954~1959), 국방부 국방연구기술처Office of Director of Defense Research and Engineering 심리학·사회과학부 부장(1961~1964)을 지냈다. 그가 맡았던 다른 직책들은 *Who's Who* (1974~1975), p.2792를 보시오. 또 Carroll Shartle, "Selected Department of Defense Programs in Social Science," in Special Operations Research Office, *The U.S. Army's Limited-War Mission*, pp.xvi, 322ff를 보시오.

152) Bureau of Social Science Research, Chitra M. Smith, *International Propaganda and Psychological Warfare*.

153) Hans Speier and Ernst Kris, *German Radio Propaganda* (London: Oxford University Press, 1944) ; Hans Speier, "The Future of Psychological Warfare," 12, no. 1 (1948), pp.5~18 ; Hans Speier, "Morale and Propaganda," "War Aims in Political Warfare" and "Psychological Warfare Reconsidered" in Lerner, *Propaganda in War*, pp.3~25, 69~89, 463~491 ; Hans Speier, *Psychological Aspects of Global Conflict* (Industrial College of the Armed Forces, 1955) ; Lasswell, Lerner and Speier, *Propaganda and Communication*. 국제분쟁의 심

리적 양상들과 관련된 Speier의 랜드연구소 연구들로는 "Psychological Warfare Reconsidered" (1951), p.196 ; "International Political Communication: Elite vs. Mass" (1951), p.270 ; "Psychological Aspects of Foreign Policy" (with Phillips Davison, 1954), p.615가 있다. Speier는 2차대전 기간에 미국 해외방송공보처FBIS를 설립했고, 나중에는 처장을 지냈다. 그리고 전시공보국OWI 해외분과의 선임관리였다. 그는 1948년부터 1960년까지 랜드연구소 사회과학부장을 지냈고, 1960년부터 1969년까지 이 연구소 연구위원회 위원으로 활동했다. Contemporary Authors, *New Revision Series*, Vol. 9, pp.463~464 ; Vol. 2, p.530을 보시오.

154) Stouffer et al., *The American Soldier* ; Stouffer, "A Technique for Improving Cumulative Scaled," Samuel Stouffer, "1665 and 1954," 18, no. 3 (Fall 1954), pp.233~238.

155) Ralph K. White, "The New Resistance to International Propaganda." 16, no. 4 (Winter 1952), pp.539~550. White는 후에 USIA 특별기획부Special Projects Division에서 일했다. Special Operations Research Office, *The U.S. Army's Limited-War Mission*, p.338을 보시오.

156) U.S. Army Operations Research Office 심리전 연구팀(1951~1952)의 일원으로 한국에서 일했다. William R. Young, "GULAG Slavery Inc.: The Use of an Illustrated Map in Printed Propaganda," in Daugherty and Janowitz, *Psychological Warfare Casebook*, pp.xiv, 597~602.

157) Converse, *Survey Research*, pp.162~415 passim.

158) RAND Corporation, RAND: 25th *Anniversary Volume* (Santa Monica, CA: RAND Corp. n.d. [1974?]) ; Bruce L. R. Smith, *The RAND Corporation* (Cambridge, MA: Harvard University Press, 1966) ; RAND Corporation, *Index of Selected Publications of The RAND Corporation*, Vol. 1 (Santa Monica, CA: author, 1962) ; RAND의 계간지, *Selected Abstracts*.

159) Barton, "Paul Lazarsfeld" ; Eulau, "The Columbia Studies" ; Merton and Lazarsfeld, "Studies in Radio and Film Propaganda", Judith Barton (ed.), *Guide to the Bureau of Applied Social Research* (New York: Clearwater, 1984).

160) Charles Fritz and Eli Marks, "The NORC Studies of Human Behavior in Disaster," *Journal of Social Issues* 10, no. 3 (1954), pp.26~41 ; Charles Mack, *National Opinion Research Center Bibliography of Publications 1941~1960 and Supplement 1961~1971* (Chicago: NORC, 각각 1961과 1972) ; Paul Sheatsley, "NORC: The First Forty Years" (Chicago: National Opinion Research Center, 1987) ; *NORC Report 1985~1986* (Chicago, National Opinion Research Center, 1987).

161) Charles Cannell and Robert Kahn, "Some Factors in the Origins and

Development of the Institute for Social Research, the University of Michigan," Institute for Social Research Working Papers Series No. 8034, January 1984.

162) Massachusetts Institute of Technology, Center for International Studies, *The Center for International Studies: A Description* (Cambridge: MIT, July 1955). ; Massachusetts Institute of Technology, Center for International Studies, "A Plan of Research for International Communication: A Report," *World Politics* 6, no. 3 (April 1954), pp.358~377.

163) Biddle, "Handling the Soviet Threat" ; Charles O'Connell, "Social Structure and Science: Soviet Studies at Harvard," (Ph.D. diss., University of California at Los Angeles, 1990) ; Harvard University, Russian Research Center, *The Harvard Project on the Soviet Social System: Survey of Research Objectives* (Cambridge, MA: Russian Research Project, 1951) ; Russian Research Center, *Five Year Report and Current Projects and Ten Year Report and Current Projects 1948~1958* (Cambridge, MA: Russian Research Center, 각각 1953과 1958).

164) University of Maryland, College Park Libraries, Historical Manuscripts and Archives Department, *Guide to the Archives of the Bureau of Social Science Research* (College Park: University of Maryland, n.d.[1987?]).

165) Mikelson, *America's Other Voice* ; Holt, *Radio Free Europe*.

166) Paddock의 *U.S. Army Special Warfare*는 아마도 미국 심리전, 특수전, 은밀 작전의 진화과정을 가장 훌륭하게 재구성한 책일 것이다. 또 Aaron Bank, *From OSS to Green Berets: The Birth of the Special Forces* (Novato, CA: Presidio press, 1986) ; Charles Simpson, *Inside the Green Berets: The First Thirty Years* (Novato, CA: Presidio Press, 1983)을 참고. 상당량의 역사 자료를 담고 있는 최근의 훌륭한 책으로는 Michael McClintock, *Instruments of Statecraft* (New York: Pantheon, 1992)를 보시오. 관련된 주제에 대해서는 Edward Herman and Gerry O'Sullivan, *The "Terrorism" Industry: The Experts and Institutions that Shape Our View of Terror* (New York: Pantheon, 1989) 참고.

167) "Testimony of Ladislav Bittman, former Deputy Chief of the Disinformation Department of the Czechoslovak Intelligence Service" ; CIA, "Soviet Covert Action and Propaganda." 두 자료 모두 House Subcommittee on Oversight of the Permanent Select Committee on Intelligence, *Hearings: Soviet Covert Action*, 96th Cong., 2nd sess (Washington, DC: GPO, 1980) 수록.

168) 동구권 문서보관소 기록물의 최근 상황과 접근 가능성에 대한 유용한 요약으로는 *Cold War International History Project Bulletin*, No. 1 (Washington, DC: Woodrow Wilson International Center for Scholars, Spring 1992)을 참고.

169) 선별 목록으로 Leites and Pool, "Response of Communist Propaganda" ; Lendvai, *Bureaucracy of Truth;* Roger Beaumont, "Soviet Psychological Warfare and Propaganda," *Signal* 42, no. 3 (1987), pp.75~84가 있다.

170) Harold Lasswell, "The Strategy of Soviet Propaganda," Headline Series Pamphlet 86 (New York: Foreign Policy Association, 1951) ; Brutus Coste, "Propaganda in Eastern Europe," 14 (Winter 1950), pp.639~666 ; Evron Kirkpatrick, *Target-The World: Communist Propaganda Activities in 1955* (New York Macmillan, 1956) ; John C. Clews, *Communist Propaganda Techniques* (New York: Praeger, 1964) ; Lawrence Eagleburger, "Unacceptable Intervention: Soviet Active Measures," *NATO Review* (April 1983).

171) Cyril Barclay, *The New Warfare* (London: Clowes, 1953) ; Peter Watson, *The War on the Mind: The Military Uses and Abuses of Psychology* (New York: Penguin, 1980) ; McClintock, *Instruments of Statecraft*.

172) Michael McClintock, "Emulating the Europeans: American Counter-insurgency and Unconventional Warfare" (미간행, May 1990, 저자 소장) ; Jacques Ellul, *Propaganda* (New York: Knopf, 1971) ; Bennett Clark, "The BBC's External Services," *International Affairs* (London) 35 (April 1959), pp.170~180 또는 Carey McWilliams, "Knights in Shining Buicks," *Nation* 172 (January 6, 1951).

역자후기

차이코프스키의 '피아노 협주곡 1번'을 좋아한다. 이 곡은 도입부가 인상적인데, 반 클라이번Van Cliburn의 젊은 시절 연주는 젊은이만이 가질 수 있는 패기와 열정, 낭만이 넘쳐나서 듣는 이로 하여금 저절로 곡에 빠져들게 하는 매력이 있다. 그는 스물넷이라는 나이에 1958년 소련에서 개최된 제1회 차이코프스키 국제 콩쿠르에서 대상을 받아 일약 세계적인 피아니스트가 되었다.

"러시아를 정복한 텍사스인"The Texan Who Conquered Russia

위 제목은 반 클라이번의 수상 소식을 전하는 미국 시사주간지 『타임』Time지 표지 제목이다. 소련이 1957년에 최초로 인공위성 스푸트닉Sputnik을 지구 궤도에 쏘아 올려 자신의 뛰어난 과학기술 능력을 전세계에 과시하였던 터라 자존심이 크게 상했던 미국인들에게 반 클라이번의 수상 소식은 자존심을 찾아주는 하나의 계기가 되었다. 『타임』은 위 제목으로 그를 표지에 실었고, 수상 직후 그가 연주한 차이코프스키 '피아노협주곡 1번'과 라흐마니노프 '피아노 협주곡 3번'을 수록한 음반이 클래식 음반으로서는 처음으로 백만 장이 넘게 팔렸다. 뉴욕에서 거행된 그의 귀국 환영 행사는 린드버그가 대서양 횡단 비행에 성공하고 귀국했을 때의 환영 이래 최대 규모였다고 한다. 냉전이 한창 진행 중이던 시대적 상황에서 그는 미국인들에게 음악인 이상의 상징적 역할을 한 셈이다.

 냉전기 미국과 소련의 경쟁의식과 동·서 양진영의 냉전문화를 고려한다면 미국인들의 위와 같은 반응에 머리를 끄덕일 수도 있을 것이다. 하지만 언론의 보도 태도와 행태라는 측면에서 본다면 『타임』의 제목은 되짚어볼 측면이 있다. 그 기사가 연주회 자체와 수상 소식을 전하는 것이라면 모스코비치들이 넋을 잃고 그의 연주에 빠져든 사실을 정감 있게 묘사하는 방식이나, 또 음악 속에서 체제를 뛰어넘어 형성된 인간적 교류와 교감을 강조하는 것이 진실에 더 가까울 것이다. 실제로 반 클라이번의 연주회 실황을 찍은 사진은 무대 아래 청중들이 남자건 여자건 그의 연주에 빠져들어 황홀감에 젖어 있는 모습을 잘 포착하였다. 『타임』의 기사 내용까지 확인하지 않아 잘 모르겠지만 본문에는 아마 그러한 서술도 들어 있을 것이다. 그러나 어쨌든 표지 제목은 명백히 냉전의 수사법을 따르고 있고, 그 제목은 반 클라이번의 수상 사실fact과 아무런 관련이 없는 편집부의 편집방향과 해석opinion을 의미할 테지만 그와 같이 군사적 용어로 포장되고, 냉전적 사고방식이 투영된 보도 태도와 편집방향, 해석방식이 당시 미국 언론을 전반적으로 지배하였음을 짐작케 한다.

 반 클라이번을 매개로 한 체제의 우월성 홍보는 뉴욕에서 그치지 않고, 냉전의 최전선인 남한의 어두컴컴한 극장 안에까지 전달되었다. 반 클라이번의 수상 사실이 그의 뉴욕 브로드웨이에서의 카퍼레이드 영상과 함께 당시 '대한 늬우스'의 한 장면을 장식했다. '대한 뉴우스'의 보도 역시 『타임』 제목과 마찬가지로 반 클라이번이 소련을 제치고 우승했다는 점을 강조하였다. 한국적 맥락에서 본다면, 특히 당시 한국 사회의 문화적 소비 행태나 수준을 감안한다면, 그 기사는 보통 한국인의 생활과 아무런 관련이 없는 뜬금없는 '뉴우스'다. '대한 뉴우스'의 보도태도나 편집방향에 따르면 이 젊은 피아니스트의 연주나 수상보다는 귀국 후 뉴욕 브로드웨이에서 한 카퍼레이드가 더 중요했을지도 모르겠다.

반 클라이번의 제1회 차이코프스키 국제 음악 콩쿠르 우승과 그것에 대한 미국과 한국에서의 보도는 하나의 에피소드에 불과할지 모르지만 생각하기에 따라서 냉전기 언론의 정치적·사회적 역할, 또는 언론 보도가 사회적으로 소비되는 양식을 이해할 수 있는 실마리를 제공한다. 그 일화로부터 유추할 수 있는 냉전문화의 유지와 재생산에서 언론의 작용과 역할, 냉전기 '자유세계'에서 미국의 문화적 헤게모니, 미국의 문화적 헤게모니 관철과정에서 미 공보부USIA와 서울에 나와 있는 미 공보원USIS의 역할, '대한 뉴우스'와 미 문화원의 관계, 미국이 전파하는 냉전 이데올로기의 내용적 특징과 그것의 국제적 생산·유통 방식 등은 하나같이 중요한 연구대상이지만, 여기서는 그저 언론 보도의 소비 양식과 사회적 맥락이 시대마다 어떻게 다를 수 있는지 확인하는 하나의 사례 정도로 기억해두자.

헤이그 밀사들의 행적을 추적하느라 영국 런던에서 발행되던 일간지 『타임즈』*Times*의 1900년대 신문을 훑어본 적이 있다. 그때만 해도 아직 신문이 대중화되기 이전 시점이었고, 그 신문은 1면만 훑어보아도 젠틀맨, 즉 부르주아와 지주의 신문이라는 것을 알 수 있었다. 요즘 경제신문과 비슷하게 1면에 런던과 파리의 금 시세와

주식 시세, 또는 영국의 양모 시세와 인도의 면화 시세가 실렸고, 또 제국주의 시대답게 독일 황제와 러시아 짜르의 동향, 프랑스의 식민정책 등이 1면을 도배하였다. 같은 시기 한국에서 발행된『독립신문』등 개화기 신문들이 사실과 허구fiction를 넘나드는 '카더라'식의 기사로 채워진 '계몽' 수단이었다는 것과 비교해보면 동시대 신문일지라도 공간적 차이와 발행 목적에 따라 기사 내용과 편집에 어떤 차이가 나는지를 실감하게 했다. 신문의 서로 다른 존재 양식을 비교하기 위해서라면 멀리, 그리고 옛날로 거슬러 올라갈 필요도 없이 오늘 날짜의 한국 조간신문과 베이징에서 평양으로 가는 고려항공 기내에서 승객들에게 나눠주는 북한의『로동신문』을 비교해보는 것만으로 충분하리라.

　『타임즈』나『독립신문』은 물론 대중적 상업지가 아니라 신사紳士들의 전유물 또는 유지有志와 식자識者들의 신문이었고,『로동신문』은 사회주의 체제하의 선전지다. 신문의 동서고금의 차이는 해당 사회의 역사성을 반영하는 것이지만 똑같이 대중적 상업지의 성격을 가진 다른 나라 신문들과 비교해보아도 오늘날 한국 신문은 세계사적으로 유례가 없는 독특함을 가진다. 우선 한국에서 벌어지는 특정 신문들에 대한 안티운동은 아마 세계 언론사에서 유례가 없는 현상일 것이다. 독자의 입장에서 특정 신문이 구미에 맞지 않는다면 그저 구독하지 않으면 될 것인데 왜 한국 독자들은 그 차원을 넘어서 특정신문에 대해 안티운동을 벌이는 것일까? 또 한국의 유수한 일간지들은 하루에 200만 부 이상을 발행한다고 하는데, 1970년대 이전처럼 뒷간에서 휴지 대용으로 사용할 종이가 필요한 것도 아닌데, 이 작은 나라에서 왜 그렇게 많은 신문을 찍어내는 것일까? 미국의『로스엔젤리스 타임스』Los Angeles Times가 매일 60~70만 부 정도를 발행하고, 『뉴욕타임스』*NYT*나 영국, 독일, 일본 등 다른 서구 국가의 유수한 신문의 발행부수도 『로스엔젤리스 타임스』와 비슷하거나 보다 적은 것이 일반적인데, 발행부수만을 놓고 본다면 한국 신문들은 세계 어느 신문과도 비교할 바가 아니다. 이렇게 많은 부수를 자랑하는 신문들이 그것보다 훨씬 적은 부수를 발행하는 다른 나라 신문들보다 신뢰도가 높은지는 논외로 치자.

  신문 자체가 근대의 산물이고, 특히 현대 대중사회에 들어와서 커뮤니케이션의 유력한 수단이 되었지만, 위에서 살펴보았듯이 근대 이후라고 하더라도 동서고금에 따라 신문의 존재양식, 사회적 역할과 소비형태는 다양했다. 하지만 선전과 계몽의 입장에서 만들어졌든, 대중적 상업지를 지향하든, 아니면 계급성을 강하게 드러내든, 신문은 단순히 '새 소식'news만을 전달하지 않는다. 반 클라이번의 수상 소식을 전한 『타임』의 기사는 냉전체제와 그 체제하의 냉전문화를 당연한 전제로 받아들인다면 별로 이상할 것이 없다고 생각할 수 있다. 그러나 그 기사의 제목 뽑기는 반 클라이번의 수상 사실과는 별 관련이 없는 편집진의 해석이 반영되었을 뿐이고, 그런 면에서 본다면 별로 정확하지도 공정하지도 않았다. 하지만 당시 정치적·사회적 맥락에서 여론을 지배한 것은 그러한 냉전적 사유방식과 해석이었다. 이러한 사실은 역사학 연구와 매스커뮤니케이션 연구의 대상으로서 신문을 다루기 위해서는 그것들을 사실 인식의 도구 내지 수단으로 다루기보다 분석과 검증의 대상으로 삼아야 할 필요성을 제기한다. 이 경우 중요한 것은 지면에 반영된 텍스트text가 아니라 텍스트의 역사적 맥락context을 찾아내고 분석하는 작업이 될 것이다.

다른 한편 이러한 사정은 신문의 역사적 존재양식의 다양성과 현상적 차이에도 불구하고, 각 신문이 커뮤니케이션 본래의 의미와 역할을 다하는 것인지 되짚어보는 근원적 성찰의 필요성을 제기한다. 특히 '매스커뮤니케이션'이 일반화된 현대 대중사회에 들어와서 언론은 신속, 정확, 공정을 보도의 지침으로 내세우고, 자기 나름으로 계량한 여론을 보도의 근거로 내세우지만, 그 존재양식이 '소통과 나눔'이라는 커뮤니케이션 원래의 의미보다 조절과 통제, 또는 조작과 강요에 더 가까이 가 있는 경우가 허다하다. 언론에 대한 신뢰도가 나날이 추락하고, 기존 언론에 대한 사회적 비판이 비등하는 오늘날 한국의 현실에서, 또 언론관계법 개정을 둘러싸고 언론인은 물론이고 정치권과 시민사회에서 격렬한 논쟁이 진행 중인 작금의 사태를 놓고 볼 때 이러한 근원적 성찰의 필요성은 더욱 절실해 보인다.

크리스토퍼 심슨 교수의 『강압의 과학』 Science of Coercion은 '1945~1960년의 커뮤니케이션 연구와 심리전' Communication Research and Psychological Warfare, 1945~1960이라는 부제를 달고 있으며, 부제대로 제2차 세계대전 이후 1960년까지의 매스커뮤니케이션 연구와 미국 정부·군부의 심리전 사이의 관계를 해명한 책이다. 이 책은 1994년 옥스포드 대학 출판부에서 초판이 간행되었다. 심슨 교수는 이 책을 통해서 여론을 수렴의 대상이 아니라 조절과 통제, 즉 조작 또는 강요를 위한 대상으로 만드는 데 냉전 초기의 매스커뮤니케이션 연구가 중심적 역할을 했음을 밝히고 있다. 그런 차원에서는 심리전과 선전 연구, 여론과 매스커뮤니케이션 연구 사이에는 본질적 차이가 없고, 양자는 오히려 상호 보완적일 수밖에 없다. 저자의 이러한 주장은 현대 사회에서 매스커뮤니케이션의 역할을 근본적으로 되돌아볼 것을 환기시켜주는 것이라고 할 수 있다.

저자의 분석에 따르면 1945년부터 1960년까지 미국 정부와 군부가 지원한 심리전 연구 프로그램과 미국의 매스커뮤니케이션 연구 사이에는 적어도 세 가지 기본적인 특성이 있다. 첫째, 미국의 심리전은 부분적으로 매스커뮤니케이션 이론의 응용 형태였다. 매스커뮤니케이션 연구를 포함하여 미국의 사회과학은 일반적으로 미국 정부와 서구적 산업문화가 목표로 삼은 집단을 강제하기 위한 근거를 만드는 데 도움을 주었고, 당시 수많은 커뮤니케이션 연구가 연루되었던 선전propaganda은 사회통제의 도구였다. 둘째, 미국 정부의 심리전 프로그램은 1940년대 후반부터 1950년대 전반까지 매스커뮤니케이션 연구에 드는 자금의 대부분을 제공했다. 특히 커뮤니케이션 연구가 별도의 분과로 등장한 1950년대 초기의 중대한 시기에 핵심적인 매스커뮤니케이션 연구기관들은 군, 정보기관, 선전기관과의 계약을 통해 생존할 수 있었다. 셋째, 정부의 프로젝트는 과학자들이 무엇을 말할 것인가를 결정하지는 않았지만, 누가 말을 할 것인가에 강력한 영향을 주었다.

저자는 이 시기 미국 커뮤니케이션 연구가 단순히 미디어 행위를 관찰하는 데 그치지 않고, 커뮤니케이션과 사회질서라는 문제에서 경쟁 관계에 있는 전망들을 병합하고, 억압하는 방법을 찾는 데까지 나아감으로써 스스로 자신의 위상을 증명하였다고 주장한다. 그리고 그러한 작업을 주도한 매스커뮤니케이션 연구의 비조들에 대한 지식사회학적 연구를 진행한다. 저자에 의하면 그들은 매스커뮤니케이션을 사회를 관리 · 경영하는 도구이자 사회적 갈등을 해결하는 무기로 보았고, 또 계량적 연구의 유용성에 관해 공통의 가정을 표명함으로써 방법론상의 틀을 제공했다. 심슨 교수는 커뮤니케이션 연구에서 심리전의 역할을 다시 생각하는 것은 거꾸로 현대 서양 이데올로기가 어디에서 왔고 그것이 누구의 이익에 기여했는지, 그리고 그것의 포교에 사회과학자가 어떤 역할을 했는지 재고해 볼 것을 요청한다는 말로 자신의 분석을 마치고 있다.

서술 내용에서 알 수 있듯이 이 책은 매스커뮤니케이션 연구의 이론과 방법을 다룬 연구가 아니다. 따라서 매스커뮤니케이션 이론과 방법론의 세부에 관심을 가진 독자라면 이 책에서 기대한 바를 얻기 힘들겠지만, 그 시기 매스커뮤니케이션 연구의 정치적·사회적 맥락과 역할, 그리고 그 시기 매스커뮤니케이션 연구의 지적 패러다임과 지식사회학적 특성, 학설사적 위상 등을 거시적으로 살펴보고자 한다면 반드시 한 번은 거쳐야 할 책이라고 할 수 있다. 이하에서는 역자 나름대로 이 책에서 주목한 부분을 몇 가지 제시하여 독자들의 이해를 돕고자 한다.

무엇보다 이 책은 미국 매스커뮤니케이션 연구의 역사를 이해하는 데 큰 도움이 된다. 제2차 세계대전 이후 1950년대 전반까지의 기간은 매스커뮤니케이션이 하나의 독립적인 분과학문으로 발전하는 데 결정적 시기였다고 할 수 있는데, 이 책은 그 시기 매스커뮤니케이션 연구의 외적 조건과 학계의 내적 대응을 풍부한 자료들을 구사하여 치밀하게 분석함으로써 그 존재양식을 해명했다. 6·25전쟁을 전후해서 미국 사회에 안보국가, 군산복합체military-industrial complex가 출현한 것과 비슷하게 미국 정부·군부의 심리전과 밀접한 관련을 맺으며 발전한 매스커뮤니케이션 연구를 보고 있노라면 마치 정·군·학 복합체politico-military-academic complex의 한 사례를 보는 것 같다. 이 책은 미국 매스커뮤니케이션 연구에 대한 지식사회학

역자후기

적 분석이라고 할 수 있지만 그 분석이 가지는 의미는 '미국'이라는 공간에 한정되지 않는다. 왜냐하면 그 시기 미국 매스커뮤니케이션 연구에서 만들어진 이론과 방법론이 현대 매스커뮤니케이션 연구의 기초를 형성하는 데 중요한 역할을 했기 때문이고, 그러한 사정이 심슨 교수의 분석을 남의 나라 이야기로만 여길 수 없게 만든다.

이 책은 1945년에서 1960년대 초반까지 미국 정부와 군부의 심리전과 그 교리의 발전과정을 이해하는 데 도움을 준다. 심슨 교수는 2차대전기의 심리전 연구자 세대가 냉전 초기의 국제커뮤니케이션 연구자 세대로 이어지고, 또 그것이 발전이론 연구자 세대로 이어지는 심리전과 매스커뮤니케이션 연구의 지적 계보를 제시함으로써 해당 시기 미국 정부와 군부의 선전·심리전의 이론적 기반과 심리전 교리의 발전과정을 거시적으로 이해할 수 있게 해준다.

이 책은 매스커뮤니케이션 연구를 매개로 냉전과 미국 사회과학계의 연관성을 분석하고 있는 만큼 이를 통해 냉전기 미국 지성계의 동향을 살필 수 있는 기회를 제공한다. 이 책은 매카시즘이 맹위를 떨친 시기에 매스커뮤니케이션 연구를 주도한 학자들이 그것에 어떻게 대응 또는 조응해갔는지, 또 레오 로웬탈같이 과거 맑시스트였던 학자들은 어떻게 대응해갔는지를 보여준다. 이 책은 그 당시 미국 지성계를 압도한 냉전문화가 학계에 투영되는 방식과 그것에 대한 지식인의 대응이 가진 양가성兩價性을 잘 보여준다. 그런 점에서 이 책은 냉전의 문화사이자 동시에 냉전기 미국 지성사의 일부분을 우리에게 보여주는 셈이다.

냉전기 미국의 선전·심리전과 제3세계의 관련성에 대한 저자의 분석도 주목할 필요가 있다. 냉전기에 미국과 소련의 심리전 프로그램이 실제로 부딪힌 곳은 주로 제3세계 국가들이었다. 저자는 그들의 심리전 프로그램이 제3세계의 갈등을 진정시키기 위한 것이 아니었고, 실제로는 제국을 경영하는 도구였다고 주장한다. 그는 심지어 심리전의 문제는 개별적 메시지의 내용에 있는 것이 아니라 심리전이 매우 정의롭지 못한 사회구조, 특히 전지구적으로 남북관계를 유지하는 도구로서 일관된 역할을 하는 점이라고 주장한다. 한편 당시 미국과 전세계 지식인 사회를 향한 CIA 선전 전략의 핵심은 '중립주의'를 공격하는 것이었고, 심리전 프로그램에 참여한 학자들이 중립주의를 비판하는 활동에 열중하였다는 그의 분석은 당시 미국과 한국의 이념적 지형이나 지적 상황을 고려할 때 의미심장하다.

이와 같은 심슨 교수의 주장은 냉전의 역사성과 그 성격을 되짚어볼 수 있는 의미 있는 시사점을 제공한다. 탈냉전의 시기에 접어든 지도 20여 년이 지났지만 한국 사회는 여전히 냉전적 사고방식으로부터 자유롭지 못하다. 정치적 반대나 생존권 수호 차원의 몸부림이 여전히 '좌·빨'로 낙인찍히고, 상대를 인정하지 않는 독선적이고 과거회귀적인 사고방식이 현재 시점에서 필요한 새로운 패러다임의 설계를 저해하고 있는 상황에서 냉전의 작위성作爲性과 그 본질을 이해하는 것은 냉전적 사유방식의 극복이나 미래의 설계 모두를 위해서 중요한 일이 아닐 수 없다.

이 책은 초창기 한국 현대 언론사 연구와 관련해서도 일정한 시사를 줄 수 있다. 해방 직후 언론사 연구는 대부분 일제 억압으로부터 벗어난 한국 언론이 언론의 자유와 독립을 위해 어떻게 노력했고, 미군정 언론정책은 그것에 어떻게 대응했는가에 대한 분석으로부터 출발한다. 이 경우 한국 언론 내부의 좌우대립, 미군정의 통제와 검열 때문에 언론이 제 역할을 하지 못했다는 것이 일반적인 분석이다. 하지만 미군정 언론정책을 통제와 검열이라는 현상 분석에 한정하지 않고, 심리전 차원에서 미국이 어떤 방향으로 여론을 통제했는지, 언론을 통해서 구사한 미군정 심리전의 실체와 내용이 무엇인지 등을 구체적으로 분석할 수 있다면 이 시기 언론계의 대립구도, 그 내용과 성격 등을 보다 풍부하게 설명해낼 수 있지 않을까? 이 시기 언론사를 언론에 대한 미군정 탄압과 그에 대한 반발로 단순화시키는 해석 방식은 당시 정치사의 한 부분을 메울 수 있을지 몰라도 언론사에 대한 본질적 접근 방식은 아닌 것 같다.

이 책은 주석이 전체 분량의 1/4이 될 정도로 전거가 충실하다. 또 저자는 말미에 "문헌해제"를 따로 제공함으로써, 자신이 이 책에서 다룬 주제들에 관해서 연구사를 정리하는 한편 자신이 이용한 문헌과 자료를 친절하게 소개하고 있다. 이 책이 세상에 나온 지 이미 10여 년이 지났기 때문에 최신 연구 성과까지 모두 포괄하고 있지는 못하지만 그의 연구사 정리와 문헌 해제는 이 분야를 연구하려는 이들에겐 여전히 좋은 길잡이가 될 수 있을 것이다.

번역은 어렵고 고단한 작업이다. 해당 내용에 대한 전문적 식견이 있어야 함은 물론이고, 무엇보다 역자의 개성을 자제하며 저자의 의도가 살아날 수 있도록 배려해야 하기 때문에 자질구레한 긴장을 요구한다. 또 한국 학계와 미국 학계의 지성사적 맥락이나 풍토, 패러다임이 전혀 다른 상황에서 번역을 통해 양쪽 학계를 연결한다는 것은 양쪽 학계 내지 양쪽 사회 모두에 대해서 깊이 있는 지식이 없다면 불가능한 일이다. 이 책과 같이 수많은 인명과 단체·기관 명칭이 여기저기서 튀어나오는 경우 어려움은 배가된다.

역자로서는 그 어느 것도 쉽지 않았지만, 필요성과 의욕만 앞세워 일을 저지른 꼴이 되었다. 모자란 능력에도 불구하고 번역을 마칠 수 있었던 것은 번역이 주는 또 다른 즐거움이 역자의 모자람을 잊게 만들었기 때문일 것이다.

　역자가 최근 관심을 가지고 진행하고 있는 6·25전쟁기 심리전 연구는 역자를 이 책의 번역으로 이끈 동인이었다. 6·25전쟁기 미군 심리전을 연구하면서 이 책에서 언급한 매스커뮤니케이션 연구자를 비롯한 미국 사회과학자들이 미군 또는 북한군과 중국군 심리전 연구에 대거 참여하였음을 알게 되었다. 그들은 적과 미군의 심리전에만 분석을 한정하지 않았고, 북한·중국·러시아와 같은 공산사회, 남한 사회 연구로 분석을 확장하였다. 이러한 사정은 역으로 미국 학계의 한국 연구 패러다임을 이해하기 위해서라도 6·25전쟁 전후 심리전 연구가 필요하고, 또 심리전 연구에 동원된 미국 측 학자들의 연구 과정과 결과를 분석할 필요성을 제기하였다. 저자의 책은 매스커뮤니케이션 연구사이고, 역자의 전공분야인 한국 현대사 연구와 직접적인 관련성이 없지만 역자의 문제의식을 촉발하였을 뿐만 아니라 그것을 해명하기 위한 출발점에서 좋은 길잡이 역할을 해주었다. 심슨 교수와의 지적 교류는 번역과정에서 만난 가장 큰 즐거움의 하나였다.

　심슨 교수는 현재 미국 아메리칸 대학American University 커뮤니케이션 학부의 교수로 일하고 있다. 저서로는 *Science of Coercion*(1994) 외에 *Blowback: America's Recruitment of Nazis & Its Effect on the Cold War*(1987), *The Splendid Blond Beast: Money, Law & Genocide in the 20th Century*(1993), *National Security Directives of the Reagan and Bush Administrations 1981~1991*(1995), *Comfort Women Speak*

(시리즈 편자, 2000), *War Crimes of the Deutsche Bank and the Dresdner Bank: Office of the Military Government (U.S.) Reports* (2002) 등이 있고, 12개국에서 그의 책이 번역되었다. 그의 글 가운데 국내에 소개된 것으로는 『대학과 제국』(당대, 2004)에 실린 「서문 − 대학, 제국, 그리고 지식생산」이 있다. 그는 미디어 이론・관행과 선전・민주주의 사이의 관계에 대한 연구로 국제적인 명성을 얻었으며, 기타 미디어 이론 분야에서도 다양한 연구 업적이 있다. 현재 커뮤니케이션 기술의 거시적・사회적 동역학, 지리학적 정보체계가 민주적인 의사결정에 끼치는 영향, 커뮤니케이션 법 등에 관심을 가지고 연구를 진행하고 있다.

 이 책을 처음 접한 것이 9년 전이고, 2년여 전 대학원 수업에서 다시 강독할 기회가 있었다. 이 책의 초벌 번역은 그 당시 수업에 참여한 박사과정 학생들에 의해 이루어졌다. 그런 면에서 이 책은 역자 혼자만의 작업이라기보다 공동작업의 결과라고 할 수 있다. 초벌 번역을 도와준 김학재, 민회수, 오제연, 김태우, 김인수, 홍문기, 박수현 학형에게 각별한 감사의 마음을 전한다. 점점 더 어려워지고 있지만, 밀도 있는 대학원 수업이라면 어떤 형식으로든지 그 강의 결과를 외화外化시킬 수 있어야 한다고 생각한다. 강단에 있는 사람으로서 제자들이 자신의 강의를 자양분으로 하여 생각을 발전시키고, 그것을 글로 외화시키는 것을 보는 것처럼 즐거운 일은 없을 테지만 이 번역서는 제자들과 공동작업으로 세상에 내놓게 되어 기쁨이 더 크다.

 초벌 번역을 윤문, 교열하면서 틀린 곳을 바로잡고, 형식과 문장, 용어를 통일하는 데 의외로 많은 시간이 들었다. 윤관백 사장은 어려운 출판 사정에도 불구하고 이 책의 간행을 선뜻 응낙하였고,

편집부의 여러분들은 지루한 번역과정을 효과적으로 마무리할 수 있게 도와주었다. 이 자리를 빌려 선인출판사의 여러분에게 고마움을 전한다. 바쁜 와중에도 한국 독자들을 위해 장문의 서문을 써 준 심슨 교수에게도 감사드린다.

한국의 대학은 진득이 앉아서 연구를 진행할 수 있는 여유와 환경을 허락하지 않는 것인지 공교롭게도 최근에는 해외에서 탈고를 하는 경우가 많아졌다. 이 책 역시 연말연시에 동경대 도서관에서 번역 작업을 마쳤다. 이 책을 볼 때마다 도쿄 한 구석에서 난 겨울 한 철, 숙소와 동경대 도서관을 오가며 가졌던 상념들을 떠올릴 수 있을 것이다.

2009년 2월

정 용 욱

찾아보기

■ ㄱ ■

가브리엘 앨먼드Gabriel Almond   194, 195
가이 포커Guy Pauker   218
개발도상국   22, 73, 88, 144, 155, 164
『계간 여론』Public Opinion Quarterly   30, 48, 53, 83, 84, 85, 86, 88, 89, 90, 91,
    92, 93, 94, 95, 96, 106, 112, 126, 129, 131, 132, 134, 136, 137, 138,
    145, 147, 154, 165, 166, 191, 192, 200, 201, 219
『계량사회학』Sociometry   112
계획조사부Division of Program Surveys   54
고든 알포트Gordon Allport   149
공군   50, 106, 108, 110, 126, 129, 139, 144, 145, 159, 211, 217, 234, 242
공군 과학고문단   117
공보부 → USIA
공보원U.S. Information Service(USIS)   127
공보위원회Committee of Public Information   38
공보조정국Office of the Coordinator of Information(OCI)   51
『공산주의의 매력』   194
공수수색대Airborne Reconnaissance Units   74
공화국기금Fund of the Republic   198
공화당   70, 133
교황 요한 바오로 2세Pope John Paul II   222
국가안보문서관   235

국가안보법National Security Act 74
국가안보연구소 235
국가안보위원회 → NSC
국무·육군·해군·공군 사부조정위원회State-Army-Navy-Air Force Coordinating Committee(SANACC) 74
국무부 17, 53, 70, 78, 84, 92, 105, 109, 116, 131, 132, 135, 140, 151, 234
  동유럽부Division Responsible for Eastern European Affairs 83
  점령지역부The Occupied Areas Division(OAD) 88, 92
  정책기획실 78
국방과학위원회Defense Science Board 212
국방부 106, 117, 242
  장관실 심리학·사회과학부 113
  정책차관실 237
  특수작전에 관한 국방부장관 자문위원회 212
국제개발청Agency for International Development(AID) 212
국제공보 및 교육 교환프로그램U.S. International Information and Educational Exchange Program(USIE) 140
국제방송과International Broadcasting Division(IBD) 131
국제사회연구소Institute for International Social Research(IISR) 17, 117, 241
『국제선전과 심리전』 159
국제여론연구소International Public Opinion Research(IPOR) 129
국제연구협회International Research Associates 114
국제정보처U.S. Office of International Information(OII) 127
국제주의 90, 93
『국제커뮤니케이션과 정치적 견해』 159
국제학연구소Center for International Studies(CENIS) 17, 107, 152, 153, 154, 155, 157, 164, 165, 166, 217, 219, 243
군간인적자원위원회Interservice Committee on Human Resources 112, 113
군산복합체 188
권위주의 142, 210
그린베레 156
근본주의 87
기능주의 132, 133, 241

찾아보기

기획조사사업Program Surveys Operation 108
긴급시민자유위원회The Emergency Civil Liberty Committee 198

■ㄴ■

나치 친위대 47, 74
나치스Nazis 26, 46, 48
남북전쟁 37
냉전 17, 23, 27, 58, 70, 84, 117, 133, 134, 157, 166, 188, 196, 232, 233, 244
네이산 레이테스Nathan Leites 54, 55, 162, 243
네이산 맥코비Nathan Maccoby 56
넬슨 록펠러Nelson Rockefeller 117, 143, 150
농무부Department of Agriculture 54, 107
뉴스쿨New School for Social Research 55, 88
뉴욕대 113
『뉴욕타임스』New York Times 151
닐 피터슨Neal Peterson 236

■ㄷ■

다니엘 러너Daniel Lerner 25, 55, 126, 129, 136, 154, 155, 157, 158, 193, 201, 214, 217, 241, 242
다니엘 벨Daniel Bell 194
다니엘 부어스틴Daniel Boorstin 197
다니엘 치트롬Daniel Czitrom 238
『대인적 영향력』 140, 141, 219
대중사회 239
더글러스 와플즈Douglas Waples 48
더글러스 케이터Douglas Cater 55
데니스 맥퀘일Denis McQuail 127
데믈, Y. B. Y. B. Damle 154
데브류 조셉Devereux Josephs 116
데이비드 실즈David Sills 112, 136, 163
덴버Denver 대학 55
도날드 마퀴스Donald Marquis 112

강압의 과학

도날드 맥그라나한Donald McGranahan 86, 87, 89
도날드 슬레신저Donald Slesinger 49
도날드 영Donald Young 57
'독일의 생활공간'Deutsche Lebensgebiete 47
드와이트 챔프먼Dwight Champman 113
드윗 풀Dewitt Poole 53, 83, 94, 96, 243
딘 만하이머Dean Manheimer 111

▮ㄹ▮

라디오 연구소Office of Radio Research 48
『라디오의 심리학』The Psychology of Radio 149
라이트 C. 밀스Wright C. Mills 200, 201
『라이프』Life 55, 110
라인하르트 횐Reinhard Hoehn 47
라일 래니어Lyle Lanier 113
라일 스펜서Lyle Spencer 57
랄프 빌즈Ralph Beals 238
랄프 케이시Ralph Casey 85
랄프 화이트Ralph K. White 243
랜드연구소RAND Corporation 54, 55, 85, 95, 107, 114, 129, 153, 159, 166, 236, 243
러셀 세이즈 재단Russell Sage Foundation 57, 117, 164
러시아연구소Center for Russian Research(CRR) 111, 152, 159
럿거스Rutgers 대학 55, 162, 164
레너드 둡Leonard Doob 54, 160, 161, 242
레너드 커트렐Leonard Cottrell 56, 57, 115, 117, 157, 164, 190, 242
레닌주의 21
레오 로웬탈Leo Lowenthal 54, 95, 129, 130, 131, 132, 133, 134, 135, 137, 163, 165, 243
레오 보가트Leo Bogart 161
레오 크레스피Leo Crespi 73, 85, 242
레이 핑크Ray Fink 139
레이몬드 막사이사이Raymond Magsaysay 142

찾아보기

레이몬드 바우어Raymond Bower 113, 154, 159, 160, 169, 242
렌시스 리커트Rensis Likert 54, 94, 108, 114, 188, 217
로날드 맥클로린Ronald McLaurin 237
로렌스 휴스턴Lawrence Houston 75
로르샤흐 검사 18
로버트 맥클루어Robert McClure 54, 72, 73
로버트 머튼Robert Merton 18, 56, 119, 218, 219
로버트 바우어Robert Bower 139, 242
로버트 패터슨Robert Patterson 74
로버트 홀트Robert Holt 242
로스코 힐렌코터Roscoe Hillenkoetter 74
로이드 바렌블라트Lloyd Barenblatt 201
로이드 프리Lloyd Free 94, 151, 169, 241, 242
록펠러 재단Rockefeller Foundation 29, 47, 48, 49, 57, 116, 151, 196
루스벨트 70, 93, 94, 150
루시앙 파이Lucian Pye 156, 243
루이스 거트만Louis Guttman 56, 193
루이즈 고트샤크Louis Gottschalk 139
루자토 P. 페기즈Luzzatto P. Fegiz 90, 91
르랜드 드비니Leland DeVinney 57, 117
리 위긴스Lee Wiggins 111
리비어 프로젝트Project Revere 144, 145, 147, 214
리처드 힐Richard Hill 147
리틀락Little Rock 155

ㅁ

마가렛 미드Margaret Mead 53, 243
마니교 210, 233
마오쩌둥 21
마이론 스미스 쥬니어Myron Smith, JR. 236
마이클 J. 스프룰Michael J. Sproule 160, 238
막스 홀크하이머Max Horkheimer 200, 201
맑스주의 21, 71, 133, 195, 197

『매스커뮤니케이션의 과정과 효과』 137, 210, 212
매카시즘McCarthyism 25, 186, 195, 196, 200
맥스 밀리칸Max Millikan 152
맥스 이스트만Max Eastman 132
머레이 거페인Murray Gurfein 55
머레이 다이어Murray Dyer 242
메릴랜드 대학 139, 243
메사추세츠 공과대학MIT 152
멕시코 전쟁 37
멜빈 드플러Melvin DeFleur 144, 145, 146, 147, 193, 217, 238
멜빈 라스키Melvin Laskey 194
모리스 자노위츠Morris Janowitz 55, 189, 219, 242
모하메드 모사데그Mohammed Mossadegh 136
문화적 자유를 위한 모임Congress of Cultural Freedom(CCF) 153, 194
『미 육군의 제한전 수행과 사회과학 연구』 156
미국 국립문서관National Archives 234
미국 원정대 143
『미국사회학연구』 95, 106, 129, 192
『미국사회학평론』 95
미국사회학협회American Sociological Association 189
미국사회학회American Sociological Society 95, 197
『미국심리학자』 106, 114
미국심리협회American Psychological Association 112
미국여론연구소American Institute of Public Opinion 93, 94
미국여론연구협회American Association for Public Opinion Research(AAPOR) 95, 129, 161, 162, 191, 200
미국역사협회American Historical Association 197
'미국의 소리' 방송 → VOA
'미국의 집'America House 76
『미국인 병사』*American Soldier* 115, 117, 188, 215
미시건 대학 55, 107, 108, 112, 243
민주당 70

ㅂ

반공주의 126, 133, 210
반유대주의 132
반혁명 작전, 반혁명 전쟁, 반혁명 정책 142, 156
발전이론 25, 156, 217, 218
백악관 51, 93
밴스 팩커드Vance Packard 201
버나드 버렐슨Bernard Berelson 141, 163, 196, 199, 238
버클리 대학 55
범미주조정국Office of the Coordinator of Inter-American Affairs(OCIAA) 150
베르사이유 조약 67
베를린 대학 국가연구소 47
베를린 위기 88
베트남전쟁 67, 142, 157
벤자민 링어Benjamin Ringer 112, 136
보건교육복지부 114
볼셰비키 혁명 39
북아메리카 원주민 37
브라운 대학 113
브라이언 W. 아서Brian W. Arthur 212
브렛 게어리Brett Gary 48
브루스 라네스 스미스Bruce Lannes Smith 85, 159, 218, 219
비미국적 행동에 대한 하원 조사위원회 196, 198
비정규전 고문단 117
『빨갱이들이 점령한 도시』 126

ㅅ

사무엘 스투퍼Samuel Stouffer 53, 56, 59, 70, 72, 95, 113, 114, 115, 116, 188, 191, 193, 196, 199, 216, 219, 238, 243
사울 패도버Saul Padover 55, 243
사회과학연구소Bureau of Social Science Research(BSSR) 17, 96, 107, 113, 134, 135, 138, 139, 140, 141, 142, 143, 154, 216, 236
사회과학연구평의회Social Science Research Council(SSRC) 57, 117, 196

사회분석기금The Fund of Social Analysis 197
사회연구기금The Fund of Social Research 198
사회연구소Institut für Sozialforschung 54, 58
사회연구소Institute for Social Research at the University of Michigan(ISR) 55, 107, 108, 114, 221, 243
상징적 상호작용론 133
선동과 선전agitation and propaganda 26
『선전 이론에 관한 네 개의 글』 212
『선전, 커뮤니케이션, 여론』 85
『성조기』Stars and Stripes 72
세계관 전쟁Weltanschauungskrieg 27, 47, 50
『세계대전에서 선전 기술』 241
세균전 234
소비에트 노선 232
『소비에트체제는 어떻게 작동하는가』 160
소시오화일사Sociofile 236
손자孫子, Sun Tzu 37
수색-섬멸 작전search and destroy 142
수잔 켈러Suzanne Keller 154
수정주의 232, 233
『숨은 설득자』 201
슈리라메스 크리스나머시Sriramesh Krishnamurthy 237
스미스-문트 법안Smith-Mundt Act 127
스탈린 21, 132
스탈린주의 188, 192, 193
스탠리 빅맨Stanley Bigman 140, 141, 143, 219, 242
스탠포드 대학 54, 55, 129, 133
스튜어트 도드Stuart Dodd 144, 145, 146, 147, 148, 193, 214, 217
스튜어트 홀Stuart Hall 238, 240
스티븐 채피Steven Chaffee 20, 209, 213, 218, 238
스푸트니크Sputnik 106
시드니 후크Sidney Hook 132, 194
시어도어 아도르노Theodore Adorno 200, 201

시어론 로워리Shearon Lowery   145, 217, 238
시카고 대학   43, 49, 55, 113, 164, 197
실증주의   43
심리과Psychologic Branch   52
심리전 고문단   117
심리전과Psychological Warfare Branch   52
심리전부Psychological Warfare Division   52, 55, 59, 72
심리전전략위원회Psychological Strategy Board(PSB)   143, 234

■ㅇ■
아메리칸 대학   138, 243
아이버 웨인Ivor Wayne   139, 154
아이젠하워Dwight David Eisenhower   52, 79, 143, 148, 151
아이젠하워 대통령 도서관   234
알렉산더 레이튼Alexander Leighton   53, 54, 114, 116, 243
알렉산더 죠지Alexander George   242
알렉스 인켈레스Alex Inkeles   55, 115, 159, 160, 169, 242
알렌 바튼Allen Barton   238
알프레드 맥클렁 리Alfred McClung Lee   92
알프레드 패독Alfred Paddock   51
압력단체   214
애버리 레이저슨Avery Leiserson   201
애봇 출판사Abbott Associates   237
앨버트 비더만Albert Biderman   96, 139, 186, 187, 188, 189, 190, 191, 193, 237, 238, 240, 242
앵거스 캠벨Angus Cambell   108
어빙 루이스 호로윗츠Irving Louis Horowitz   238
어빙 재니스Irving Janis   55, 242
에드워드 랜스데일Edward Landsdale   142
에드워드 배렛Edward Barrett   54, 57, 58, 59, 76, 242
에드워드 실즈Edward Shils   55, 153, 194, 219
에릭 말더Eric Marder   193
에밀 뒤르껭Emile Durkheim   238

강압의 과학

에밀리오 아귀날도Emilio Aguinaldo 143
에버렛 데니스Everette Dennis 238
에버렛 로저스Everett Rogers 238
에버렛 하겐Everrett Hagen 218
엘리자베스 노엘 노이만Elisabeth Noelle-Neumann 47
엘리자베스 크로포드Elisabeth Crawford 96, 139, 186, 187, 188, 189, 190, 191, 193, 237, 238, 240
엘리후 카츠Elihu Katz 112, 140, 218, 219, 238
엘머 데이비스Elmer Davis 53
엘모 로퍼Elmo Roper 54
엘모 윌슨Elmo Wilson 53, 114, 129
엘스베스 르윈Elsbeth Lewin 194
여론연구소Office of Public Opinion Research(OPOR) 93, 149, 150
연구과Research Branch 53, 56, 59, 70, 72, 114
연방민방위청Federal Civil Defense Administration 105
연방준비위원회Federal Reserve Board 108
예일 대학 54, 55, 114, 116, 215
오베르 반공산주의자법Over Anti-Communist Act 197
오자르 오엔Orjar Oyen 147
오토 라슨Otto Larsen 147
오토 올렌도르프Otto Ohlendorf 47
오하이오 주립대학 113
와이먼W. G. Wyman 71, 72
외교평의회Council on Foreign Relations 116
요제프 괴벨스Josef Goebbels 46, 47
우드로우 윌슨Woodrow Wilson 38
워렌 월쉬Warren Walsh 90
워렌 위원단Warren Commission 52
워싱턴 대학 144, 217
워터게이트 사건 74
월러스 캐롤Wallace Carroll 153
월터 랑거Walter Langer 55
월터 리프만Walter Lippmann 29, 39, 40, 41, 42, 45, 46, 150, 155

찾아보기

월터 헌터Walter Hunter 113
위스콘신 대학 55
윌리엄 도노반William Donovan 50, 51, 52, 70
윌리엄 도허티William Daugherty 26, 242
윌리엄 매닝어William C. Menninger 112
윌리엄 맥피크William McPeak 57
윌리엄 맥피William McPhee 141
윌리엄 블럼William Blum 142
윌리엄 애플만 윌리암스William Appleman Williams 198
윌리엄 앨빅William Albig 163, 238
윌리엄 영William R. Young 243
윌리엄 캐톤William Catton 147
윌리엄 코슨William Corson 78
윌리엄 팔리William S. Paley 55
윌버 슈람Wilbur Schramm 54, 107, 126, 137, 138, 156, 157, 158, 190, 209, 210, 211, 212, 215, 217, 218, 220, 238, 241, 242
유럽원정군총사령부 38
유엔헌장 161
육군 27, 28, 29, 50, 53, 54, 70, 106, 126, 135, 136, 157, 215, 234
    육군 과학고문단 117
    육군 군기부Division of Morale 53
    육군 민정부Civil Affairs Division 72
    육군 심리전부PWD 54, 55, 72
    육군 연구과 57
    육군 전쟁대학 51
    육군 항공대 71
    육군 화학부대Chemical Corps 109
육군부 38
응용사회연구소Bureau of Applied Social Research(BASR) 17, 107, 110, 111, 114, 126, 129, 130, 134, 136, 140, 141, 154, 163, 219, 221, 243
의회 17, 70, 74, 75, 93, 109, 213, 214
    의회도서관 48, 54, 55, 162, 238
이렌느 겐지어Irene Gendzier 238

294   강압의 과학

이시엘 드 솔라 풀Ithiel de Sola Pool   17, 22, 55, 152, 153, 154, 156, 157, 158, 162, 165, 190, 217, 218, 238, 243
이탈리아 공산당CPI   91
『인간 커뮤니케이션의 과학』   212
인간관계연구소Institute of Human Relations   55
인간생태기금Human Ecology Fund(HEF)   139
인력연구소Human Resource Research Office   193
인민연구소People's Research Corporation   186
『인민은 모른다』   201
일리노이 대학   54

▌ㅈ▐

자민족중심주의   210
자유방송Radio Liberty   212, 235
자유유럽기금Free Europe Fund   94
자유유럽방송Radio Free Europe   94, 162, 163, 212, 235, 242, 244
자유유럽을 위한 전국위원회   94
재무부   54
재호다Jahoda   169
잭 맥클리어드Jack McLeod   238
잭슨, C. D. Jackson, C. D.   55, 143
저강도전쟁low-intensity warfare   156
전국과학재단National Science Foundation(NSF)   105, 106, 107
전국여론연구소National Opinion Research Center(NORC)   17, 54, 56, 107, 109, 186, 243
전국항공자문위원회   106
전략국 → OSS
전략촌strategic hamlets   156
전시공보국 → OWI
전시커뮤니케이션부War Communication Division   54
전체주의   194, 210, 211
『전통사회의 소멸』Passing of Traditional Society   25, 155, 217
전통주의   232, 233, 236, 244

정보공개법 27, 234
정보연구실Office of Intelligence and Research 105
정보자유법Freedom of Information Act 74
정책조정국 → OPC
정치전political warfare 26
제1차 세계대전 38, 39, 41, 67
제2차 세계대전 23, 26, 30, 38, 39, 47, 48, 49, 50, 59, 67, 70, 72, 114, 116, 118, 125, 133, 145, 150, 153, 162, 169, 186, 192, 215, 220, 234, 236, 237
제3세계 22, 132, 149, 154, 156, 157, 166, 192, 218, 222
제라드 램버트Gerard Lambert 93
제럴드 스트라이벨Gerald Streibel 162, 163
제롬 브루너Jerome Bruner 153
제시 델리아Jesse Delia 119, 157, 158, 238
제시 올란스키Jesse Orlansky 243
제이 러브스톤Jay Lovestone 132, 133
제이 블럼러Jay Blumler 238
제임스 맥카트니James McCartney 238
제임스 번햄James Burnham 132, 133
제임스 캐리James Carey 240
제임스 코난트James B. Conant 116
제임스 탠커드James Tankard 209, 212, 238
제퍼슨 사회과학학교The Jefferson School of Social Science 197, 199
'제한된 효과' 239
제한전limited warfare 165
조사국The Inquiry 39
조사부 53
조사연구소Survey Research Center(SRC) 108
조셉 매카시Joseph McCarthy 128, 195, 199
조셉 스티코스Jojeph Stycos 129, 130
조셉 윌리츠Joseph Willits 49
조셉 클래퍼Joseph Klapper 130, 243
조셉 B. 스미스Joseph B. Smith 142
조지 갤럽George Gallup 54, 242

조지 셀데스George Seldes 201
조지 카운츠George Counts 92
조지 케난George F. Kennan 78
조지 크릴George Creel 38
존 가드너John Gardner 114, 115, 116
존 돌라드John Dollard 116
존 듀이John Dewey 196, 240
존 라일리John W. Riley 55, 164
존 마샬John Marshall 48
존 마틴L. John Martin 161, 237, 243
존 매그루더John Magruder 68, 69
존 맥밀란John MacMillan 131
존 맥클로이John J. McCloy 52, 153
존 베넷John W. Bennett 73
존 클로젠John A. Clausen 56, 57, 59, 214, 221
존 포스터 덜레스John Foster Dulles 151
존 호크하이머John Hochheimer 20, 238
존 G. 쇼John G. Shaw 147
존 W. 라일리 126, 157, 243
준거집단reference group 138, 215, 218, 219, 239
중립주의 137, 193, 194
중범위 효과 239
중앙정보단Central Intelligence Group → CIG
중앙정보부 → CIA
진 커크패트릭Jeane Kirkpatrick 20, 211
진 컨버스Jean Converse 108, 109, 237, 238, 243
진 M. 리온즈Gene M. Lyons 238

■ ㅊ ■

찰스 글록Charles Glock 111, 134, 135, 137, 138, 140
찰스 돌라드Charles Dollard 57, 114, 115, 116, 117
찰스 비어드Charles Beard 197, 199
찰스 오코넬Charles O'Connell 116

체이스 은행Chase Bank 52
치트라 M. 스미스Chitra M. Smith 159, 236, 243

┃ㅋ┃
카네기 재단Carnegie Corporation 24, 57, 114, 115, 116, 117, 196, 215
카스트로 151
칼 호블랜드Carl Hovland 56, 114, 115, 162, 188, 215, 216, 242
캐롤 리스Carroll Reece 196
캐롤 샤틀Carrol Shartle 113, 243
캘리포니아 대학 54, 133
커트 백Curt Back 139, 242
콜롬비아 대학 17, 43, 48, 54, 55, 58, 110, 197
코넬 대학 54, 114
쿠퍼Cooper 169
클라우스 크노르Klaus Knorr 243
클라이드 클럭혼Clyde Kluckhohn 54, 116, 159, 160, 243
클레어 짐머맨Claire Zimmerman 154
킹슬리 데이비스Kingsley Davis 110, 114

┃ㅌ┃
『타임』Time 55, 110, 151
테네시 강 유역 개발 공사Tennessee Valley Authority 107
토니 베넷Tony Bennett 238
토드 기틀린Todd Gitlin 213, 238
트루먼Harry S. Truman 67, 70, 71, 79, 87, 91, 143
트루먼 대통령 도서관 234
특별연구·평가소위원회Special Studies and Evaluation Subcommittee 74
특수계획국Office for Special Projects 77
특수전연구소Special Operation Research Office(SORO) 156

┃ㅍ┃
『패배한 신』 132
패트리샤 켄달Patricia Kendall 112, 154

강압의 과학

팬들톤 허링Pendleton Herring 116
페르디난드 퇴니스Ferdinandne Tönnis 238
펜들턴 헤링Pendleton Herring 196
펜타곤 156
펠릭스 오펜하임Felix Oppenheim 91
평정작전pacification 142
포드 재단Ford Foundation 24, 57, 116, 153, 196
포스트-맑스주의 132
포이 콜러Foy Kohler 131
폴 라자스펠드Paul Lazarsfeld 17, 18, 44, 48, 54, 56, 94, 111, 119, 131, 140, 141, 153, 193, 198, 199, 218, 219, 238, 243
폴 켁스케메티Paul Kecskemeti 169
폴 M. 라인바거Paul Linebargar 142, 243
프래드릭 오스본Frederick Osborn 117
프랭크 보닐라Frank Bonilla 154
프랭크 스탠튼Frank Stanton 44, 54, 94
프랭크 위즈너Frank Wisner 77, 78, 88, 93
프랭크 캡펠Frank Keppel 117
프레드릭 스테판Frederick Stephan 113
프레드릭 윌리암스Frederick W. Williams 73, 93, 94, 126
프린스턴 대학 17, 53, 55, 83, 93, 113, 149, 194, 195, 236
프린스턴 대학 라디오 프로젝트 149
프린스턴 대학 여론연구소Princeton's Office of Public Opinion Research(OPOR) 149
프린스턴 대학 청취연구소Princeton Listening Center(PLC) 149
필립스 데이비슨Phillips W. Davison 55, 129, 157, 158, 162, 166, 167, 168, 169, 201, 242

┃ㅎ┃
하버드 대학 54, 55, 111, 113, 114, 116, 159, 192, 197
하버드러시아연구소 116, 243
하버드러시아연구프로젝트 115
하워드 뤼긴스Howard Wriggins 194
하워드 베커Howard Becker 55

찾아보기

하원 70
　　대외관계위원회 143
하인즈 율라우Heinz Eulau 54, 238
한국전쟁 21, 67, 125, 126, 129, 138, 145, 193, 211
한스 스페이어Hans Speier 54, 85, 86, 87, 88, 89, 92, 95, 114, 153, 166, 218, 219, 243
합동참모본부Joint Chiefs of Staff(JCS) 51, 52
해군 50, 126
해군부 38
해군연구소Office of Naval Research(ONR) 106, 110, 212
해노 하트Hanno Hardt 238
해들리 캔트릴Hadley Cantril 17, 44, 48, 53, 54, 94, 117, 149, 150, 151, 169, 241, 242
해롤드 라스웰Harold Lasswell 29, 38, 39, 40, 41, 42, 43, 44, 45, 46, 48, 49, 54, 58, 85, 94, 114, 153, 157, 158, 162, 201, 241, 242
해롤드 아이삭스Harold Isaacs 154
해리 알퍼트Harry Alpert 107, 114
해리 엑스타인Harry Eckstein 242
해리 H. 필드Harry H. Field 186
해외국적과 53
해외방송공보처Foreign Broadcast Information Service(FBIS) 149
행동과학 116
허버트 마르쿠제Herbert Marcuse 55, 58, 133
허버트 앱데커Herbert Aptheker 198
허버트 크루그만Herbert Krugman 194, 220
허버트 패신Herbert Passin 73
허버트 하이만Herbert Hyman 218, 219
헐버트 골드해머Herbert Goldhamer 95
헨리 브로신Henry Brosin 113
헨리 오드버트Henry Odbert 113
헨리 제임스 섬너 메인Henry James Sumner Maine 239
헬렌 카우프만Helen Kaufman 162
호이트 반덴버그Hoyt Vandenberg 71

확산이론 217
후기수정주의 232, 233
후크Huk 게릴라 21, 142, 143
흐루시초프 210
히데야 쿠마타Hideya Kumata 243
히틀러 47, 132, 192

■ 기타 ■

2단계 이론 140, 215, 218, 219, 239
Aspen Institute 55
CIA 17, 20, 71, 74, 75, 76, 77, 78, 84, 92, 94, 96, 106, 107, 111, 115, 117, 127, 129, 132, 139, 142, 143, 144, 145, 148, 149, 151, 152, 153, 162, 169, 194, 211, 234, 235, 242
CIG 71, 74
FBI 197, 198
G-2(정보참모부) 52
IBM 215
MIT 17, 55, 107, 164, 197, 212, 217, 243
NATO 26
NSC 29, 74, 75, 76, 77, 78, 79, 88, 91, 127, 143, 212
    NSC 10/2 77, 79
    NSC 4 75, 76, 88, 91, 127
    NSC 4-1 127
    NSC 4-A 76, 77, 88, 91
OPC 77, 78, 88
OSS 50, 51, 52, 53, 54, 55, 68, 69, 70, 71, 74, 77, 133
OWI 51, 53, 54, 57, 70, 84, 109, 133
RIAS 라디오방송 72
UCLA 197
USIA 106, 107, 127, 139, 140, 142, 143, 144, 150, 157, 161, 169, 195, 210, 211, 212, 219, 242
VOA 28, 72, 76, 95, 110, 111, 126, 127, 128, 129, 130, 131, 133, 134, 137, 140, 144, 154, 161, 162, 195, 212, 217, 219

저자 | 크리스토퍼 심슨

미국 아메리칸 대학 커뮤니케이션 학부 교수.
저서로 *Science of Coercion*(1994) 외에 *Blowback: America's Recruitment of Nazis & Its Effect on the Cold War*(1987), *The Splendid Blond Beast: Money, Law & Genocide in the 20th Century*(1993), *National Security Directives of the Reagan and Bush Administrations 1981~1991*(1995), *Comfort Women Speak*(시리즈 편자, 2000), *War Crimes of the Deutsche Bank and the Dresdner Bank: Office of the Military Government (U.S.) Reports*(2002) 등이 있고, 12개국에서 그의 책이 번역되었다. 미디어 이론·관행과 선전·민주주의 사이의 관계에 대한 연구로 국제적인 명성을 얻었으며, 기타 미디어 이론 분야에서도 다양한 연구 업적이 있다. 현재 커뮤니케이션 기술의 거시적·사회적 동역학, 지리학적 정보체계가 민주적인 의사결정에 끼치는 영향, 커뮤니케이션 법 등에 관심을 가지고 연구를 진행하고 있다.

역자 | 정용욱

서울대학교 국사학과 교수. 한국현대사 전공.
저서로 『미군정 자료 연구』(2003), 『해방 전후 미국의 대한정책』(2003), 편역서로 『탈냉전과 미국의 신세계질서』(1996), 논문으로 「제휴와 배제의 이중주: 한국현대사에서 민족주의, 공산주의, 그리고 좌우대립」, 「6·25전쟁기 미군의 삐라 심리전과 냉전 이데올로기」 등이 있다. 현재 '현대 한국의 민족주의', '6·25전쟁기 심리전', '편지·일기로 본 해방과 전쟁' 등의 주제를 연구하고 있다.